成渝地区双城经济圈高质量协同发展研究丛书

2021年度四川省重点出版资助项目

成渝地区经济社会发展的
历史变迁与现实启示

黄　辉　等著

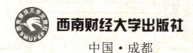

西南财经大学出版社

中国·成都

图书在版编目(CIP)数据

成渝地区经济社会发展的历史变迁与现实启示/黄辉
等著.--成都:西南财经大学出版社,2025.6.
ISBN 978-7-5504-6601-2

Ⅰ.F127.711;F127.719

中国国家版本馆 CIP 数据核字第 20251RH754 号

成渝地区经济社会发展的历史变迁与现实启示
CHENGYU DIQU JINGJI SHEHUI FAZHAN DE LISHI BIANQIAN YU XIANSHI QISHI

黄　辉　等著

策划编辑:李玉斗
责任编辑:张　岚
责任校对:廖　韧
封面设计:墨创文化
责任印制:朱曼丽

出版发行	西南财经大学出版社(四川省成都市光华村街 55 号)
网　　址	http://cbs.swufe.edu.cn
电子邮件	bookcj@ swufe.edu.cn
邮政编码	610074
电　　话	028-87353785
照　　排	四川胜翔数码印务设计有限公司
印　　刷	成都市金雅迪彩色印刷有限公司
成品尺寸	170 mm×240 mm
印　　张	13
字　　数	222 千字
版　　次	2025 年 6 月第 1 版
印　　次	2025 年 6 月第 1 次印刷
书　　号	ISBN 978-7-5504-6601-2
定　　价	78.00 元

前　言

　　本书是中共四川省委党校校级重大研究课题成果。本书较为系统全面地分析、探讨了成渝地区经济社会发展的历史变迁，从先秦到明清巴蜀的政治经济文化发展、民国时期成渝地区经济社会发展、三线建设与成渝地区发展、改革开放初期成渝地区总体加快发展、重庆直辖后成渝地区经济社会发展、党的十八大以来成渝双城经济社会协同发展到成渝地区经济社会历史变迁的现实启示，涵盖了成渝地区分合变化的不同历史阶段，突出了研究重点和现实价值，有助于更好地理解和把握中央和四川省委对成渝地区双城经济圈协同发展的顶层设计的初衷和成渝地区双城经济圈协同发展的前景，从而更好地增强道路自信、理论自信、制度自信、文化自信，加速推动西南地区的崛起与发展。

　　一、本书的主要内容

　　第一章　巴、蜀历史简介。上溯到秦汉之前，巴蜀的历史悠久，文化深厚，"巴"字作为区域名称很早就有记录，"蜀"字来源于野蚕的样子。在秦汉时期、魏晋时期、隋唐时期、宋元时期、明清时期，两地呈现不同的特点，两地的经济发展主要体现在农业、手工业和商业三方面。战国之前巴、蜀有各自的文化，并不是一个统一的整体，但在后来的历史发展中两地不断地相互渗透和影响，才创造了巴蜀文明。

　　第二章　民国时期成渝地区经济社会发展。辛亥革命以后，四川脱离清政府宣布独立，成都独立比重庆独立晚五天，后成渝两军政府进行了合并。民国初期的不稳定局势导致了四川军阀割据、各自为政。国民政府中央势力入川，使川政统一，四川的社会秩序逐渐好转。到抗战全面爆发，全国各界势力涌入四川，使包括成渝在内的四川整体得到长足发展。在漫长的古代时期，重庆的发展长期不如成都，但民国时期，重庆在资本主义经济的影响下，依托紧邻长江的优势，开始呈现出比成都更好的发展势头。特别是抗日战争全面爆发，国民政府迁都重庆，让重庆获得了迅猛发展，不仅成为成渝地区的经济中心，也成为全国的政治、经济中心，在赶超成都的同时也带动了成都的发展，为后来的成渝协同发展奠定了良好的基础。

第三章 社会主义革命和建设时期成渝地区经济社会发展。在充分了解并把握三线建设的背景等相关内容的基础之上，对四川为什么会成为三线建设的重点区域，以及四川拥有的一些地理优势进行了论述，强调了党的第一代领导人提出三线建设不仅是为了备战，也是为了改善西部经济相对落后的状况。以成渝地区在三线建设中实现的现代化发展为主脉络，阐述三线建设对成渝地区经济社会发展的现实意义。

第四章 改革开放初期成渝地区经济社会发展。从城市化迈入新阶段、农工商业发展迅速、教科文卫逐步恢复、成渝合作雏形初现四个方面探讨了改革开放初期成渝地区总体的发展情况。

第五章 重庆直辖到党的十八大前成渝地区经济社会发展。从重庆直辖后成渝两地合作的必然性、成渝经济发展面临的困境、成渝城市群发展历程、成渝地区双城经济圈的发展机遇四个方面展开讨论。

第六章 新时代成渝地区经济社会的协同发展。成渝地区是我国西部重要的城镇化区域，以重庆、成都为中心，沿长江上游干流，东承湘鄂、西通青藏、南邻云贵、北接陕甘，是承接华中华南、连接西南西北、沟通中亚和东南亚的重要地点。从发展历史看，新中国成立以来成渝地区先后经历了社会主义改造、三线建设、西部大开发、长江经济带建设、共建"一带一路"、西部陆海新通道高质量发展等过程。目前，全面推进成渝地区双城经济圈建设是以成渝地区为核心区域的西南地区迎来的又一次历史性发展机遇。面对新的内外部发展环境，要唱好"双城记"，必须站在历史的维度，充分把握成渝地区双城经济圈建设的重大意义、战略原则和实施要点。

第七章 成渝地区经济社会历史变迁的现实启示。成渝两地都有着悠久历史，如果从秦司马错灭巴、蜀，秦在成都设蜀郡、在重庆设巴郡算起，已有两千多年的历史。这两千多年之中，成渝两地分分合合，既有相互竞争、相互比拼，更有相互影响、相互促进，共同谱写巴蜀大地经济社会发展的辉煌篇章。纵观成渝地区经济社会的历史变迁，成渝两地以双城经济圈形式共同发展，乃是历史发展的必需。在中国开启全面建设社会主义现代化国家新征程时期，中国经济将成为世界经济增长的最大引擎。在区域经济一体化成为时代的主流时，成渝两地抱团发展、相互取长补短成为两地共同的选择。中央把成渝作为中国经济发展的第四极，把准了成渝发展的历史脉搏。在未来的发展中，成渝地区一定会成为世界级的城市群。由此，从成渝经济社会融合发展是大势所趋、构建成渝地区双城经济圈是现代化发展的必然要求、构建成渝地区双城经济圈的独特优势三个方面进行了说明。

二、本书的重要观点

第一，历史上，巴蜀地区的文化经历了长期的交融与发展。重庆与成都的关系经历了分分合合，而合作是当前成渝地区双城经济圈发展的需要和必然趋势。

第二，三线建设促进了成渝地区工业、交通、城市的发展，三线移民是成渝地区发展的有力保障，三线精神是成渝地区发展的力量源泉，三线实践是成渝地区发展的有效探索。

第三，重庆直辖后成渝两地的合作具有必然性，但两地经济发展面临的困境有重庆经济存在结构性问题、成都经济缺乏支柱性产业、两地在经济发展上存在一定竞争、行政效率较低、各行业人才缺乏、市民参与度低等。

第四，成渝地区双城经济圈发展的举措包括支持支柱企业发展、发展城市特色经济、增强城市产品的品牌意识、打破行政壁垒进行城市间经济沟通、加强信息网络建设、建立健全制度保障、树立市场运作观念、增强市民的参与意识等。

第五，推动成渝地区双城经济圈发展必须做到两点论与重点论的统一，要正视成渝地区长期以来的不平衡发展状况，强化双核驱动，最终目标是区域发展整体水平的提高。

第六，成渝经济社会融合发展是大势所趋，构建成渝地区双城经济圈是现代化发展的必然要求，构建成渝地区双城经济圈具有独特优势。

三、本书的学术价值和应用价值

本书较为系统全面地论述了成渝地区发展的历史变迁，分别对古代时期、民国时期、三线建设时期、改革开放初期、重庆直辖后、党的十八大以后的六个阶段进行了探讨，得出成渝地区经济社会融合发展是大势所趋、构建成渝地区双城经济圈是现代化发展的必然要求、构建成渝地区双城经济圈具有独特优势等结论，有助于从学术上理解成渝地区协调发展的必然性和可能性，从应用层面为政府的科学决策提供参考。

黄辉

2025 年年初

目　录

第一章　巴、蜀历史简介

据考证，"巴"作为一个区域名称，很早之前就有记录了。据有关历史记载，在夏商时期就有了"巴地"之说。如在《山海经》里就记载"西南有巴国"。古代巴国的疆域是相当宽广的，常璩在《华阳国志·巴志》中记载巴国"其地东至鱼复，西至僰道，北接汉中，南极黔、涪""其属有濮、賨、苴、共、奴、獽、夷、蜑之蛮"。同蜀国"雄长僚僰"一样，它也是势力相对比较强大的。巴的地域广大，其族群活动的区域主要分布在原四川东部等地区，其中嘉陵江流域和渠江流域以其独特的地理优势成为巴人的主要栖居地。

"蜀"字来源于野蚕的样子。《诗经·豳风·东山》就曾讲到过"蜀"字："蜎蜎者蠋，烝在桑野。"《韩非子》还专门指出了家蚕和野蚕所代表的字不同，"蟠"代表家蚕，"蠋"代表野蚕。所以"蜀"字最早的来源应该是野生的虫子。

蜀的区域最早指秦的蜀郡，到汉代被划分为三个郡，即蜀郡、广汉郡、犍为郡，统称为"三蜀"。黄帝时期，黄帝轩辕氏就世代同蜀山氏通婚。大禹承袭颛顼一系，据《史记》记载"兴于西羌"。西羌位于当今的岷江地区，至今该地区都有着关于高阳氏颛顼一系的传说以及洞穴遗址。所以我们可以推测，蜀人的祖先应是属于古民族颛顼一系。但是，至今未能找到史料或书籍记载蜀人的准确世系，只有关于古蜀五祖也就是蚕丛、柏灌、鱼凫、杜宇、开明五人的一些传闻。历史上记载了许多关于蜀的典故、传说，但是就目前的考古现状来看，古蜀还是披着一层神秘的面纱。古蜀国曾迁都几次，三星堆文化衰落以后，就迁到了现成都城西的金沙遗址。

一、巴、蜀的政治变迁

巴蜀历史上最重要的事件之一发生在公元前 316，秦惠王派司马错先后攻占巴、蜀两个地方。而在秦并巴、蜀之后随之而来的一系列社会改革从根本上改变了巴蜀地区的社会性质，即由奴隶社会进入了封建社会，巴蜀地区的政治史从此揭开了新的篇章。

（一）秦汉时期

秦并巴、蜀后，分步骤对巴、蜀实施了制度改造，采用郡县制、羁縻制和分封制等，除此之外还根据巴、蜀两地当时社会的实际情况对其分别采取了不同的社会治理方法。

在巴地，秦消灭了巴国的政权并俘虏了巴王，在巴都江州（今重庆市渝中区）筑城，并于公元前 314 年就地设置巴郡。但由于江州以东有巴王子残部据守积（今重庆市涪陵区）负隅顽抗，在涪陵以东更有楚国大军压境，准备与秦决战，而此时秦军的精兵都集结在巴地以北的汉中地区进行丹阳之战，秦军不能分派重兵入巴地以推动巴地的全面改造。与此同时，由于巴地以大姓为核心的血缘部落依然完整存在，其在巴地的势力并没有因为巴国的灭亡受到大的消减。以大姓为核心的血缘部落的统治根深蒂固，各大姓部落之间的关系又错综复杂，使秦不敢马上轻易地对巴地进行大规模的改造，以免激化国家与地方的矛盾，以及引起这些大姓部落的强烈反抗。因此，秦对巴地采取了郡县制与羁縻制相结合的政治策略，将巴地纳入秦的郡县体制的同时，不改变巴地原本大姓部落的组织结构，而是将部落大姓的首领任命为王朝的代理人，帮助王朝管理部落。《后汉书·南蛮西南夷列传》记载："及秦惠王并巴中，以巴氏为蛮夷君长，世尚秦女，其民爵比不更，有罪得以爵除。其君长岁出赋二千一十六钱，三岁一出义赋千八百钱，其民户出幏布八丈二尺，鸡羽三十镞。"从中可以看出，在政治上，秦仍以巴地当地大姓部落的首领为长，不变更其血缘部落的统治，但通过通婚和向中央交纳赋税的方式，从文化和政治两个方面来维系中央的政治统领与巴地当地大姓首领的附属关系。对巴地大姓部落中的部民则通过赏赐一定的爵位来笼络人心。这些措施既把巴地各族纳入秦国统一的郡县制体制之内，又让当地政治制度的主要方面还是秦制、秦律，这些举措很好地稳定了巴地的社会秩序，因而取得了良好的施行成效。

秦昭王时期，为了支持秦国对东方六国愈演愈烈的统一战争，秦借与有功之民订立盟约的机会，进一步巩固巴地这一战略区域。"乃刻石盟要，复夷人顷田不租，十妻不算，伤人者论，杀人得以倓钱赎死。盟曰：'秦犯夷，输黄龙一双；夷犯秦，输清酒一钟。'夷人安之。"① 这实际上等于免除了田租和大部分税赋的负担，极大地巩固了巴地政治秩序的稳定。所以，终秦之世，巴地一直未出现大的战乱，巴地也一直是秦在关中以南地区的战略大后方。

蜀地在秦统一天下的进程中发挥了极为关键的作用。秦为统一全国，首先制定了灭蜀的战略。这从司马错陈述伐蜀的理由中可以看出。司马错云："臣闻之，欲富国者务广其地，欲强兵者务富其民，欲王者务博其德，三资者备而王随之矣。今王地小民贫，故臣愿先从事于易。夫蜀，西僻之国也，而戎翟之长也，有桀纣之乱。以秦攻之，譬如使豺狼逐群羊。得其地足以广国，得其财足以富民善兵，不伤众而彼已服焉。"② 因此，当巴、蜀相争时，秦计划乘此机会先灭掉蜀，继而灭巴。秦灭蜀是秦意欲统一全国的第一步。而这一步的主要目的在于把蜀地作为秦的战略后方，以先改变秦国"地小民贫"的不利条件，为秦统一天下提供良好基础。故司马迁说："蜀既属秦，秦以益疆，富厚，轻诸侯。"③ 唐人虞世南引《风俗通》说："秦昭王以李冰为蜀守，开成都两江，造兴溉田万顷以上，始皇得其利，以并天下，立其祠也。"④ 宋人郭允蹈也认为："秦并六国，自得蜀始……于是灭六雄而一天下，岂偶然哉，由得蜀故也。"⑤ 秦统一全国战略的下一步就是以蜀地作为军事基地，扩大秦的势力范围，进而进攻消灭掉楚，最终达到其统一全国的目的。司马错等人认为："蜀有桀纣之乱，其国富饶，得其布帛金银，足给军用。水通于楚，有巴之劲卒，浮大舶船以东向楚，楚地可得。得蜀则得楚，楚亡则天下并矣。"⑥《史记·张仪列传》记载："秦西有巴蜀，大船积粟，起于汶山，浮江已下，至楚三千余里。

---

① 《后汉书·南蛮西南夷列传》。
② 《史记·张仪列传》。
③ 《史记·张仪列传》。
④ 《风俗通·佚文》。
⑤ 《蜀鉴》。
⑥ 《华阳国志·蜀志》。

舫船载卒，一舫载五十人与三月之食，下水而浮，一日行三百余里，里数虽多，然而不费牛马之力，不至十日而距扞关。扞关惊，则从境以东尽城守矣，黔中、巫郡非王之有。"李冰进入蜀地的时候，虽然当时秦国的国力已经领先于其他的国家了，但也面临战事不断的局面。巴蜀地区是秦国的战略大后方，秦国对巴蜀地区的发展与建设也提出了许多要求。在秦国与楚国的战斗方面，巴蜀之地是其战线的前沿部分，秦国对当地的人力资源、自然资源需求巨大，这就要求巴蜀地区必须进行一定的开发。从巴蜀地区自身的形势看，在秦国占领巴蜀之地的几十年内，巴蜀之地处于一个较为稳定的状态，不论是人口数量还是自然资源数量都得到了一定的增长，但是还存在有许多未被开发的领域。李冰顺应了巴蜀之地当时的发展势头，在蜀地成就了一桩千古长存的大业。

因为巴蜀地区的重要战略地位和在全国政治生活中作出的贡献，所以秦、汉统治者向来非常重视对巴蜀地区的开发和改造。一是向蜀地进行移民。史载："然秦惠王、始皇克定六国，辄徙其豪侠于蜀，资我丰土。"①秦向蜀地进行的移民举措给蜀地带去了大量的人力，极大地促进了蜀地的发展。在这一段时期的发展之后，蜀地才达到了"汉家食货，以为称首"的水平。所以，秦国的统治极大地促进了巴蜀之地的发展，不仅使蜀地自身获得了极大的发展，还打通了蜀地连接中原地区的通道，使蜀地成为秦国重要的战略后方。二是蜀道的开凿。蜀道是连通巴蜀之地和秦国其他地区重要的道路，因此，历代秦国统治者都非常重视蜀道的修建。秦惠王、武王、昭王时期都相继大规模地修筑蜀道。蜀道南段为著名的金牛道，蜀道的北段在长安和汉中之间，中隔秦岭。而发源自秦岭的渭水、汉水各支流又连接了关中和汉中。蜀道北段著名的褒斜道、陈仓道又名故道和子午道。褒斜道之所以有名是因为褒斜道即秦灭蜀之道，亦刘邦烧栈道以绝项羽疑忌之道。从秦惠王开始到秦朝灭亡，蜀地北方的交通主要通道仍然是褒斜道。但是后来由于战争的原因，褒斜道被破坏，陈仓道成了主要交通要道。然而，在汉武帝时期，情况又发生了许多变化。《史记·河渠书》云，"人有上书欲通褒斜道及漕事，……因言：'抵蜀从故道，故道多阪，回远。今穿褒斜道，少阪，近四百里'；……天子以为然，……发数万人作褒斜道五百余里。道果便近而水湍石，不可漕"。可以看出，在汉武帝

---

① 《华阳国志·蜀志》。

时期，秦蜀间交通主道的北段又复为了褒斜道。三是经营楚地及西南（即今云贵地区）。由于秦并蜀，意在并楚以至最终并天下，因此秦统治者不仅经营秦蜀间的通道，而且因为蜀地在长江上游地带，秦并巴蜀以后在战略上对楚居于优势地位，开始经营和利用长江水道以及经由蜀地联系今西南云贵地区。不过秦柞短促，蜀地通西南夷的事到了汉武帝时候才又继续经营。

秦并巴蜀之所以成为巴蜀历史上影响最为深远的事件之一，是由于巴蜀地区在较短的时间内在各个方面都取得了一定程度上的发展，为此后巴蜀地区的进一步开发奠定了良好的基础。秦国在占领巴蜀之地后，又采取了一些新的政策对其进行开发，这些政策大多都被后面的朝代所效仿。也正是这些政策，为汉代时期对巴、蜀之地进一步开发奠定了坚实的基础。秦征服巴蜀地区之后，中央政治的大一统局面使得巴蜀地区与中原地区存在着十分相通的一面。但巴蜀地区在此过程中仍然保留着强烈的西南地域特质。在春秋战国时期兴起的“大一统”思想，对巴蜀之地的发展发挥了重要的影响。秦占领巴蜀之地后，便在当地建立起了中央集权制。秦国在与其他诸国的竞争中将巴蜀之地作为战略大后方，改造巴蜀之地的各项制度，而且还派遣专人也就是我们熟知的李冰等能力突出的官员去巴蜀地区，这样就能够最大限度地提高巴蜀民众对秦政权的认同感。

郡县制和官僚制是秦国中央集权体系建立的基础。郡县制和官僚制都带有强烈的意识形态功能，因此地方行政长官的施政，不论是李冰的富民措施，还是文翁的教民措施，都具有“匡饬异俗”的深刻政治意味。一方面，在当地人民看来，地方行政长官的措施就是中央、君王的意思。另一方面，巴蜀之地的行政长官都能尽职尽责，能将君王的统治思想运用到社会建设的各个方面。地方行政长官例如李冰等受到了当地人民的欢迎与尊敬，这也代表着中央集权维护和保障“大一统”的目的得到了实现。与此同时，随着秦国官员的整治，巴蜀地区与其他地区的联系逐步增多，巴蜀地区的开放性大大加强，社会和经济都逐渐发展起来。到了西汉时期，“大一统”的主流意识形态已根植于巴蜀人民的内心，在国家西南边界的巴蜀之地也会觉得天子就在自己的身边，与统治者和朝廷有上下一体的感觉①。

秦时巴蜀地区被设置为巴郡、蜀郡及汉中郡三个郡。《华阳国志》中

---

① 雷戈. 秦汉之际的政治思想与皇权主义 [M]. 上海：上海古籍出版社，2006：316-317.

有两处都写道：秦时，巴蜀二郡共三十一县。《史记·太史公自序》中提到司马错攻入蜀土后曾任蜀郡守，据此可知蜀郡始建于秦惠文王更元九年（公元前316年）左右。据资料可知当时蜀郡共设置19个属县。但在此后又在蜀地进行过三次分封，历时约30年，其后"但置蜀守"。《华阳国志·蜀志·总叙》记载到周赧王元年（公元前314年）"置巴郡"。巴郡最早可能在今阆中市附近，现据资料可知当时巴郡共设置9个属县。秦昭王二十七年（公元前280年）派遣司马错攻打楚；而仅仅三年之后，蜀将张若又对楚国发起进攻，取得巫郡及江南为黔中郡。在这两次进攻中，秦国占领了一直被楚国统治的巴郡。在这之后，巴郡又迁移到江州，也就是现在的重庆地区。蜀郡与巴郡的区分大体是梓潼、葭萌属蜀郡，阆中、安汉（今南充市）属巴郡，以涪江为界水，涪江以西属蜀郡，涪江以东属巴郡，合川的青石山为巴、蜀二郡的分界。郡县制的推行对巴蜀地区更好地实施行政管理和经济开发具有积极作用。

支持刘邦在秦亡以后重新建立起统一的国家是巴蜀在全国政治生活中的重要贡献，即所谓"至高祖为汉王，发夷人还伐三秦"①。刘邦是以巴、蜀、汉中为基地，进而据秦地，再进而并天下的。汉武帝时将全国划分为十三部，在每部设置刺史，以便对该地区进行监察。而巴蜀地区则是作为一个单独的监察区，被划入了益部。东汉时期，监察区划逐渐成为地区的行政区划，刺史也有了固定的治所，巴蜀地区从那个时候起开始属于益州。巴蜀地区在汉武帝时期的重要地位如《史记·货殖列传》所云："关中自汧、雍以东至河、华，膏壤沃野千里，……南则巴蜀。巴蜀亦沃野，……天水、陇西、北地、上郡与关中同俗，……畜牧为天下饶。……故关中之地，于天下三分之一，而人众不过什三；然量其富，什居其六。"②

可见，从秦汉时期起，西南地区就已经成为中国历史政治版图中不可或缺的一部分。此后历朝历代，包括蜀中割据政权，对西南民族问题都十分重视。诸葛亮在隆中规划三分天下时，就已制定"西和诸戎，南抚夷越"的政策。后来蜀汉政权能够比较稳定，有力量北伐，有赖于这个政策的成功。因此，自秦并蜀至秦汉时期，由于封建统治者对巴蜀地区的一系列开发，巴蜀地区成为当时南方最先进的地区之一，也进入了历史上的一个空前发展的时期。

---

① 《后汉书·南蛮西南夷列传》。
② 秦汉时人所谓"关中"，有一广、狭二义，广义上包括秦、陇、蜀三地。

（二）魏晋时期

魏晋时期是政治上处于分裂割据的动荡时期，除西晋有过短暂的统一（280年魏灭吴至304年刘渊建汉国）外，国家的分裂时间长达370余年。这期间割据的情况较复杂，但大体上是南北对峙，至此秦蜀连为一体的局面结束。

公元263年，曹魏灭蜀汉。公元265年，司马炎篡魏，建立起晋朝，史称西晋。公元280年，西晋灭吴，统一了全国。但西晋的统一是非常短暂的，一方面是由于外戚、宗室的争权造成"八王之乱"，另一方面各地的流民、少数民族也相继起兵反晋，大一统的王朝再次分崩离析。西晋末年，大量流民入蜀，入蜀的流民建立起了占据巴蜀地区的成汉割据政权。成汉割据政权是自秦以来第一个以成都为中心的少数民族割据政权，成汉国也是"十六国"中最早建立的国家之一。但由于入蜀的六郡流民始终未能争取到蜀人的支持，因而在成汉开国之际，巴蜀当地的人口就开始大规模向外迁移，造成了汉族居民逃亡殆尽、以少数民族为主的六郡流民以及稍后迁入的僚人成了主要居民的局面。这也使得巴蜀地区的人口急剧减少，社会经济也因此遭到较大的破坏。

公元316年，西晋为刘聪所灭。公元317年，晋王司马睿在建康称帝，史称东晋。东晋时期，仇池等少数民族政权控制着巴蜀地区的西北部，巴蜀地区的东北部则成为东晋南朝与北方诸政权的用兵之地，爆发过多次大规模战争，如前秦与东晋争夺巴蜀的战争。在东晋时期，中央政府对巴蜀地区的政策发生了转变，由原来的培养和发展变为了防范和打压，历史证明这是一个错误的决定。由于中央政府和地方政治力量之间欠缺沟通，巴蜀地区一直战乱纷扰不断，严重阻碍了巴蜀地区的发展，以至于后人形成了蜀人"乐祸贪乱"的看法。东晋常璩在《华阳国志·序志》说益州："世乱先违，道治后服。"这即是后世"天下未乱蜀先乱，天下已治蜀未治"提法的开始。其实，这只是指东晋时期的蜀地。

正如任乃强先生所言："中土不复以蜀士见轻，而蜀人亦不复以中土为远。唐宋以降，蜀与中原方融为一体。"直到后来的隋唐时期，由于中央政府开始注重加强与巴蜀本土政治力量的沟通，巴蜀地方政治才真正地融入了全国统一政局，也成了全国统一政局中重要的组成部分之一，巴蜀地方与中央的隔阂和冲突也才逐渐减弱。

（三）隋唐时期

隋唐时期，历代王朝都高度重视对巴蜀地区的管辖，王朝换代的局面也改变了巴蜀原有的区域空间结构和地缘政治格局。

巴蜀之地的北方接壤中原政治中心，具有十分重要的战略地位。在建隋之初，隋文帝为了加强对巴蜀地区的统治，以"巴、蜀险阻，人好为乱"为由，破坏了剑阁道，重新开辟新的道路，以消除蜀道的艰险；之后，又将第四个儿子派遣到蜀地任当地的行政长官。他前后镇守蜀地20余年。在隋炀帝统治时期，隋炀帝对政策进行了调整，废除诸州总管府，将权力集中在一起。这样一来，由于兵权收归中央，地方行政长官的权力急剧减小，加之巴蜀地区相对其他地区来说比较封闭，在很长一段时间里，巴蜀地区都没有社会动乱，社会局面相对稳定，遂形成了"隋末剑南独无寇盗"的局面。

唐高祖李渊控制巴蜀地区之后，"以书谕诸郡县，于是东自商洛，南尽巴蜀，郡县长吏及盗贼渠帅，氐羌酋长，争遣子弟入见请降，有司复书，日以百数"。在强大的唐朝带来的压力之下，地方政权都选择向唐朝臣服。对于这些归顺的地方政权，唐王朝为了更好地统治以及维持当地的社会稳定，采取了恩威并施的政策。如在唐高祖武德四年（公元621年），夔州总管李孝恭就曾"召巴蜀首领子弟，量才授用，致之左右，外示引擢，而实以为质"。除此之外，在唐朝初期，为了抑制地方政权，加强中央的权力，巴蜀地区推行的政策是始于南北朝的回避政策。在这种背景下，巴蜀地区历代的兵权和政权几乎都是由中央管理。唐代也采用了这一做法并多以遭受左迁贬谪之人出任巴蜀地区的州县官员。

安史之乱爆发之后，吐蕃趁唐王朝一时间无法顾及西南边陲，便对巴蜀地区发起进攻，加之中央集权的失控，巴蜀之地内部也不断发生纠纷和战乱。在内部和外部都受到威胁的情况下，唐王朝选择直接以武力镇压叛乱，抵御外敌。但巴蜀地区地势险要，当时的政治和社会都比较混乱，所以很少有文官愿意到巴蜀之地担任公职，这也造成了当时巴蜀地区多数州县大都没有刺史、县令的局面，各州各县的行政事务基本是由假摄其政的人来处理。如西川节度使张延赏所云："所管州县厥官员者，少不下十数年，吏部未尝补授，但令一官假摄，公事亦理。"这样就使得当地的各个势力都能够进入当地的政府机构，参与当地的政务工作，造成了当时参与当地政务的人选除了军将之外，基本上都是代表本地势力的人员。唐代前期实行的回避政策也因为这样的局面变得形同虚设。对此，杜甫在《东西两川说》一文中忧虑地感叹："今富儿非不缘子弟职掌，尽在节度衙府州县官长手下哉。"因此，他建议："两川县令刺史有权摄者，须尽罢免。"这种局面一直持续到唐宪宗元和元年（公元806年）剑南西川节度使刘辟之乱被平定后才告一段落，持续了近50年之久。此后，巴蜀之地的中央集权和回避政策都重新建立起来。自唐宪宗元和四年（公元809年）至僖宗乾符元年（公元874年）的60余年间，再也没有一位巴蜀籍人士出任过节度使，而且几乎没有当地人担任巴蜀地区州刺史和县令等职。

（四）宋元时期

公元960年，赵匡胤发动陈桥兵变，推翻了后周的统治，建立了宋朝。南、北宋在巴蜀地区的统治长达314年。宋朝在巴蜀地区设"路"。宋太祖于乾德三年在原剑南东川、西川两节度使的范围重新设置西川路，开宝六年（公元973年）又在原山南西道、东道地区设置峡西路。此举正式完善了唐天宝以来就有的路（道）、州（府、军、监）、县三级政区制度。咸平四年（公元1001年）分西川、峡西两路为益州路、梓州路、利州路、夔州路四路，总称川峡四路，后世便称之四川。

宋初依然设置渝州。崇宁元年（公元1102年），宋国子士、渝州人赵谂回乡省亲之时，被人告发"与其党李造、贾时成等宣言欲诛君侧之奸，其语颇肆狂悖""狱既遂与反逆伏诛，父母妻子悉皆流窜"[1]。因赵氏家族为渝州南部少数民族，故"其族党来降，赐以国姓"[2]。然而竟妄议朝政，此行为是大汉族思想严重的北宋王朝不能容忍的。事件之后，当时北宋的统治者仍厌恶其乡里渝州，认为其意义不祥，遂取"恭行天罚"之意，下令将渝州改为恭州。

宋高宗赵构因为无子，立宋太祖七世孙赵伯琮为嗣子。绍兴三十二年（公元1162年）六月，宋高宗禅位于其嗣子。孝宗即位后，于当年九月封其第三子赵惇为恭州地区的恭王。淳熙十六年（公元1189年）二月，孝宗禅位于赵惇。光宗即位后，依照惯例，升其潜藩之地恭州为重庆府，此为"重庆"这一地名的由来。自此之后，重庆地区的地名始定，再无更易。

---

① 《玉照新志》。

② 《玉照新志》。

发生在 13 世纪的宋元战争是四川地区政治变迁史上具有极大影响力的事件。蒙古对南宋王朝四川战区的军事进攻经历了成吉思汗至忽必烈汗的较长时期。到忽必烈即位时，宋、元双方在四川政治、军事势力上的对比是：蒙古在四川以川西、川北为根据地，占领了全川大半的区域；南宋以川东为据点，所控制的州县只有大约 60 个。中统二年（公元 1261 年）六月，镇守泸州的南宋将领刘整弃城降元。至元八年，忽必烈采纳刘整建言，对南宋王朝开展战略进攻。在此之后，宋元战争的态势开始发生根本性的转变。至元十五年，元军攻占重庆。直到次年，合州守将王立降元，这才宣告围绕四川而进行的长达 52 年的战争落下了帷幕。宋元战争是第一个由少数民族统治者为实现建立全国政权目标而进行的战争。战争对四川地区所造成的后果是不言而喻的。

（五）明清时期

洪武初年，明太祖朱元璋为避免元末军阀拥军割据和战争不断的历史悲剧重演，首先考虑依靠宗室子孙加强对地方的限制和监督。他不止一次说过："然天下之大，必建藩屏，上卫国家，下安生民。今诸子既长，宜各有爵封，分镇诸国。朕非为私其亲，乃遵古先哲王之制，为久安长治之计。"[①] 故朱元璋于洪武三年开始分封诸王。明初前后曾进行过三次分封。第一次在洪武三年，分别授予他 10 个儿子中除太子外的 9 个儿子亲王的头衔和藩国。四川、重庆位居长江上游，东扼长江，古为吴楚咽喉，北走秦岭，沟通秦岭肘腋，西南为高原环绕，为滇藏必经之地。战略上的重要地位，决定了它必然成为明王朝建藩封国的要地。所以朱元璋第二次于洪武十一年分封了 6 个王子，其中就有蜀王、湘王等。在明代各朝，蜀藩都被朝廷树为榜样。《明史》说："自椿以下四世七王，几百五十年，皆检饬守礼法，好学能文。孝宗恒称蜀多贤王，举献王家范为诸宗法。"[②] 说明在明代诸王中，蜀府诸王对中央王朝是颇守法度的。

顺治元年（公元 1644 年），清政府相继任命兵部员外郎张慎学、户部郎中赵瑞等为四川道监察御史。顺治三年（公元 1646 年）设立四川巡抚，又设川陕总督兼辖四川。年底，清军攻入成都，见成都乃空城一座，成都

---

① 《明太祖实录》。

② 《明史·蜀王椿传》。

地区"千里无烟，无所设施"①。由于难以据守，清军遂退出成都地区。顺治五年（公元1648年），清朝廷"以委署四川巡抚、总兵官李国英为都察院右副都御史，仍巡抚四川，提督军务"②"驻保宁"③。此时，保宁成为清朝四川政权的政治中枢，亦即清朝四川的临时省会。为了争取四川士子，清政府在保宁开科取士，并准备大量粮食、兵械，以供清军深入四川作战。由于四川尚有较强的抗清武装，与清军进行拉锯式的战争，清军虽占据了保宁，但其他州县政权很难建立。为了确立在四川的统治，清军以保宁为大本营，先后六次与抗清武装反复争夺明代四川的省会成都和政治、军事、经济重镇重庆。直到顺治十六年八月，四川巡抚高民瞻奏报："臣统率弁兵进取成都。逆贼闻风逃遁，追至新津河，阵斩及溺死无算。伪官俱缴印投诚，川西底定。"④ 四川总督衙门亦随之迁入成都。康熙元年（公元1662年）五月一日，四川总督李国英关于"遄诛巨寇，环伺于下东地方，若仍驻成都，僻在西偏，去夔东三千里，鞭长难及。重庆居蜀之中容臣率领兵马，暂驻重庆，缓急可以就近调度。待下东底定，另移驻成都"的奏疏获吏部议复、顺治批准，李国英又由成都移驻重庆。

以满洲贵族为核心的清朝政权定都北京之后，吸取和借鉴历代封建王朝尤其是前朝明朝的历史经验教训，在中华大地建立起了"大一统"的专制主义的封建帝国，并将中国封建社会发展到了顶峰。清朝前期出现"康雍乾盛世"与清初诸帝的治国之道是分不开的。这些政策措施概括起来主要有以下两点：一是果断铲除反清势力，坚决反对分裂，维护国家的统一，承袭明制，并在此基础上建立起一套更为系统、更为完整的政治制度，坚持把澄清吏治摆在治国之首位。二是理顺满族与汉族及其他少数民族的关系，把推行"满汉一体化"作为基本国策。以上两点作为基本政策在全国推行，在四川的执行更是取得了实际的效果。四川是明末清初战乱中受损最严重的省区之一，也是清朝政权进入较晚、安定较晚的省区之一。针对四川残破衰败的状况，清朝统治者制定并采取了切实可行的政策措施，以再造"天府之国"的辉煌。清初诸帝以民为本的治蜀方针可以概括为12个字，即"安民为先""裕民为上""便民为要"。

---

① 《清朝文献通考》。

② 《世祖章皇帝实录》。

③ 《保宁府志》。

④ 《世祖章皇帝实录》。

二、巴、蜀的经济发展

巴蜀的经济发展主要集中在农业、手工业、商业三个方面。如前所述，秦汉时期，大一统的局面使巴蜀地区得到了较好的初步开发。魏晋时期，在常年的战乱中，巴蜀地区的社会发展与经济发展都遭到了破坏，农业、手工业、商业等产业的发展较为缓慢。及至隋唐时期，在较长时间相对安定的社会局面下，一度发展迟缓的巴蜀经济又迅速走上了繁荣的道路。在宋代 300 余年的统治中，巴蜀地区基本上未发生动乱，社会经济得到了迅速的发展。农业的进步，商业的活跃，城镇的兴起，人口的增加，使宋代的巴蜀经济发展到一个新的高峰。明末清初，四川战乱频繁，生产遭到严重破坏，清朝在四川建立政权后，使社会秩序得以恢复，创造了一个安定的社会环境。

（一）农业的发展

秦汉时期蜀地在全国的经济地位很高。据《汉书·地理志》所载，西汉设置工官的有八郡：河内、河南、颍川、南阳、济南、泰山、蜀、广汉。其中，六郡在北方，南方二郡皆在蜀地。《史记·货殖列传》中列举出的当时全国著名的大工商家大多都在北方，南方仅三人，皆在蜀地，即秦时的巴寡妇清、汉时临邛的卓氏和程郑。《史记·货殖列传》中列述了十九个汉代的重要城市，南方就以成都为最重要。至西汉中、晚期，巴蜀地区成为全国的十大经济区之一，成都则发展为当时全国六大都市之一，广汉则发展为全国著名的工业城市。因此在秦汉时期，蜀地在南方经济中一直居于比较领先的地位。

四川盆地与京城长安有秦岭、巴山之阻，较少受到王朝更替和中原战乱的影响，处于相对安定的四塞之中，更加之都江堰水利工程效用的长久发挥，拥有发展农业生产得天独厚的条件，所以两汉以后蜀地物产富饶。

蜀地拥有相对比较发达的农业。与此不同的是，巴地人民则主要从事比较粗放的狩猎和畜牧业等。巴蜀地区西部的成都平原拥有最为优越的土壤条件，中部的丘陵次之，盆地边缘的山地、高原的土壤条件最差。清人认为的"古所称蜀地肥饶，及沃野千里，号为陆海之说"主要指的就是土地肥沃的成都平原地区。

成都平原是两汉巴蜀地区以至于整个西南地区经济最发达的地区。该地包括今成都市及其郊县、德阳市旌阳区及什邡市、广汉市、雅安市名山区部分。在两汉时期，该区的土著民族主要是蜀人及夷人等。该地经济以农业为主，气候温和，年平均气温在18℃以上，非常适宜较多种类的农作物生长。该地出产水稻、小麦、玉米等粮食作物，麻、茶、油菜等经济作物以及枣、梨、橘等各种水果。该地土壤大部分为微酸性的灰色沙质壤土，土质十分优良。该地的地下水也相当丰富，并且水的无霜期大多在200天以上[1]。除上述之外，成都平原区域的河流分别属长江支流岷江、沱江两大水系，西南部属岷江水系，东北部为沱江水系。岷江、沱江皆有众多支流，星罗棋布地分布在整个成都平原上，为兴修水利创造了必要的前提条件。该区地势西北偏高、东南略低，便于自流灌溉。杜宇教民务农、开明氏治水、李冰兴修都江堰等水利工程，逐步完善了这里的农业灌溉系统。"旱则引水浸润，雨则杜塞水门。故记曰："水旱从人，不知饥馑，时无荒年，天下谓之'天府'也。"[2] 成都平原区域的农业与其他区域的农业相比还有一个最重要的特征就是精耕细作，这样的方式单位面积产量高且土地的利用率非常高。

在整个秦汉统一天下的过程中，成都平原都是重要的战略大后方，为耗费资源巨大的战争提供了大量的粮食、人力等。东汉末年，中原地区战争不断，经济发展停滞甚至落后，大量的人口在战争中死亡，无数的灾民开始向相对稳定的益州地区进行迁移。刘璋为益州牧时，"南阳、三辅人流入益州数万家"。汉中郡原有户五万七千三百四十四，到了东汉末年，"汉川之民，户出十万"。在一百多年的时间里，这里的人口总数增长了近一倍。经夷陵之战后，蜀国的国力受到了严重的破坏。诸葛亮为了恢复蜀地的社会经济发展，提出了"唯劝农业，无夺其时，唯薄赋敛，无尽民财"的方针，大力促进巴蜀地区的农业发展。此外，诸葛亮还提出了"务农殖谷，闭关息民"的主张，使该地区农业生产在原有基础上又有所发展。据有关记载，当时的绵竹"各出稻稼，亩收三十斛，有至五十斛"，这一产量在当时是相当高的。诸葛亮亲率兵马平定了南中后，使当地"夷族""渐去山林，徙居平地、建城邑、务农桑"。随着农业的快速发展，该

---

[1] 数据见《四川省志·农业志》上册，成都：四川辞书出版社，1996年。

[2] 《华阳国志·蜀志》。

地区经济发展了起来，这也为蜀汉王朝提供了大量的物质资源。据《华阳国志》记载，耕牛、战马等重要的战略资源不断为蜀国的发展提供能量。因此，"军资所出，国以富饶"。

三国时期，在政策的支持下，农户数量也得到迅速增加。据《文献通考》卷十《户口》载，汉昭烈帝章武元年有户二十万，蜀亡时户二十八万，四十年间蜀汉户数增加了八万。这里的户数，绝大多数是农户。农户的增加，带来了农业的繁荣，也带来了经济的增长，以至蜀亡之时，不仅国库"尚存四十万斛"，魏军入蜀境获"粮谷甚众"，而且"百姓布野，余粮栖亩"。

诸葛亮为蜀国的农业发展与经济发展作出了巨大的贡献。在诸葛亮的治理下，巴蜀地区"田畴辟，仓廪实，器械利，蓄积饶，朝会不华，路无醉人"。社会能够得到时间休养生息，经济也不断发展。西晋左思《蜀都赋》也反映了这个情况："其封域之内，……沟洫脉散，疆里绮错。黍稷油油，粳稻莫莫。""比屋连甍，千庑万室。""市廛所会，万商之渊。列隧百重，罗肆巨千。贿货山积，纤丽星繁。"因此，从东汉末年到蜀汉灭亡的八九十年间，巴蜀地区的经济一直保持了一个持续发展的状态。这种持续发展的状态使巴蜀地区的经济在当时超过了全国其他地区的经济。在两汉经济开发以后，巴蜀的经济又再一次迎来了发展的高潮。

如前所述，巴蜀的经济在两汉时期就得到了一定程度的开发。汉代加强了对巴蜀地区的统治，同时在经济上对其进行一定的帮助，这就使巴蜀地区的经济得到了较大的发展。在国内形势逐渐稳定的局面下，巴蜀地区的手工业也在不断发展。在农业和手工业的刺激下，巴蜀城市经济也在不断发展。同时，不同产业的相继出现也为巴蜀城市发展注入了活力，逐步形成了以成都为核心、以巴蜀盆地为内环，辐射整个西南地区的巴蜀经济区。到西汉中后期，巴蜀地区已成为全国的九大经济区之一，成都则发展为当时全国六大都市之一①。

宋代，巴蜀地区的农业较前代也有所发展，主要表现在梯田的开垦、农业生产的进步、粮食和经济作物品种的增加等方面。巴蜀地区是旱地粮食作物的重要产区，同时也是多种经济作物的重要产地，其中麻、桑种植最为广泛，几乎遍及西部各州。在此时期，对土地开发利用的最大功绩就

---

① 汉代九大经济区为关中、陇左、巴蜀、燕赵、齐鲁、梁宋、颍川、南阳、三楚。汉代的六大都市为长安、临淄、洛阳、邯郸、成都、宛。

是建造了大量的梯田，把山坡改造成了耕地。我国梯田的开垦是在宋代才开始普遍的。梯田建在山坡上，田面随山坡的斜度筑成田埂层层开发，形似阶梯，田里种植禾稻。南宋范成大即在《骖鸾录》中说："岭阪上皆禾田，层层而上至顶，名梯田。"巴蜀地区的梯田主要分布在梓州路的合州、昌州及其附近的渝州、涪州、忠州一带。梓州路的梯田农业甚为发达，以至于在宋代的田亩统计上记为"梓州路田为山崖，难计顷亩"①。

除此之外，宋代的巴蜀地区的水稻种植已经非常广泛，很多地方种植早稻和中稻。如涪州，每年五月半早稻已熟，便可食新，直到七八月水稻才收割完毕，因而"民食稻鱼，讻不忧，俗无愁苦"②。盆地边缘也是"间有稻田""稻田蕃庑，常多丰年"③。范成大的《夔州竹枝歌》中描述了夔州的农作物种植与分布状况，"东屯平田杭米软"。沿江以种植水稻为主，"百衲畲山青间红，粟茎成穗豆成丛"。山地则开垦畲田，以种植杂粮为主，"榴花满山红似火，荔子天凉未肯红。新城果园连瀼西，枇杷压枝杏子肥"。在夔州城郊的草堂一带适宜种植水果的地方则可以看见不少果园。此外，有的农民还"背上儿眠上山去，采桑已闲当采茶"。当地农民因地制宜，使粮食作物和经济作物都取得了不错的发展。

到了清朝，清政府更是施行以农为国本的政策，把政策重点转移到了农业生产上来。巴蜀地区也全面推行垦荒政策，轻徭薄赋，发展起了封建小农经济。

（二）手工业的发展

巴蜀人民一直以来就有从事手工业生产的丰富经验，所以后人说巴蜀地区的传统就是"人多工巧，绫锦雕镂之妙，殆侔于上国"④。在汉代，巴蜀的手工业取得了许多新的成就，其中最著名的就是漆器。司马迁曾经指出，当时在大城市里，如果有"木器髹（音休，上漆）者千枚"或"漆千斗"，那么其财产"亦比千乘之家"。在当时，蜀郡的漆器，其产量之大，质量之高，行销范围之广，在全国都是首屈一指的。如在湖南长沙马王堆 1 号墓中出土的 184 件漆器，它们的精美程度令全世界惊奇。从其上

---

① 《文献通考·田赋》。
② 《汉书·地理志》。
③ 《舆地纪胜》卷 179。
④ 《隋书·地理志》。

的"成市""成市草（造）"等铭文来看，这些漆器主要就是由成都管理的手工业作坊制造的。又如在湖北省江陵凤凰山许多文景时期的墓葬中，也出现了带有类似铭文的漆器，这些都可以证明西汉前期两湖地区的贵重漆器大部分都是由成都供应的。此外，贵州清镇、平坝汉墓所出的漆器也刻有"广汉郡"和"蜀郡"等铭文，可见，汉文帝在巴蜀地区设立工官以后，当地也与民族地区进行了贸易。更值得提及的是，1924年和1925年在朝鲜乐浪郡（今平壤附近）的古墓内发现的大量有铭漆器，其中竟也有汉代蜀郡的产品。由此可见，巴蜀的漆器确实是行销天下。

巴蜀地区的漆器作坊分工精细、组织严密，这从漆器的铭文中便可以看出。如在贵州清镇15号墓出土的漆耳杯，其铭文就为："元始三年广汉郡工官造舆髹羽画木黄耳棓（杯）。容一升十六籥。素工昌、休工立、上工阶、铜耳黄涂工常、画工方、羽工平、清工匡、造工忠造。护工卒史恽、守长音、丞冯、橡林、守令史谭主。"这证明了哪怕是制造一个如此小的耳杯，都要经过严格的造型、打磨、髹漆、装饰等八道工序，并由不同的工匠负责，这在当时乃至当今都算得上是相当先进的手工业制造水平了。

由巴蜀人创造的手工蜀锦在汉代达到了前所未有的盛况。当时，成都是织锦业的中心，成都也以生产蜀锦最为出名。杨雄曾在《蜀都赋》中形容蜀锦的精妙为"尔乃其人，自造奇锦。发文扬采，转代无穷"。左思也在《蜀都赋》中说："阛阓之里，伎巧之家，百室离房，机杼相和。贝锦斐成，濯色江波。"如今成都市的锦江区就是因濯锦而得名的。在《文选·蜀都赋》中李善注引谯周的《益州志》："成都织锦即成，濯于江水，其文分明，胜于初成，他水濯之，不如江水也。"后来的徐中舒也对蜀锦进行了专门的考究，他把重点放在了蜀锦的原产、兴盛和传播的方面。《三国志·蜀志·张飞传》也记载刘主取益州后，赐诸葛亮、法正、张飞、关羽等人金各五百斤，钱五千万，锦千匹。此锦就是蜀锦。"是知蜀之有锦，比在蜀汉以前，故刘氏因其盛设锦官焉，锦以织采为文，较之纱罗绫绢等仅具单色者，尤为繁复，故尤为贵重，比之于金……蜀锦非锦，乃是似锦之缎。缎为蜀中原产，六朝时由蜀输入江南。……蜀锦宜为蜀中原产，而不必由于外方之输入。今日蜀中之锦被面，及江浙盛产之花缎皆其遗制。

关于此，则汉魏以来蜀中工业之盛，较之中原各地，实有过之，无不及也。"① 虽然这只是一篇短文，但由其不难看出蜀锦原产地就在蜀地，并且蜀锦对于巴蜀地区的手工业经济的繁荣无疑具有非常重要的意义。

巴蜀地区青铜礼器的手工制造水平也很高超。第一，巴蜀青铜中礼器的锡含量普遍较低，而罍、尊等实用器的锡含量则较高；在殷墟出土的青铜器中，兵器多为铅青铜，只有少数优质的兵器才能使用上锡青铜，大量的锡青铜则用来制造礼器。这说明此时巴蜀的锡青铜制造与使用已经存在自己制定的标准。第二，巴蜀青铜中礼器铅含量高，而实用器的铅含量很低甚至完全不含铅；而殷墟出土的兵器铅含量却较高，礼器的铅含量远低于兵器的铅含量。可见，巴蜀锡青铜和铅青铜的使用主要是依据器物的独特性质而定的，礼器普遍采用含铅量较高的铅青铜或铅锡青铜，而实用器一般采用含锡量较高的锡青铜或锡铅青铜。这与铅锡青铜和锡铅青铜在其他地区的使用刚好形成了鲜明的对比。第三，巴蜀的青铜器，无论礼器还是实用器都不含锌。但其他地区的青铜器通常都含有微量的锌。这可能是由于青铜原料的产地不同，说明巴蜀青铜器原料的产地就是本地，所以更加有利于巴蜀青铜器的制造。第四，巴蜀铜锡类、铜锡铅类青铜器大多都含有微量的磷元素。然而，在历代对其他地区青铜器的分析中却没有发现含有任何的磷元素。这不光说明巴蜀青铜合金术富有鲜明的地区特色，还说明巴蜀人掌握了青铜合金的脱氧技术，而这在当时已经相当先进了。第五，三星堆出土的一件青铜器中还含有微量的钙元素。这种含有微量钙元素的铜锡合金在冶金史上是首次被发现的。所以，巴蜀地区的青铜合金术无论是在原料、合金的种类还是在熔炼技术方面都独具特色，展示了巴蜀自身独特的青铜制造体系。

除上述之外，巴蜀地区还拥有发达的金银器手工制造业。供统治阶级享用的金银器，其生产地就集中在巴蜀地区的蜀郡和广汉郡。《汉书贡禹传》一书记载贡禹批评汉元帝的奢侈时曾指出："蜀、广汉主金银器，岁各用五百万。"由此可以推知，当时在蜀郡和广汉郡制作金银器的作坊规模是相当大的。另外，由于蜀地金属制品制作精巧，有些器物甚至以"蜀"来命名。《盐铁论散不足》记载："今富者银口黄耳，金垒玉钟；中者野玉纻器，金错蜀杯。"所谓金错蜀杯，就是以金丝镶嵌的铜杯。《汉书

---

① 徐中舒蜀锦 [J]. 说文月刊，1942，3 (7)：5-7.

·酷吏传》说："欲请蜀刀，问君贾几何。"又有《汉书循吏传》说道："买刀布蜀物，赍计吏以遗博士。"颜师古注："刀，凡蜀刀有环者也；布，蜀布细密也。二者蜀人作之皆善，故赍以为货。"说明这种蜀杯、蜀刀，都是以其产地来命名的。《汉书·地理志》《续汉书·郡国志》都有汉嘉（今雅安）金为当时黄金最好品级的记载。《汉书·贡禹传》说："蜀、广汉（工官）主金银器。"可以看出，蜀郡和广汉郡精湛的金银手工制造工艺对后世影响很大。

隋唐时期也是巴蜀地区经济发展的重要时期，为之后四川经济的繁荣奠定了基本格局。其中，蜀地的手工纺织业在唐代非常发达。史载太和元年，南诏破成都，"掠子女工技数万""南诏自是工文织，与中国埒"①。太和四年，李德裕担任成都尹、剑南西川节度副大使、知节度事，"又遣人入南诏，求其所俘工匠，得僧道工匠四千余人，复归成都"②。南诏攻蜀，能在成都附近掳掠到数千的织工，由此可见当时蜀地手工纺织业规模是相当大的。

成都平原是两汉时期西南最重要的手工业区，该区的手工业主要分布在平原北部的广汉。该地生产的邓竹杖也远销至今天的印度、阿富汗等地。此外，成都平原还是两汉间盐业较集中的地区。据《华阳国志·蜀志》记载，广都（今双流）有由李冰穿凿的、我国最早的盐井。除了政府控制的盐井外，一些私人豪户亦拥有盐井，"县凡有小井十数所"。这些食盐除了满足该区的需求外，还销往西南各个地区。在宋代，产盐之地往往是社会经济较为发达的地区。北宋康定年间，涪州涪陵县白马津东15公里发现盐泉，"于忠州迁井灶户十余家，教以煮盐之法，未几，有四百余灶，由是两山林木芟剃，悉成童山"③。白马津很快就发展成为四川东部重要的食盐产地，昔日的穷山野岭变为繁华街市。也由于产盐，地处深山绝壁、物产不及他郡的大宁郡（今重庆市巫溪县）成为巴渝地区最富之地。

（三）商业的发展

秦汉时期，天下统一，国家结束了战争与分裂的状态，开始大力发展社会经济。大一统局面的形成和巩固，使国内的市场不再封闭和割据，各

---

① 《旧唐书·南蛮传中》。
② 《旧唐书·李德裕传》。
③ 《史记·货殖列传》。

个地区开始开放和相互联系。因此，地区间的商业贸易也开始不断地发展。《史记·货殖列传》中说："汉兴，海内为一，开关梁，弛山泽之禁，是以富商大贾周流天下，交易之物莫不通，得其所欲。"交通事业的发展让商业贸易更加频繁。在《史记·淮南衡山列传》有云："重装富贾，周流天下，道无不通，故交易之道行。"由此可见巴蜀商业的活跃程度。巴蜀经济取得的空前发展，也是国内统一和交通便利带来的重要成果。此外，秦朝将巴、蜀合并为郡县后，巴蜀农业和手工业生产迅速恢复，与此同时，巴蜀的商业也得到了积极的整顿和发展。虽然秦朝在商鞅施行变法之后实行重农抑商的政策，但实际上，由于秦朝奉行"除井田，民得买卖""盐铁之利，二十倍于古"①，反而让秦朝在商品关系方面发展得更快了。

到了汉朝时期，巴蜀地区的商业发展尤为繁荣，官方和民间的贸易往来都非常多。这些贸易通过褒斜道、长江水路等交通道路，分别将巴蜀地区的商品向中原地区运输，这样极大地促进了巴蜀地区的经济发展，同时也增强了巴蜀地区与其他地区之间的联系。秦朝时成都"与咸阳同制"，可以看出此时成都是秦朝的重要经济中心。在汉朝，与当时的都城长安相比，成都虽不是都城，但对于汉朝也十分重要。两汉之际，除都城长安外，闻名全国的还有五个大都市，分别为：洛阳、邯郸、临淄、宛、成都。在这五大都市中，成都的人口最多，其人口仅次于都城长安的人口，是全国的第二大城市。成都在当时已是"下属十二乡、五部尉，汉户七万"，已经远远超过汉朝"县大率方百里"的制度规定，而且成都所管辖的乡在当时也算是特别大的乡。

汉朝时，成都之所以能成为一个商业大都市，除了繁荣的经济和丰富的文化之外，还得益于南方丝绸之路沿线国际贸易的发展。沿着这条国际贸易之路，成都生产的布匹和丝绸源源不断地销往南亚的印度，印度人又将其转卖到中亚地区的阿富汗等国。与此同时，来自西亚和中亚的商品，如琉璃珠、肉红石浆珠等珍品，也进入了中国南方丝绸之路沿线的西南商业市场。作为当时南方丝绸之路国际贸易的起点，成都商业贸易的发展程度不难想象，可以说成都非常繁荣。

东汉末年，战乱四起，位于战争中心的黄河流域受到了严重的破坏，

---

① 《汉书·食货志》。

出现了"白骨露于野，千里无鸡鸣。生民百遗一，念之断人肠"①的景象，该地区的经济停滞不前，甚至出现倒退的情况。而与之相反的是，战乱对巴蜀地区的影响却小得多。当时的巴蜀地区"国富民强，户口百万，四部兵马，所出必具，宝货无求于外"②，完全是与其他地区不一样的状况。因此，在汉末时期，法正便劝刘备入蜀，"资益州之殷富，冯天府之险阻"③，以成刘备帝业，夺得天下。蜀汉时期，在诸葛亮等提出大力发展农业的政策支持下，巴蜀地区"田畴辟，仓廪实，器械利，蓄积饶，朝会不哗，路无醉人"④。巴蜀地区社会稳定，为其以后的发展奠定了良好的基础。

西晋元康以后，北方爆发的"八王之乱"绵延近二十年，黄河流域战火频发。而后又发生十六国纷争，中原再度鼎沸。相比较来说，巴蜀地区却相对稳定。故元康时竟有"流入十万余口""寄食巴蜀""散在益梁"的说法。永康以后，虽然有部分起义的情况，但它们规模都较小，时间也较短，对巴蜀地区整体的发展影响并不大。即使战时，将领李特也"与蜀人约法三章，施舍振贷，礼贤拔滞，军政肃然"⑤。此举亦与当时的中原地区大相径庭。成汉时期，李雄在位的三十一年是巴蜀政权极盛的时期。"时海内大乱，而蜀独无事，故归之者相寻。……事少役稀，百姓富实，闾门不闭，无相侵盗。"⑥巴蜀实乃十六国时代的"世外桃源"。魏晋南北朝时期，战乱逐渐减少，巴蜀地区的社会也更加安定，经济也更加繁荣，所以益州行政长官是当时很多人觊觎的一项官职。巴蜀地区社会的稳定与经济的发展让当时难得的商业在当地迅速发展起来。所以，即使在魏晋南北朝时期，巴蜀地区的商业贸易也在持续发展。在巴蜀地区与其他地区连接的主要交通沿线，市场密集，交易频繁。仅以长江上游沿岸为例，"新市里以市而名，胸忍辟有民市，朝阳市十日一会，平都市肆四日一会……"⑦也有《隋书·地理志》概括当时的巴蜀之地："水陆所凑，货殖所萃，盖一都之会也。"可以说，巴蜀地区的地理优势与稳定的社会局面是其商业发展的重要支撑因素。魏晋南北朝时期的战乱主要发生在黄河流

---

① 《曹操集·蒿里行》。
② 《三国志·庞统传》。
③ 《三国志·法正传》。
④ 《魏书·邢峦传》。
⑤ 《晋书·李特载记》。
⑥ 《晋书·李雄载记》。
⑦ 《水经注·江水注》。

域中原一带，给当地社会与经济带来巨大的危害。而巴蜀地区有着特殊的地理条件，"北据汉中，杜褒、斜之险；东守巴郡，拒扦关之口"①。相对于黄河流域，在这个时期，战乱对巴蜀地区的影响并不是很大，其商业贸易往来波动较小，经济也得到了发展。所以，在其他地区经济贸易停滞时，巴蜀地区的经济贸易不断发展，使巴蜀地区从一个普通的经济区跃升为比较发达的经济区域。

到了隋唐时期，由于长江流域南北大运河的开通，内河水路航运迅速发展，连通巴蜀地区的长江水路航运也迅速发展起来。是时，天下货利以舟楫居多。经过长期航运的实践，人民的水文知识增多，穿越三峡险滩的经验越来越丰富。交通航运的便利，更加促进了巴蜀地区商品的流通，使隋唐时期巴蜀地区的商业贸易也日益繁荣。

在农业、手工业、商业都趋于发达的同时，随之而来的是城乡市场的兴起和繁荣。当时巴蜀地区出现了许多大小不同的市集。而在这些地区中，市集最为兴盛的就有成都。其兴盛程度，当时有人认为仅次于扬州市集，于是出现了"扬一益二"的说法。成都"江山之秀，罗锦之丽，管弦歌舞之多，伎巧百工之富"，均比扬州更盛。而《元和郡县志·逸文》卷二也提到："成都号为天下繁侈。"由此可见，当时的成都是非常繁荣的。关于成都的市场情况，左思的《蜀都赋》也云："亚以少城，接乎其西。市廛所会，万商之渊。列隧百重，罗肆巨千，贿货山积，纤丽星繁。"刘校标注："少城，小城也，在城西，市在其中。"可见，在南北朝以前，成都只有一个市，就是西市，在小城里。但到了唐代，全城四方都出现了市。日本作家加藤繁在《唐宋时代的市》中提及成都城内常见的市场有东市、南市、北市、西市，除了这四个市场外，还有大东市、新北市。另外，据韦庄的"酒市连通客"和"灼灼，蜀之丽人也，近闻贫且老，殂落于成都酒市中"② 以及李珣《南乡子》词所说的"鱼市散，渡船稀"③ 等记载，当时的成都甚至还有酒市、鱼市的存在。

宋代，巴蜀地区的商业比之前朝代的更有所发展，并在历史上第一次有了商税收入的具体记载。加之宋朝时期的巴蜀地区井盐生产发达，当地盐业经营者们既是商品的生产者，又是商品的消费者。通过盐的商业贸

---

① 《后汉书·公孙述列传》。
② 《才调集卷第三》。
③ 《太平广记·玄怪录》。

易，当地居民的吃穿用全靠外地贩运而来。这就突破了为满足自己需要而进行生产的自给自足的藩篱，促进了农副产品区域间的交换，加速了商品经济的发展，对封建社会内部商品经济的发展起到了重大的推动作用。

综上所述，巴蜀地区无论是在农业、手工业、商业还是在交通运输等方面在当时都是非常发达的，已成为当时中央王朝的财政支柱。

三、巴、蜀的文化演进

巴蜀地区是中华文明的重要发源地之一，是长江上游的古老文明中心，也是中华文化的重要组成部分。四川盆地从古至今的文化一般称为巴蜀文化。但事实上，在战国以前，巴蜀文化并不是一个统一的文化整体，而是有巴文化和蜀文化两种不同的文化。直到后来巴文化与蜀文化相互渗透和影响，才有了巴文化和蜀文化融合在一起的巴蜀文化。

（一）巴文化

巴文化作为区域文化在中华文化多元一体格局中占据着十分重要的地位。巴文化有早期的巴文化和通常意义上的巴文化之分。早期的巴文化是指先秦时期巴国先民创造的文化，包含物质、制度和精神三个方面。而通常意义上的巴文化则涵盖了早期巴文化，指自巴国形成以来，当地人民在历朝历代的社会实践过程中所创造、积累的全部物质、制度和精神财富的总和，且是以精神文化为核心的。

巴文化的历史源远流长。晋朝时期巴蜀地区的大学者常璩所撰写的《华阳国志》记载："蜀之为国，肇于人皇""巴国，远世则黄炎帝之支封，在周则宗姬之戚亲"。巴人不仅是炎黄的后裔，其历史渊源还可以追溯到早于炎黄的时期。这一记载反映出巴蜀地区拥有源远流长的文明。在四川盆地巴文化集中的广大地区，发现了很多旧石器时代和新石器时代的遗址。其中，最早在四川东部的巫山县（今重庆）发现了200多万年前的人类化石。在四川盆地西部岷江流域的茂县存在距今 5 500 年至 6 000 年的营盘山文化，成都平原存在距今 4 500 年左右的宝墩文化。而在四川盆地传统巴人文化区的嘉陵江流域如广元市就发现了距今六七千年的中子铺遗址。可见巴文化拥有着非常久远的历史。

关于巴的起源地到底在哪里、巴人最初的故乡在哪里的问题，学者们的观点不太一致。一些专家坚持四川盆地的东部泛称巴，认为以往住在巴地的民族都应该被叫作巴人。但由于湖北省西部恩施地区的清江流域有著名的巴人廪君蛮的传说，也有学者认为该地区应是巴人的起源地。此外，还有学者认为巴人起源于我国西北地区的陕南汉水上游，属于氐羌的后人。以上的观点都有其依据，根据目前所掌握的考古遗址以及各种文献资料分析，巴人及其文化的发源地还是在大巴山北面的汉水流域和大巴山以南以西的嘉陵江、渠江流域。如今，有一种全新的观点将以往对巴人起源的观点进行了统一：巴人最开始是在安徽北部；在夏朝的时候迁入今河南省西南部、河北省西北部等地区，是为孟涂之巴；在商的末期又迁徙到了汉水上游；武王伐纣后建立大周，将部分姬姓宗族迁移到了如今的巴蜀地区；自东周之后，巴人就一直生活在今四川盆地东部地区以及重庆地区了。

巴国只有一个，即"武王既克殷，以其宗姬封于巴"的"巴"，也就是周武王将姬姓迁徙到巴地时的巴国。在巴国，有许多发展程度不一的宗族种群，如《华阳国志·巴志》所载，"（巴）其属有濮、賨、苴、共、奴、獽、夷、蜑之蛮"等。但由于当年的巴联合楚一起灭庸之后，巴国被楚国逼迫迁徙到今四川西部地区，使巴人的活动区域发生了巨大的变化，所谓的"巴人""巴文化"所代表的意义也随之发生了较大的变化。东周之后，巴国曾建立过五个都城，《华阳国志·巴志》载："巴子时虽都江州（今重庆），或治垫江（今合川），或治平都（今丰都），后治阆中，其先王陵墓多在枳（今涪陵）。"意思就是今四川东部地区就是巴国的领域，其中的族群都可以称之为"巴人"，他们产生的文化可以称之为巴文化。

学者们对于"巴"字的起源也持有不同的观点。第一个观点是《说文解字》："巴，食象蛇也。"认为巴就像是一条大得可以吃掉一头大象的蛇一样。《山海经》记载有巴蛇食象的故事：一条大蛇将大象整吞而下，用了三年才将其消化完，吐出大象的骨头。第二个观点认为"巴"字就是"坝"字，两个字的读音是一致的。巴蜀之地，山多，平地多为小平地，称为"坝坝"，所以用"巴"字的读音来称呼巴人。第三种观点是"巴"字来源于"巴贯"，意指石板。第四种观点是说四川盆地的嘉陵江的曲流支流较多，弯弯曲曲的形状如同"巴"字。"阆水曲折三回如巴字。"而阆水指的就是今天的嘉陵江，嘉陵江的支流众多，连起来就像一个"巴"

字。另如，古代的阆中就是"巴"字形状的一座古镇。

巴人族群活动的中心区域是现在嘉陵江流域一带，古时候称之为"渝水"。巴人最开始在今阆中地区建立都城，后由于战争原因，向南迁徙到了今重庆地区附近。有史料记载，巴人曾跟随周武王一起讨伐商纣，从"歌舞以凌敌"可以看出，一边唱歌跳舞一边打仗就是当时巴人的一种习俗。而在汉朝建立时，巴人也跟随汉高祖刘邦征战，为汉朝的建立作出了巨大的贡献。为了奖励巴人的功绩，汉高祖刘邦下令减轻巴人的赋税，并且还额外奖励每人十文钱。十贯钱在当时又叫作一賨，因此在汉朝后巴人又称为賨人。现如今，从四川盆地东部的阆中到渠县地区还保存了不少賨人文化遗迹。所以，今广安、南充直至达州地区也被称为賨人文化区域。

古代巴人的来源可以分为两支，其中一支属于清江流域的廪君蛮，而另一支则是嘉陵江流域和渠江流域的板楯蛮。两者都将白虎当作信仰，不同的是廪君蛮是敬仰白虎，但板楯蛮则是猎杀白虎。尽管方式不同，巴人都是对白虎充满敬畏之意的，白虎也是巴人的文化标志。根据史料记载，廪君蛮和板楯蛮两支族群的后裔之一就是现今的土家族，而土家族也保留着相关的习俗。土家族的神龛供白虎，就来源于廪君蛮敬仰白虎的习俗。土家族在大门上刻着白虎，希望白虎保护家庭，不进家门，称之为"过堂白虎"，来源于板楯蛮敬畏白虎的习俗。

（二）蜀文化

蜀文化是一个综合多元的文化。成都平原以其独特的地理优势，成为古蜀文化的核心区域。在成都平原这个核心的影响下，形成了有蜀国特色的蜀文化体系，周围的一些地区也具有一定的蜀文化特征。蜀文化发展的关键时期是秦朝到唐朝之间，这个阶段的蜀文化受政治因素影响较大，同时又撷取了长江、黄河两大流域文明之精华，与钟灵毓秀的自然山水相互辉映，形成了绚丽迷人的川蜀风情。如果说唐朝之前是蜀文化发展的关键期，那么宋元时期便是蜀文化的成熟期，而明清时期是蜀文化的鼎盛期。宋元时期，蜀文化受到商业文化的极大影响，逐渐趋于实用化。蜀文化在经济贸易活动中打破了地域限制，走向了更加广阔的世界。清朝末期，在西方帝国主义、封建主义以及各地军阀的摧残下，蜀文化遭遇到了前所未有的危机，几乎处于解体的边缘，出现了几千年未有之大变局，传统的蜀文化进入坎坷的近代社会。

蜀国只存在一个，也就是古文献记载的蜀国五祖轮流统治的蜀国。从地理上看，地处长江上游的古蜀王国疆域颇为辽阔。常璩在《华阳国志·蜀志》中写道："其地东接于巴，南接于越，北与秦分，西奄峨嶓。""乃以褒斜为前门，熊耳、灵关为后户，玉垒、峨眉为城郭，江、潜、绵、洛为池泽，以汶山为畜牧，南中为园苑。"开明王朝时，曾向北扩展，"蜀王有褒、汉之地"。其范围包括汉中、南郑等地。由这些记载可知，在杜宇、开明时代，蜀国的势力范围囊括了四川盆地、陕南地区，并到达了云南、贵州一带。有考古研究发现，三星堆文化与十二桥文化所在的区域就是古蜀国的文化核心区域，而古蜀国的中心就是现在的成都平原地区，其文化影响遍及古蜀国地区及周围地区，最终构成了蜀文化。这样看来，从最广泛的文化意义上说，蜀文化和巴文化都是集合了各种因素而形成的综合概念。

（三）巴、蜀文化融合

据考证，巴文化与蜀文化交融是在土著的哨棚嘴文化和宝墩文化的相互影响下形成的。受到外部文化的影响，巴文化与蜀文化融合以后就开始了同步发展。在三星堆文化和十二桥文化的两个时期中，巴文化和蜀文化之间还有一些不同。东周时期，巴人迫不得已向四川西部地区迁移，巴文化与蜀文化交流频繁，相互渗透，相互影响。也正是这种频繁的交流使得来自两个区域的文化不断交融。于是巴文化和蜀文化真正融合在一起，形成了长江上游的古代文明中心——巴蜀文化。

巴文化和蜀文化这两种起源不同的文化能够相互交融成为一种文化的原因在于：第一，它们在地域上是邻近的。商周时期，巴国与蜀国在汉中相邻。战国时期，巴人进入四川盆地后，西与蜀国紧邻，二者在频繁的和与战后在青铜文化、民族文化等各方面达到交融。第二，巴地与蜀地经济发展程度大致相同，民风习俗相近，增强了两个地区间的亲和力。第三，两个地区都使用同一种文字，也就是巴蜀文字。这大大促进了两种文化的交流与融合。

以上的因素使得巴文化与蜀文化快速地交融，在战国时期就形成了较为统一的巴蜀文化体系。因此，巴蜀文化可以分为广义的巴蜀文化以及狭义的巴蜀文化。狭义的巴蜀文化单纯指巴文化与蜀文化的一种相加，而广义上的巴蜀文化则是指以成都平原为核心、从四川盆地的范围辐射出去的融合了巴文化、蜀文化以及周边地区文化的一种综合性质的文化。所以，巴蜀文化是以四川盆地为基础，依靠广阔的长江流域，各种文化不断交流、不断发展的一支地域文化，是具有历史延续性特征的区域性文化。

成都平原是长江流域文明的起源，是长江流域文明重要的发展地区。成都平原的六座古城遗址向世人展示了几千年前部落的集聚诞生出的初期城市文明。以广汉三星堆和成都金沙遗址为代表的古蜀文化就是在这种城市文明的基础上发展而来的，其出土的精美玉器与青铜器展示出巴蜀在玉器时代和青铜时代的非凡成就。不同时代的蜀族文化是在巴蜀文化交融下逐渐繁荣起来的。

秦汉时期，巴蜀文化是依靠农耕文明发展起来的，其特征为"水利殖国"。到了汉唐时期，巴蜀文化发展得越来越好，一直保持着"天府之国，秀冠华夏"的记录。直到宋代，巴蜀文化仍处于兴旺当中。文天祥曾说："蜀自秦以来，更千余年无大兵革，至于本朝，侈繁巨丽，遂甲于天下。"[1]唐宋时期是巴蜀发展的重要时期，这个时期其经济发展水平也处于世界前列。这个时期的巴蜀社会相当繁荣，创造了世界漆器制造中心、世界天然气发现始源地、雕版印刷术的发源地、世界纸币"交子"的产生地等几十项中国甚至是世界的历史文化纪录，为中华民族的文化发展作出了巨大的贡献。

由于四川盆地中心地理条件优越，有利于文化的交流以及经济的发展，在这个地理单元内，文化的发展轨迹也就相应地呈现出一个以盆地为中心的向心结构。同时，巴蜀文化也随着不同历史阶段的"五方杂处"而不断传承、不断更新，吃苦耐劳、不畏艰险便是巴蜀文化最突出的特征。

从人文性格上来看，巴文化"其民质直好义，土风敦厚""俗素朴，无造次辨丽之气"。而蜀文化偏重形象思维，有文献提到蜀地的君子具有精细、敏捷等特点。巴蜀人民不懈努力，再艰险的地理条件也阻挡不住巴蜀人民想要突破和创新的心。不论是在三星堆时期还是在历次移民时期，巴蜀文化都呈现出一种包容的状态。所以，吃苦耐劳、不畏艰险，这些良好的品质深深地印刻在巴蜀文化的血脉之中。

从思维方式上来看，巴蜀人民求新、善变，具有发达的想象力，富于原创性和再创性内涵的事物也随之成为巴蜀文化最鲜明的外在表现方式之

---

[1] 《衡州上元记》。

一。巴蜀地区虽多为盆地，位居内陆，但却有着发达的工商业城市以及充满向外扩张性和包容性的文化。盆地的地理环境没有限制住巴蜀文化的活力，反而给巴蜀文化发展带来了机会，成为巴蜀文化不断发展的动力，使巴蜀文化呈现出多种色彩，也使巴蜀人民不局限于本地区文化，不断地吸收各种文化、各种思维的优点。

巴蜀文化随着不同的历史阶段不断传承又不断更新。传承与更新是历史上巴蜀文化的基本特点和显著特征。《岁华纪丽谱》就记载："成都游赏之盛，甲于西蜀，盖地大物繁，而俗好娱乐。"这体现出巴蜀人民向来喜好游玩、娱乐，而成都尤为明显。

自古以来，巴蜀地区一直是中华民族文化的重要摇篮之一，相较于其他文化，更具神秘色彩。神秘便是巴蜀文化的特点之一。巴蜀人创作《山海经》与都江堰神话的秘密一直隐藏于"出文宗之谜"及"殊俗状巢居之谜"等之中。在物质文化上，巴蜀是建筑样式上的巢居——干栏文化的发源地，是巢居氏族的发祥地，也是栈道和笮桥的起源和兴盛之地。巴蜀还具有独特的梯田和林盘农耕人居文化。梯田多见于巴人地区，林盘则主要是成都平原蜀人的居地。在精神文化上，巴蜀具有以下的特点：第一，是仙源故乡。神仙说最早起源于蜀，仙道和道教就诞生于此处。第二，产生了"天数"与"易学"。"天数"指历法、卜算、阴阳之学，是巴蜀最早的古代学问。"易学在蜀"是宋代理学家程颐的话，用来称赞四川易学的传承。汉代严君平、扬雄的太玄学和晋代范长生的蜀才易，唐代李鼎祚的《周易集解》，明代来知德的象数易学均传于巴蜀。第三，多出文宗。许多文化巨匠都出生或生活在人杰地灵的巴蜀，如汉代赋圣司马相如、"汉代孔子"扬雄，唐代天下文宗陈子昂、诗仙李白、诗圣杜甫，宋代"文章独步天下"的苏轼，明代文坛宗匠杨慎，清代函海百科的李调元。第四，多出才女。凌濛初在《初刻拍案惊奇》中专门写了一回"女秀才移花接木"。他在书中盛赞"蜀中女子自古多才"，还把王昭君称为"成都姑娘"。从卓文君到武则天、杨贵妃、花蕊夫人、浣花夫人，再到黄崇嘏、黄娥、曾懿，她们都是有名的蜀中才女。

在巴蜀文化体系之下，巴文化和蜀文化两种各具特色的文化相互融合。古语说："巴人出将，蜀人出相。"蜀人自古柔弱褊陋、狡黠多智，而巴人则历来强悍劲勇，朴直率真。巴文化和蜀文化虽是两支原本独立的文化，但它们又是具有共性的文化。在巴蜀文化演进的过程中，巴人和蜀人的价值观念和文化品位相互整合相融，形成了巴蜀文化的整体。所以，从西晋裴度的《图经》到唐代杜甫的《蜀中纪行诗》都一致认为巴蜀是"异俗吁可怪"的"另一世界"，其文化心理结构包括内隐的心态和价值系统具有巴和蜀的个性。这种整体性的文化内涵表明巴蜀人善于整合不同的元素。

巴蜀文化虽根植于内陆的四川盆地，且为崇山峻岭所环抱、所阻塞，以至于古代诗人有"蜀道难，难于上青天"的感慨，但却不可以用"盆地意识"来论之。可以说，这样的地理环境既决定了巴蜀文化鲜明的地方特点，也铸就了巴蜀儿女不屈不挠、开放包容的精神。这里不仅孕育出了众多思想家、文豪，还涌现出许多曾领先于全国乃至世界的经济、科技以及思想文化成果。巴蜀文化的开拓性、开放性与包容性，与世界上其他优秀的文明相比也是不落下风的。

巴蜀文化是几千年来以今天成渝地区为核心地带的土地上的人民共同创造的。巴蜀文化也是中华民族文化的重要组成部分，为中华民族文化的传承、延续和发展作出了重要贡献。它绵延至今，经历了四千多年的发展历程，既有中华文化的共性，又与中华其他地区不同，有着自己独特的魅力。巴蜀文化在自身的基础上，吸收、接纳来自中华其他地区的文化因素，与不同的文化相互影响，积累了深厚的人文底蕴。在国家政策的支持下，多次的移民不断为巴蜀文化增添活力，也为巴蜀文化的开放、包容奠定了坚实的基础。巴蜀人民的饮食起居具有巴蜀自身的特色，展现了巴蜀人民独特的生活方式与闲适的生活情趣。

总之，巴蜀文化自诞生起，就具有包容和集合的特征。巴文化与蜀文化两种不同文化整合成为相辅相成的统一整体。巴文化与蜀文化的开放与整合，就是创造性与整体性的一种完美统一。一方面能够稳定完善，另一方面又能创新进取，这就是我们对巴蜀文化的总体认识。如果把巴蜀文化比作一棵参天大树，那么生机勃勃的传统就是它的树干，神秘、包容、创新等特征就是它的枝和叶，树干和枝叶一起构成了巴蜀文化这棵参天巨树。巴蜀文化的产生与发展，经过长达几千年不断的沉淀和积累，为我们留下了别具一格的历史遗产。对于巴蜀地区现代化的进程，巴蜀文化正发挥着积极而又重要的作用。

第二章 民国时期成渝地区经济社会发展

　　辛亥革命以后，在同盟会和保路同志会的领导下，四川脱离清政府宣布独立。成都独立比重庆独立晚 5 天，后成渝两地政府进行了合并。革命的果实被袁世凯窃取以后，四川的革命党人以"直接讨胡、间接讨袁"发动"二次革命"，遭到袁世凯的镇压。此后袁世凯复辟帝制，以蔡锷将军为总司令的护国军举起讨袁大旗进军四川，使四川成为护国战争的主战场。之后，四川又经历了护法战争。民国初期的不稳定局势导致了四川军阀割据、各自为政。蒋介石的势力入川，使川政统一，四川社会秩序逐渐好转。抗日战争全面爆发后，全国各界势力向四川集中，使包括成渝在内的四川整体得到长足发展。这是民国时期四川的概况。

　　在漫长的古代时期，重庆的发展长期不如成都，但近代以来重庆获得了发展机会，也一跃而起。三国时成渝地区都归益州统辖，成都地区是益州的治所所在地，成都是当时西南地区的交通和商业中心，而重庆的工商业都不发达，重庆只是军事城邑和地方性的政治中心。在两汉、隋唐，成渝的首位城市也是成都，重庆依旧只是一个地区性的政治中心和军事重镇。宋朝时因宋光宗继承皇位前被封在恭州，后在恭州被封为皇太子，又接着封禅，双重喜庆，就将恭州改名为重庆。由此，重庆得到崛起的机会。虽然明朝时成都仍旧是成渝地区的政治中心，但随着中国经济重心由黄河流域向长江流域转移，长江流域的重庆得到发展，明清时期已形成成都和重庆双中心式的城镇格局。民国时期，重庆在资本主义经济的冲击下，依托长江优势，开始呈现出比成都更好的发展势头。民国的政治局势为成渝的发展带来机遇，特别是抗日战争全面爆发以来，国民政府迁都重庆，重庆发展迅猛，不仅成为成渝地区的经济中心，也成为全国的政治、经济中心，并在发展的同时也带动了成都的发展，为后来的成渝协同发展奠定了良好的基础。

一、成渝走向城市化

（一）近代重庆与成都的地位之争

民国时期，四川的城市都呈现出了近代化的转型趋向和发展态势。其中成都和重庆双城成为引领，成都以政治为优势，重庆以工业经济为优势，两城相互竞争并协同发展。重庆在发展的同时也一直有与成都争夺政治中心的趋势。成都在历史上一直在西南地区和中国具有重要地位，秦统一巴蜀时成都就是巴蜀的政治中心，汉朝时是全国五都之一，唐朝时也是中国经济最繁华的城市之一。经历几千年的历史变迁，到民国时期，成都仍旧是四川的省会。

民国时期政治经济的发展变化，加之全国性的市政改革兴起，20 世纪20 年代，成都开始由城乡合一的传统形态转变为独立的城市，建立了市政公所和市政府，随之开始了早期城市化的发展，城市人口逐渐增加。抗日战争时期作为大后方，大量东部人口向成都、重庆迁移，使成都人口快速增长，成都进一步巩固了全国重要城市的地位。但是，因为民国初期四川军阀割据，实行防区制①，各地军阀自成一统，驻扎之地成为"独立王国"，截留国、省两税，四川的局势复杂混乱。成都虽为名义上的省会，但其统治力和号召力实属有限。

1911 年 10 月 10 日，武昌起义爆发，各省纷纷宣布独立。1911 年 11月 22 日，重庆革命党人策动重庆独立，由同盟会重庆支部领导的蜀军宣布重庆独立，成立蜀军政府，多省的省军政府先后致电，承认蜀军政府是四川的政治中枢，蜀军都督为四川人民的代表。11 月 27 日，由保路运动兴起而宣告独立的大汉四川军政府在成都成立，尹昌衡任都督，因此四川就出现了成、渝两个军政府并存的局面。两个政府均表示听命于南京临时政府，但两者处于对峙状态，川东各地听命于重庆蜀军政府，川西北各地听命于成都大汉四川军政府。尹昌衡曾打算使用武力攻打蜀军政府，后经多

---

① 袁世凯死后，各派军阀各自为政，只是名义上承认当时的中央政府，实际上是各地军阀控制着地方的政治、军事、经济。防区制暂时承认各派军阀据地称雄的既成事实和既得利益，在川各军在自己的防区内"就地筹饷"，以此平衡和协调各派阀之间的关系。（贾大泉，陈世松. 四川通史 [M]. 成都：四川人民出版社，2010：28.）

方调解协商，两个军政府最终决定以成都为政治中心，以重庆为军事重镇，暂时保证了成都在四川的经济、文化中心地位不变。

四川最大的军阀刘湘从 1926 年驱逐黔军到 1935 年国民政府中央势力入川之前长期控制重庆。1935 年 2 月 10 日，刘湘在重庆就任四川省政府主席，将四川省政府迁往重庆，实现川政统一。四川省府成立后，蒋介石以省府已健全为由，要求刘湘将省府由重庆迁回成都，刘湘无法拒绝，只得将省府西迁回成都。虽然省会再次迁回成都，但是重庆的地位也在不断得到加强。1935 年 10 月，国民政府设立了军事委员会委员长重庆行营。1939 年 2 月，行营撤销，重庆不受地方军阀控制而直属中央，成为全国性的政治、军事大城市，实际控制着川、康、黔、滇、藏五省。

重庆地位提升的机遇是重庆成为战时的陪都。1937 年 11 月，日军进逼南京，南京国民政府决定迁都重庆。12 月 1 日，国民政府及其各部、院开始在重庆办公，重庆成为战时的陪都，也成为全国的政治、军事、经济、文化中心，并成为国际知名的城市。作为陪都，1938 年，国民政府行政院同意重庆市由普通市升格为特别市，准照直辖市组织，为直属于行政院之市。至此，重庆的政治地位进一步确定和提升。

（二）城市化初期人口的发展变化

民国时期四川的城市发展当以成都和重庆为代表。民国以来，成都人口总体呈增长态势，有人口自然增长、城市工商业发展导致农村人口迁入的原因，也有抗日战争时期其他地区人口迁入的原因。有学者按原因将民国时期成都人口变化分为三个阶段①。第一个阶段是从民国初年到 20 世纪 30 年代，人口增长缓慢。成都建市前期统计混乱，据 1926 年成都市政公所的数据，成都城区人口仅 37 万人，增长率低于清末平均增长率。其原因是辛亥革命后，四川军阀割据不断，20 余年时间发生大小战争 470 多起，导致人民大量死亡，还有部分人口离乡避难。第二阶段是 20 世纪 30 年代，军阀混战逐渐结束，成都人口较快增长。1933 年，成都市人口突破 40 万人，人口年平均增长率为 25.4%，高于民国前期水平。第三阶段是从抗日战争全面爆发到成都解放，成都人口增幅较大。

抗日战争爆发使中国人民承受巨大苦难，许多地区沦陷。沦陷区的机

---

① 何一民. 变革与发展：中国内陆城市成都现代化研究［M］. 成都：四川大学出版社，2002：573-600.

关、工厂、学校等都向内地迁移，迁到四川等较为安全的省份。因此在全国人口下降的情况下，成都、重庆的人口却因战争导致的人员内迁而增长。但1938年年底到1939年遭到日军几次突袭，使成都人口急剧减少。1939年9月是成都人口最少的时候，仅为312 729人，比清末人口还要少43%①。抗日战争胜利以后，虽然许多迁川移民返回故地，但四川籍的复员军人、商业发展吸引的商人、农民的涌入，使成都人口又呈现增长态势。到1947年，成都人口上升至75万人。

重庆1929年正式建市，当时人口仅20万人。随着抗日战争的全面爆发，重庆的地位不断提升，抗日战争时期重庆成为全国的政治、军事、经济、金融中心，人才荟萃、资源聚集、交通便捷，形成了大后方唯一门类齐全的综合性工业区，是我国战时的工业命脉。1937年，卢沟桥事变后，平津、上海、南京相继沦陷，蒋介石确定四川为抗日战争大后方，重庆为国民政府驻地。随着政治地位的提升、战争对东部的威胁，大量机关、文教单位、工矿企业迁入，大量人口涌入，重庆城市人口激增，到1944年便突破百万（数量已经超过同时期的成都），到1946年增加到125万人，其中外迁人口占重庆总人口的一半以上。虽然1945年抗日战争胜利后国民政府还都南京，大量机关、企业、学校又迁离，重庆人口减少（减少到100万人），但重庆作为西南地区重要城市的地位已奠定，其人口一直保持在百万以上，仍旧超过成都的人口数量，成为当时中国第七大城市。

（三）城市规划管理和服务

清代成都的空间布局以皇城为中心，与北京城相似，矩形规整，以中轴对称。清代时成都还有满族八旗居住的满城。辛亥革命第二年，成都宣布独立，原本满旗三营八旗住的满城的城墙被拆除，满城与大城合并。皇城在清末废除科举制以后逐渐新建各种学校，也增加了部分官署。之后随着经济社会的发展特别是城市商业的发展，城市的人口不断增多。1921年成都建立市政公所时，其所管辖的区域只以城垣内的建成区为主，城墙以外不及三里（1里=0.5千米）。这样狭窄的地域空间已不适应城市发展的需要，政府开始做扩大的规划，建成区开始突破城墙的束缚而向郊区延伸。民国初年，成都城市向东南西北四方向延伸，东门外一直延伸到牛市

---

① 何一民. 变革与发展：中国内陆城市成都现代化研究［M］. 成都：四川大学出版社，2002：583.

口、九眼桥，形成 48 条街巷，南门形成 8 条街巷，北门形成 19 条街巷，西门形成 4 条街巷。这些街巷主要是沿着成都对外连接的主干道和河流分布，用途以居住为主，也分布着一些商业点，以满足居民的生活需要。

1937 年，成都市政进行了勘划，将成都的城市面积划为约 138 000 亩（1 亩≈666.67 平方米），是当时成都市政府管辖区域的 5 倍多。后来 1940 年又进行了勘划，市区范围为 64 400 亩，界线是东至牛市口前的碉堡，新东门至猛追湾志城商业学校，北至平桥子碉堡，老西门至犀角河，新西门至青羊宫送仙桥，老南门至旧衣冠庙之鸭公桥，新南门至御营碉①。

随着经济社会的发展，成都不仅在城市空间上进行了扩展，还在城市的结构上做了优化。值得一提的是公园这一城市公共空间的建设，这是城市现代化的一个重要标志。20 世纪初至 20 世纪 30 年代，成都先后建设了少城公园、中山公园、望江楼公园、东城公园等，使城市环境更加优美，服务水平得以提升。公园不仅是休闲娱乐的场所，还是人们举办各种群众性集会活动的地方。特别是在抗日战争时期，公园成为革命者宣传革命思想的地方，成为政治空间，也具有发展经济、传播文化、开展社会教育的功能。

就城市发展而言，20 世纪 20 年代之前，重庆基本上还是城乡合治的传统城市，城镇和乡村并没有严格的界限，都由同一级的地方政府管辖。重庆市区由半岛山脊分为上半城和下半城，下半城长约 3 千米，宽仅 300~600 米，整个市区狭小，市政没有统一的规划，全城没有一条马路，城区内的环境较差。20 世纪 20 年代以后，随着重庆地位的提升，其交通、实业、商务繁盛，重庆亟待推行市政改造。重庆利用 20 世纪 20 年代的十年时间主修了城市的几条交通干线，到 1929 年 2 月重庆正式建市，市政机构进一步完善；到 1936 年，全市新旧城区有街巷、梯道 495 条段，其中装了路灯的有 400 余条，路灯共计 1 338 盏，覆盖率占到 80%。

随着城市的发展，重庆也开始规划公园绿地。1929 年 8 月建成的中山公园是重庆第一座公共园林，占地 1 公顷，此外还有江北公园，占地 3.16 公顷，除此之外在新区和市郊还有一些私人园林。这些都标志着重庆开启了城市近代化的历程。

---

① 佚名. 成都市政府施政概况报告书 [J]. 成都市政月刊，1939（5）：1-2.

二、农业、工业发展迅速

（一）农业与农村商品经济

民国时期，我国由封建社会向现代社会转变，四川的农业和农村经济在新的历史条件下也在努力寻求近代化改造。以男耕女织为主要生产方式的传统农业开始解体，农村商品经济的规模不断扩大，内容不断增加，农村与乡镇构成了商品流通的紧密网络，四川本地出产的各类农产品开始输出，外地和外国的农产品也有引入，四川的农产品加入了世界市场和国内市场的竞争。在土地所有制上，伴随着中国近代政局的不断变化，四川农村的土地占有情况及农村社会中的租佃关系开始出现重要变化。1935 年之后，伴随着重农政策的引导，四川出现了强调精细化耕种的农业，也出现了研究和推广农业技术的农业改进所和试验农场。在此时，优质高产的农作物被大范围引进和种植，为四川的农业发展带来了全新的面貌。但由于政局不稳以及战争带来的影响和破坏，农村经济面临着多方面的困难。

民国时期成都的土地兼并现象突出。成都地处平原，土地肥沃、资源丰富，农业投资的回报率较高，也稳定可靠，所以购买成都平原土地的人远比购买山区土地的人多，地主多以军阀、官僚、商人等新兴权贵为主。小地主多为本地土著，大地主多为川军中旅长以上的军官。教会也大量购进土地，比如基督教会就在成都华西坝外南占有好地 2 000 余亩。加之成都平原土地价格上涨较快，有利于地主，而农民则越来越无力购买。据不完全统计，成都平原新兴地主的人数约占成都平原农村全部人口总数的 7%~8%，但占有土地却高达 78%~80%，而占成都平原全部农村人口总数的 92%~93%的农民却只占有 20%~22%的土地[①]。这导致了成都平原上农民结构形态的变化。1926 年的数据显示，成都平原自耕农约占农民总数的 44%，半自耕农约为 10%，佃农约 46%。到 20 世纪 30 年代前期，成都平原佃农的比例高达 60%，四川全省的此项数据是 59%，当时四川的佃农比例已是全国第二。到抗日战争结束时，占人口 1.1%的地主竟拥有 90%以

---

① 吕平登. 四川农村经济 [M]. 上海：商务印书馆，1936：178.

上的田产①。

民国时期农村商品经济的发展直接培育了四川场镇市场。到 1949 年，川康地区共有场镇 7 796 个，有坐商和流动商贩 795 520 户，有商业人员 844 500 人。每个场镇平均有商家 100 户，商业人员 125 人。场镇的分布一般以经济发达地区和水陆交通要冲为中心向周围辐射，星罗棋布，但并不均衡。在大宗商品流动地带和人烟稠密的平原地区以及山货、药材和经济作物产区，场镇密集、市场规模大；而在人口稀少、交通不便的贫瘠山区，场镇则寥若晨星，市场交易量也小。习惯上称"东大路"的成渝交通沿线以及称"川湘路"的长江上游水陆要冲地带，是大市镇和中等场镇密布区。东大路上共有 37 个场镇，其中工商户达 200 户以上的大型场镇有 19 个，工商户达 100 户以上的中等场镇有石燕桥、路孔河等 5 个。川湘路上共有 43 个场镇，其中工商户达 200 户以上的大型场镇有 7 个，工商户达 100 户以上的中等场镇有 7 个②。

民国时期，四川场镇市场网络已逐步由量变的积累到发生部分质变，从互通有无、调剂余缺的小农经济附庸演变为区域贸易的桥梁和中转站，现代工业品、日用品返销农村，形成双赢。这些重要的功能主要体现在一些地处水陆要冲的大场镇的商贸活动中。按其在商贸交流过程中扮演的角色，可以将这些场镇划分为三种类型：一是物资交流枢纽、水陆运输要冲，这是场镇中最具活力的一类；二是专业性手工业产品交易中心，这是四川场镇经济的特色之一；三是山货、土特产集散地，这是场镇群落中得天独厚的一类。除此以外，还有许多以民俗信仰为特色的场镇，如各地的药王会、观音会、牛王会、关帝会，以民间信仰形成定期集会，最终演化为物资交易市场。内地与民族地区的交接地带，形成了许多边贸场镇，如康定、泸定等，它们都是在民族贸易中发展起来的。

（二）工业发展总体概况

19 世纪中叶以来，世界经济开始一体化发展，中国也被西方列强用武力拉进世界资本主义体系，中国的城市进入了大机器生产的工业时代。四川由于地处西南内地，与世界和经济发达地区的联系薄弱，现代经济发展

---

① 赵宗明. 四川租佃问题 [J]. 四川经济季刊，1947 (3-4)：48.
② 游时敏. 四川近代贸易史料 [M]. 成都：四川大学出版社，1990：82-87.

艰难，呈现出规模小、数量少、技术落后等特点；加之民国时期四川军阀混战，给四川现代经济的发展也造成了一定的阻碍。抗日战争的全面爆发，一定情况下改变了这样的局面。早在抗日战争全面爆发前夕，国民政府已有以川、滇、黔作为复兴根据地的设想。为了在后方筹建工业基地，战前国民政府资源委员会已派出大批技术专家对四川、云南、贵州、甘肃、西康、青海等省份的矿产资源、水利资源进行了实地勘探，为四川的重工业建设提供了重要的依据。抗日战争爆发后，国民政府为了保存实力，下令沿海和可能被日军侵占地区的工矿企业迁入内地；爱国企业家也急切地希望自己的企业能迁入内地，继续生产，支援抗日战争；四川行政当局非常欢迎这些厂矿企业，制定了一系列优惠政策，帮助解决内迁企业迁入之后继续生产的种种困难。在这种形势下，从 1937 年开始，特别是 1938 年武汉失守后，形成了沦陷区和沿海工矿企业内迁四川的高潮。到 1940 年，华东和华中的 254 家工厂迁入四川，随工厂迁入的技术工人达 8 000 余人①。这就大大地推进了四川工业的发展。1938—1941 年成为四川工业发展的黄金时期。据 1942 年的统计数据，四川已有新式钢铁企业 44 家，为抗日战争前夕的 22 倍，其中战时新建的约占 80%。其他如兵器、化学、冶金、机械、电力等工业部门都形成了一定的规模和相当的生产能力，工业技术取得了空前的进步。交通运输、公路建设为适应抗日战争的需要，更是飞跃发展。在抗日战争时期，四川成为大后方经济最发达的地区。

就成都和重庆两城而言，近代成都工业发展的重点为纺织、造纸、食品加工等轻工业，机械、制造等重工业发展不充分，内迁工厂并没有为成都的工业基本结构带来实质性改变，在成都占主导地位的还是手工业和日用轻化工业，资本规模也仍旧较小。重庆则发生了重大变化，迁渝的工厂占到迁川工厂总数的 90% 以上，占内迁工厂总数的 50% 以上，使重庆一跃成为全国最为重要的工业中心。大量工矿企业迁渝形成战时最重要、最集中的重庆工业区，以重庆为中心形成的综合性工业区是大后方唯一门类齐全的工业区，是我国抗日战争时的工业命脉。这些地区拥有全部内迁工厂的三分之一，共 200 余家工矿企业，包括兵工、冶金、机械、纺织、炼油、烟草等行业，成为战时生产军需和民用物资的主要基地。据统计，到 1940

---

① 四川省档案馆. 抗日战争时期四川省各类情况统计 [M]. 成都：西南交通大学出版社，2005：57.

年，重庆工业区共有各类工厂 429 家，其中机械（包括兵工）厂 159 家，冶炼厂 17 家，电力厂 23 家，化工厂 120 家，纺织厂 62 家，其他厂 48 家，是抗日战争时期中国最为重要、最为集中、大后方唯一门类齐全的综合性工业区。到 1944 年 6 月底，全国登记的国营、民营工厂共 4 346 家，其中重庆占 1 228 家，重庆已成为抗日战争时的工业中心。

（三）棉纺织业发展迅速多变

在民国时期的四川农村，农户的生产方式延续着过往长达一千多年的家庭生产方式，农业和家庭手工业结合一起，农村经济仍然是以自给自足为目标。直至 20 世纪 30 年代，四川尚有手纺车 228 710 架，年产土纱占全省消费棉纱的 28.5%；手织布机 10 万台，年产土布占全省消费棉布的 77%。在当时调查的 47 个县中，有超过 70% 的县保存着手工纺织业，它们多为产棉地区。四川农村依旧保留着脆弱的小农经济。

随着列强不断的经济侵略，四川农村的小农经济被国外资本侵蚀。随着洋纱、洋布不断低价涌入四川市场，四川农村的农户被迫由传统的自纺自织转变为买纱织布，纺织原料不再由自己掌握。由此，四川的纺织原料开始依赖国外市场，价格也被外国资本所掌控，四川农村的传统经济逐渐被国外市场所控制。于是，"内地布缕价涨缩，恒依洋纱进入增减为差度"①。此外，男耕女织的生产方式在消亡过程中也存在着不稳定的因素。受国际市场和国内政治局势的影响，广大农户时而重新开始耕织结合，时而又被外国资本所影响而耕织分离。

第一次世界大战前后，西方列强忙于为自身的利益而混战，无暇顾及中国市场，这是四川棉纺织业发展的大好时机。在这一契机之下，四川棉纺织业得到了发展。20 年纪 20 年代末，重庆市共有织机 4 167 台，其中木机共计 2 274 台，占 54.6%；其余 1 893 台为铁轮机，占 45.4%。到 1935 年，进口洋布激增，织机总数减为 1 953 台，其中木机数量为 883 台，占织机总数的 45.2%。抗日战争前夕，廉价的洋布被大量倾销，四川"各地土布市场，遂均为所夺，川省年输入布匹达二百万匹，而机纱输入落至三十万担……是为川省织布业空前衰落时期"②。洋布大量输入，而作为原料的洋纱输入量却降低，可见棉纺织业已经萎缩到何种程度。而重庆是四川

① 彭泽益. 中国近代手工业史资料：卷四 [M]. 北京：中华书局，1984：164.
② 彭泽益. 中国近代手工业史资料：卷四 [M]. 北京：中华书局，1984：164.

棉纺织业发达地区，衰落时期传统木机尚占总数的 45.2%。

但是，抗日战争全面爆发后，洋货难以进入中国内陆省份，四川各地的手工纺织业在原有的基础之上得以恢复。由于四川本地所产的棉花原料质量较差，还得从河南、陕西引进新品种棉花，脱字棉、德字棉等成为四川省的新品种。1939 年，良种棉花播种面积扩大，获得大丰收，皮棉总产量达到 2.9 万吨，比 1937 年增产近 1 倍。1940 年棉田面积扩大到 270 多万亩，1947 年扩大到 341 万亩，原棉总产量增加到 3.7 万吨①，成为历史上棉花最高年产量。

这一突破给处于衰落状态的广大农村棉纺织业带来了积极影响，在市场需求不断增长的契机下，农户家庭棉纺织业出现复苏。大多数棉农收获棉花之后直接对棉花进行加工纺线。四川农业中耕织结合比较普遍，但也有暂时分离，结合与分离都是受制于当时的社会政治经济因素。

成都的手工纺织业历史悠久，其中丝织业尤为发达。20 世纪初已经开始推广机器纺织，到 20 世纪 30 年代，成都城区内已经机房云集。1935 年的数据显示，成都开业的机房共有 350 余家，织机 971 台，工人 1 712 人，年产丝织品 48 000 余匹，织棉花被 9 260 床②，有名的纺织工厂有翕华织物工厂、吴永森帆布厂、新华布厂、德光布厂和女子自治工厂。

重庆的棉纺织业的发展远比成都滞后。抗日战争以前，重庆的棉纺织业大都停留在工场手工业阶段，可以说是没有机器棉纺织业的。随着抗日战争全面爆发，工厂内迁，重庆成为新工业中心，其棉纺织业落后的状况得以改善，兵工、煤炭、纺织是战时重庆的三大产业部门。抗日战争期间，重庆发展最快的轻工业就是机器纺织业。机器纺织业由外地迁入，从无到有，使重庆一跃成为最重要的棉花生产基地。重庆当时有四家民营纱厂，即郑州豫丰和记纱厂重庆分厂（豫丰纱厂）、汉口裕华纺织公司渝厂（裕华纱厂）、申新第四纺织公司重庆分厂（申新纱厂）、沙市纺织公司重庆分厂（沙市纱厂），月产约共 4 250 件（包），此外还有国民政府军政部的两家纺织厂也在重庆官办。虽然如此，但抗日战争时重庆人口激增，军需量很大，纱布严重供不应求，导致价格飞涨，利润可观，所以许多厂家

---

① 四川省地方志编纂委员会. 四川省志·农业志: 上册 [M]. 成都: 四川辞书出版社, 1996: 194.

② 数据来源: 成都总工会工人运动史研究组编，《成都长机帮工人运动史略》，载于《成都工人运动史资料》第 2 辑，第 394 页。

也争先恐后到重庆设厂，使棉纺织业生产规模逐渐扩大，而且迅速由工场手工业转变为机器大工业，有集棉纺、织、染为一体的大企业，有引进全新布机、发电机、烘缸机等设备的工厂，有各式锅炉、发电机、发动机、烧毛机、染布机集中在一起的工厂，机器棉纺织业异军突起。在多方合力下，1942年，重庆棉纺织业迎来了发展的黄金时期。但是1943年以后，国民政府对花纱布实行全面管制，由国家统一配给原料，产品不得自行销售，要求全上交国家，按照上缴的20%付加工费。这样就变成"以花易纱，以纱易布"，生产流通的各个环节都严格由政府管制，使得企业利润大幅下降，有的企业甚至入不敷出。这就导致企业关闭、规模减小。可见，重庆棉纺织业的发展与减产虽然表现为一种经济现象，但从根本上讲，是受非经济因素的影响，因抗日战争而兴盛，因政府管制而衰落。但是，无论如何，重庆机器棉纺织业的发展一定程度上改变了当时中国纺织业分布不合理的格局，使内地的经济也得以发展。

（四）制造业发展黄金时期

1877年，清朝在成都创办过省内第一家现代工业企业——四川机器局，这是四川现代工业的先声。民国时期，改名为四川兵工厂，并不断扩大生产，工人增加到2 000余人。除四川兵工厂外，成都的机器制造工厂数量较少，规模也小。比如省立工学院初习工厂，创办于1913年，资本3万余元，能制造卧式水轮机、染布蒸煮锅、造纸蒸煮锅及各种机器零部件。1920—1936年，成都还创办有协兴翻砂厂、金利铁工厂、嘉禾工业社、东方铁工厂、全兴翻砂厂、崇宝翻砂厂、章铁工厂、华通造车厂、美记工厂等，资本均在2万~3万元，职工20~40人。

抗日战争全面爆发期间，重庆的兵器制造业非常值得一提。重庆作为中国大后方的战时首都，担负起了兵器制造的中心任务。抗日战争前，中国的兵工企业主要建在沿海的山东、江苏、广西、广东和中部的湖北、河南、湖南、山西以及四川。抗日战争以后，兵工企业陆续内迁，向重庆集结。1937年10月，兵工署重庆办事处成立。1938年，军政部兵工署也迁到重庆。金陵兵工厂机器、设备以及各种器材共4 300多吨也迁来重庆，重庆的江北陈家馆复工生产，湖北的汉阳兵工厂、河南的巩县兵工厂、保定修械所、湖南的株洲炮兵研究处等陆续迁入四川和重庆，使重庆成为当时中国主要的军事基地。在重庆的兵工厂朝着专业化的方向发展，进行了产品结构的调整，为满足战时炸药量的需求，特意增建了新厂，生产氯酸钾、合金铜等原料，进行技术改造，不断研制新品。为了防止突袭，大部分兵工厂的车间转移到隐蔽区域甚至在山洞里进行生产。

重庆机器制造业的黄金时代是1940—1942年，机器厂的数量增加1倍到3倍，发展速度空前。1942年机器厂比1939年增加了5.32倍，年平均增长率为177%，1942年的总资本是1940年的22倍左右，年均增长率在59%以上。同时，技术工人的数量也增长了1.8倍，年均增长率为90%，机器制造业总资本比战前增长了8倍之多。可见战时重庆工业发展之迅速。短短三年，重庆的机器工业就从无足轻重发展为居于大后方非常重要的地位。

三、商业、金融、交通的发展

（一）商业活跃而动荡

成都的商业发展走在四川前列。成都于清朝末年开张的最大商业街——劝业场因遭大火灾而全毁，但在原址基础上扩建了规模更大的三个商场，集购物、娱乐、消遣为一体，新增店铺300多家，是原来规模的两倍，有多家商店经营百货，广货、苏货、洋货在商场里应有尽有，这是四川其他城市所不能比拟的。商业场与城中区主街道东大街之间只有一弯曲小道相隔。1924年，成都的市政公所在两者之间修了一条新的商业街，就是至今仍旧非常繁华的春熙路，这为成都的商业带来了新的契机。春熙路成为成都当时最繁华的商业区，先后有139家商店，各种钟表公司、银楼、百货行、商行入驻，如上海及时钟表公司、亨达利钟表行、宝成银楼、凤祥银楼、协和百货行、恒和商行等。

20世纪20年代后期，成都的商业开始活跃，但城市的商品主要还是满足城市居民日常生活需要为主，因为多年军阀割据，四川农村经济非常薄弱，加之防区的管辖，运输所需关卡费甚高，限制了地区之间货物的贸易往来，使得成都与省外、重庆的大宗商品贸易较少。在川政统一之后，四川结束了军阀割据局面，省政府统一了全川关税，改善了交通，统一了币值，给成都商业发展带来了转机，使抗日战争前成都商业呈现繁荣态势。

抗日战争全面爆发，大批人口和资金涌向川内，也刺激了成都商业的发展。据统计，抗日战争中期，成都有食品企业 7 806 家，茶旅服务企业 4 814 家，日用百货企业 6 829 家，丝、棉、麻纺织品企业 6 795 家，五金制品、古玩玉器店 1 226 家，文化用品商店 1 300 家，各类商店共计为 28 770 家，比抗日战争前净增了 10 983 家①。然而，福兮祸之所伏，抗日战争使人口和资金大量涌入成都，同时一部分拥有巨资的商人也混杂其间，参与投机倒把，大搞买空卖空，使原本脆弱的成都商业和金融业发展畸形。当时的政府对这种现象的认知有限，难以应对，缺乏有效的控制，导致成都物价飞涨。从 1940 年开始，成都物价一日高过一日。据关于成都物价指数的统计，1937 年比 1936 年增长 15%，1938 年同比增长 16%，1939 年增长 38%，1940 年增长 284%，1941 年增长 249%，1942 年增长 296%，1943 年增长 305%，1944 年增长 369%。通货急剧膨胀，使得 1943 年开始成都商业出现衰落，1944 年 300 多家商号倒闭，加之 1945 年抗日战争胜利，内迁工厂返迁，成都市的商业进入全面萧条时期。

重庆商业的繁荣不仅体现为商业街商铺的兴盛、商业场的繁华，还体现为同业公会和商业企业的猛增。1937 年，重庆批准成立工商业同业公会 14 个，到 1945 年增至 123 个，还有未成立同业公会的行业 37 个，其中商业行业达到 120 个②。1937 年商业企业有 1 007 家，到 1941 年增至 14 262 家，1942 年又猛增到 25 920 家，短短 5 年时间翻了 25 倍之多。抗日战争以来，重庆行业齐全，出品大白兔奶糖的上海冠生园 1938 年在重庆开饭馆，重庆的餐饮企业在 1939 年 10 月已达 150 家以上，还有茶馆 1 200 余家、服装店 130 家以上。到 1942 年 10 月，重庆商会会员达 15 000 多家，百货业有 1 200 家，服装业有 223 家，还有印刷业、绸布商业、银行商业、糖果商业、照相业，又成立有专门的山货交易市场和专门进行牛羊皮猪鬃肠衣交易的市场。战时重庆商业门类多、业务广，产业从业人数也不断增加。商业从业人员从 1941 年的 10 万人增加到 1946 年 1 月的 26 万人，占总人口和职业人口的 21% 和 36%。

虽然企业数量和从业人数大幅增加，但单个企业的规模仍然较小，全市商号平均注册资金不到 9 000 元，战时重庆的商业繁荣主要体现为整体行业规模的扩大而非单个企业规模的扩大。

---

① 解放军十八兵政治部：《成都概况》，（根据成都商会统计资料编制），1950 年。

② 傅润华、杨约生：《陪都工商年鉴》第 2 编，文信书局，1945 年，第 7 页。

使商业呈现繁荣的不仅是国内商业的内迁，还有对外贸易在重庆的兴盛。国民政府政治重心转向重庆，对外贸易的主要通道也由上海转向重庆。抗日战争初期，上海、南京相继沦陷，沿海出口阻断，也使重庆商品出口停滞，即使改道香港出口，也使大量货物滞留，之后通过西南国际交通路线的打通，物资有了一定量的出口。但后又因日本控制缅甸，西南交通线中断，外贸又中断。后通过空运，猪鬃、生丝等重要物资能运出，使外贸恢复了一丝生机。

抗日战争时期，商业银行、钱庄多从事商业投机活动，国家银行因为放款措施不严、漏洞太多，缺乏监督和效益审查，被有权势的官僚裹挟进行商业的放贷，许多对工矿、交通事业的投资被转移给商业，导致重庆物价起伏很大，出现短期内的暴涨。原本1939年前物价波动较小，1940年以后，特别是1941年到1942年上半年出现物价暴涨，这种暴涨带来的繁荣是一种虚假的繁荣，商业的繁荣并不以工业为基础，短期繁荣带来的是经济和商业的萎缩，不仅不能促进生产规模的扩大，反而成为生产发展的绊脚石，给重庆经济带来了巨大的破坏。

（二）金融深受政治影响

成都是商品物资集散地，金融历来发达。民国之后，成都凭着四川省省会的地位吸引了军政机关和企业商人，资金涌入增多，大量的资金都存在银行、钱庄，使成都的金融业更加发达。

民国初年，成都民营金融业是传统的西商票账两帮，共有票号13家、账庄21家。"三军"共同统治成都时期，为扩军筹饷，开辟财源，直接插手金融业，利用金融机构吸引资金，从事商业投机活动，随意发行钞票、银圆、兑换券和各种债券，使得成都银号、钱庄出现了短暂的畸形繁荣，一度出现了大小银号"开得快"也"垮得快"的局面，1927—1928年，军政系统控制下的金融机构从几家增加到14家，而到1933年年底"二刘大战"①，成都的银号又所剩无几。1934年刘湘驻于成都，重庆的7家银行先后在成都开设分行，即川康、川盐、美丰、市民、四川、重庆、四川商业，它们的资金和业务都优于成都本地银行业，居于优势地位。当时成都全年进出口总额约3 000万元，而聚兴诚、四川地方、川康、川盐、美丰5

---

① 指四川军阀刘湘与刘文辉之间爆发的大规模军事冲突。

家银行在 1934 年的全年汇款就高达 2 200 余万元，占成都进出口总数的 70% 以上，可见当时成都的汇兑业务主要控制在重庆的银行手中。

川政统一以前，四川流通的货币紊乱，有不同版面的银圆，如川版大洋、袁头大洋、孙头大洋、云南龙纹大洋、川造半元、云南半元等，还有各种银角、铜圆、纸币，极其不利于金融业的发展，不同兑换券的泛滥也给人民带来了巨大损失。1935 年四川省政府开始统一货币，要求各商业银行收回自行发布的钞票，均以中央本钞为本位币，停止地钞使用。货币的统一有利于工商业的发展，使成都在抗日战争全面爆发后一跃成为后方重要的政治、经济中心。

民国时期，成都金融业的局面是旧式的银号、钱庄与现代的银行并存。成都的银号钱庄虽然经历了经济、政治的巨大冲击和行业内部的激烈竞争，但也因此不断改善经营方式，经营灵活、手续简便，加之历史悠久，受到了民众信赖，而能一直坚持到解放。抗日战争前传统的银号钱庄在成都占主导地位，而抗日战争时期，省外资金雄厚的银行开始涌入成都。从 1942 年开始，成都的银号钱庄等旧式金融企业开始向现代的银行转变。到 1945 年，成都有 8 家民营银号钱庄转变为银行，有 3 家重庆银号钱庄的成都分号也转变为银行。到抗日战争胜利，成都共有银行 50 多家，远远超过了银号钱庄的 13 家，成都金融业的现代化程度已大为提高。

抗日战争全面爆发前，重庆共有银行 15 家，其中中央银行、农民银行分行各 1 家，外省银行 4 家，本地银行 9 家，还有 5 万元以上资本的钱庄 23 家。随着抗日战争局势的变化，为了稳定后方经济，国民政府将四行二局即中国银行、交通银行、中国农民银行、中央银行、邮政储金汇业局和中央信托局迁往重庆，其他众多外地银行也纷纷迁至重庆，比如号称北四行的金城、盐业、中南、大陆银行，南四行中的上海商业储蓄、浙江兴业、新华信托，还有小四行的中国通商、中国实业、中国国货、四明，以及西康、广东、湖北、河南等省的银行分行或办事处，重庆金融业也因此得到迅速发展，使重庆成为后方的金融中心。1939 年 11 月，重庆已有规模较大的银行 30 余家，资本超过 1 亿元。1942 年太平洋战争爆发后，也有一些上海租界的银行转到重庆开办。抗日战争时期外资银行的开办虽然作用不大，但也算是一种新的形式。在渝外资银行有 1922 年中美合资的四川美丰，但不久后美方即退出，后有中意华信、重庆中美、法国汇理在重庆设办事处，但都未正式开张。1943 年英国汇丰、麦加利在重庆开办分行，为英、美官员开立户头，方便与英、美商行进行业务往来。

当时的重庆金融业的发展可分为两个阶段：第一阶段是 1937—1941 年，金融机构数量普遍增加。1937 年重庆有银行共 59 家，到 1941 年增至 145 家，增幅为 146%，平均每年增加约 20 家；第二阶段是 1942—1945 年，发展势头开始减缓，而总行发展势头强劲。从 1941 年年底到 1943 年 10 月，在重庆的银行总行增加了 19 家。到 1945 年抗日战争结束，重庆一共有银行和钱庄 233 个，其中总行 61 个、分行 32 个、支行 6 个、办事处 113 个、银号钱庄 21 个，在重庆的银行总行占到全国国统区总行的 15%，可见重庆在当时中国金融业的核心地位。

从资本的增长来看，抗日战争全面爆发期间重庆金融业的发展也是飞速的。初期，川帮六大银行（聚兴城、美丰、川盐、川康、重庆商业、和成）的平均资本约为 200 万元，到抗日战争结束，其平均资本已达 2 500 万元，是初期的 12.5 倍。1943 年年底，重庆金融业总资本为 64 725.8 万元，是 1937 年的 40 多倍，达到了重庆金融业发展的巅峰；其中国家银行占 43.25%，四川省银行占 6.18%，一般商业银行占 43.87%，银号钱庄占 6.7%。抗日战争时期，重庆还通过发行公债、成立贴放委员会、发行保证代现券、规定储蓄标准、建立金融体制等方式增加资本。资本的增加明显，而其中的问题也明显，前文已讲到商业的虚假繁荣与金融市场的放贷密切相关。银行业的大量资金投向了商业。据统计，1939—1942 年每年商业放款所占比例都在 90% 左右。与之相比，投放于工业、矿业、交通业的资金严重不足。在 1940 年的放款中，工矿交通一共才占 0.79%，1942 年这个数据也只有 11.32%。抗日战争所需的工业、矿业和交通事业的发展只能依靠政府的有限投资，造成重庆工业发展的跳跃性和不稳定性，而大量资金涌入商业，远超过商业的需求，加剧了通货膨胀，导致经济的虚假繁荣和经济秩序的混乱。

抗日战争已经重创了国内经济，国民政府财政已恶化，抗日战争胜利后继续进行的三年内战，又进一步加剧了国民政府的财政困境，国民政府只能利用印钞机来缓解压力，而这种饮鸩止渴的方法导致货币发行量激增，物价飞涨。据统计，1945—1949 年的五年间，法币发行量增加 1 180 倍以上，比 1937 年增加了 474 064 倍。1948 年 8 月的重庆物价比内战前上涨了 150 余万倍，法币币值极度缩水，货币信用丧失，之后政府采取发行关金券、金圆券、银圆券等方式救市都无济于事，新中国成立前，国民党政府接近于破产。

民国时期成渝两城金融业的发展特点是相似的：其一，金融的发展深受当时政治形势的影响，政局稳定则金融发展，政局动荡则金融衰落，且军事势力的插手使金融呈现畸形形态；其二，金融资本多与商业结合，多有投机性，对成都、重庆的工业等的发展所起的作用有限。

（三）交通运输改善显著

"蜀道之难，难于上青天"，李白的千古名句形象地展示了四川的复杂地形与交通窘境。交通是现代国家的动脉，与国家的军事、政治、经济有密切的关系。四川的交通特别是陆上交通向来发展滞后。但抗日战争时期，交通对于军事、民众、物资迁移等有重要的作用，促使四川的陆上交通在近代战争时期得到了长足的发展。

四川省内第一条公路——成灌公路（从成都到灌县，即今都江堰市）于 1926 年元旦通车，全程 55 千米，从策划到完成共历时 12 年。

成渝公路是四川政商最早关注的公路之一，早在 1922 年就被列为六条省道之首，其路线规划是由成都沿东大路，经简阳、资阳、资中、内江、隆昌、荣昌至重庆。成简公路段于 1926 年元旦动工，1930 年 6 月全线竣工，全长仅 86 千米，花费 50 万元，历时 6 年才完成。渝简公路段的修筑跨越四个防区，各防区自行其是，难以统一，加之战事和经费筹集影响，各段进度不一，最终于 1933 年 9 月才完工通车。渝简公路段全程 377 千米，花费 900 万元。至 1935 年年末，四川省内公路通车已达 5 691 千米，以成渝地区为中心，形成东南西北四大干线：成都—重庆—万县、成都—松潘、成都—乐山、成都—广元。虽然当时四川的公路质量因地形、工时、经费、管理等因素限制质量较差，但已实现了现代交通，这是一大飞跃。此外，在此期间，省际公路也得到了发展。出于军事运输的需要，在中央政府的督促下，四川先后规划了通向贵州、湖南、湖北、陕西、甘肃、青海、西康、云南等的多条省际路线，修筑了川黔、川陕、川湘、川滇公路，构筑了抗日战争时期西南交通运输的大动脉。在战争的需求之下，全川公路发展较为迅速。1944 年的数据显示，全川公路总长度为 5.6 万千米，比 1937 年年底增长了 10 倍以上。

四川的繁杂地形加之民国的混乱政权，决定了四川铁路建设进度缓慢。原本于 20 世纪初筹建的川汉铁路，因清政府的出卖国家主权、川人各界掀起保路运动而中止；后在多方协调推动下，先行修筑川汉铁路的西段，即成都至重庆路段成渝铁路。但成渝铁路命途多舛，经历多次搁浅、停工。1937 年正式开工，后因工程量大、施工机构众多、经费开支庞杂，以及贪污浪费严重、地方政府养护管理不善等原因不断延长工期；抗日战争全面爆发后因修筑材料运输困难，于 1941 年全线停工；抗日战争胜利后再度恢复修建，一直到 1949 年以前，国民政府才完成成渝铁路全线工程总量的 45%①。

四川的航空运输线在民国时期也得到了创建和发展。1931 年，国民政府开通了上海至重庆的民用航空线，同年 10 月沪蓉航线的汉口至重庆段也正式通航，1933 年重庆至成都段通航，至此沪蓉航线全线开通。抗日战争期间，为服务于军事目的，重庆又开辟了 8 条国内、国际航线。另外，民国时期四川还有成昆、渝昆、陕滇航线，中美之间还开辟了著名的驼峰航线。

四、教科文化事业的发展

（一）新式教育事业的兴起发展

成渝地区由于地处西南内陆，交通不便，长期在教育文化上与外界的沟通不多，但成都等地因其深厚的文化历史底蕴，相比其他西部地区来说更为先进，也勇于突破传统，其发展在一定程度上并不输于东部地区。民国时期社会激荡变革，成渝的教育文化也在这一大背景下迎来发展的机遇。抗日战争全面爆发，中国教育界的内迁，特别是大批高校迁入成渝，为成渝地区教育事业的进步创造了条件，使成渝的教育事业进入了一个全面发展阶段。

清代传统教育以宋代的程朱理学为主要内容，以八股文为应试形式，其教育机构是学宫、书院、私塾、义学等。成都是著名的历史文化名城，重庆也是川东地区的教育中心，两地的传统教育都比较发达。19 世纪中叶

---

① 参阅向秀兰所著的《成渝铁路建筑分析》，四川大学历史文化学院 2007 年硕士学位论文，第 39 页。成渝铁路的修建整整花了 50 年时间，直到新中国成立以后，在党和国家领导人的关怀、各界人士的努力、四川人民的奋斗之下，于 1952 年正式通车。

以来，在洋务运动等近代运动思潮的影响下，传统教育的根基也发生了动摇，西式教育兴起，一批新式学校产生。民国初期，各方都积极按照西方资本主义的模式来改造中国，发展新式教育是其中的形式之一。成渝两地都开始发展国民教育，禁止学校读经、讲经，不再使用清廷编印的教科书，并规定了初小、中学、高等学堂开设的课程，对学校教育进行了改革。

民国时期，四川高等学堂、成都高等师范学堂逐渐演变成国立成都大学、国立成都师范大学和公立四川大学，1931 年各校合并为国立四川大学，成为全国 13 所国立大学之一。1937 年，四川大学从旧皇城迁移到望江楼旁，由省政府划拨 2 000 亩地作为新校址，从而形成了一个新的文化教育区。19 世纪二三十年代，由教会于 1910 年创办的华西协合大学也得到很大发展，在城南华西坝拥有大片校园。20 世纪 30 年代，成都有两所大学，一所国立（四川大学），一所私立（华西协和大学），7 所独立学院（其中省立 2 所、私立 5 所），4 所各类私立的高级专科学校。重庆在抗日战争以前有两所高等院校，即重庆大学和省立教育学院。据 1936 年的数据，四川专科以上的学校共有 101 个学级，其中理科有 35 级，文科有 31 级，其次是医科、工科、法科，农科为最少，仅 3 级。共有大学生 1 309 人，其中文科 487 人，理科 335 人，其次是法科、医科、工科，农科最少，仅 61 人。各大学共有教职 464 人，总经费有 1 497 589 元，其中国立四川大学的教职员占 45.2%，经费占 45.3%，私立华西协和大学的教职员占 32.8%，经费占 28%，重庆大学教职员占 22%，经费占 26.7%[①]。

抗日战争全面爆发，东部地区的文化教育设施受到严重破坏，北平、天津、上海、江苏等省市的高等学校为保存文化命脉、延续教育血脉，纷纷内迁至西南大后方，形成了中国教育的大转移。抗日战争期间，内迁院校主要落脚于西南地区，即四川、云南、贵州，内迁高校 64 所，其中内迁四川的高校就有 48 所，占内迁西南高校总数的 75%[②]，其中以成都、重庆为多，迁成都的共 10 所，迁重庆的高达 25 所（1944 年增加至 31 所），使成渝两地成为战时中国高等教育的中心。南京中央大学医学院、金陵大学、金陵女子文理学院、私立东吴大学、齐鲁大学、燕京大学等著名高等学校先后内迁至成都，借用华西协和大学校园、校舍、实验室、教学医院

---

① 《四川省概况·教育概况》。
② 一说是 78.6%。熊明安，等. 四川教育史稿 [M]. 成都：四川教育出版社，1993.

和图书设备等，与华西协和大学合作办学，从而与华西协和大学、四川大学等高校一起在成都南郊华西坝到东南郊九眼桥一带形成了全国著名的大学文化教育区。除了成都的华西坝，被誉为抗日战争时期大后方"文化四坝"的还有重庆的沙坪坝、北碚夏坝和江津白沙坝。1938 年，上海光华大学因抗日战争内迁至成都，建立光华大学成都分部，后发展为今日的西南财经大学。

（二）报刊图书科研的进步空前

我国的报刊业作为公共文化事业是随着近代城市的发展而兴起的，早在清末时就已出现。当时四川有报刊十余种，但因为僻处西南内陆，新闻时效性不强，新闻信息从京沪传到四川要用十天半月的时间，已变"旧闻"。到了民国时期，在新政权的推动下，四川掀起办报高潮。据统计，从辛亥革命到五四运动前夕，四川先后办报达 150 家，其中政治类报纸最多，报纸成为传播进步思潮、提高川民政治思想觉悟的重要渠道。重要的报纸有政府机关报《四川军政报》，还有统一党办的《公论日报》、群众团体办的《四川公报》，李劼人主办的《川报》，及时传播新思潮、新文化，与北京的新文化运动相呼应，是五四前夕四川很有影响力的报纸。

抗日战争全面爆发后，四川报刊业得到空前发展。很多中央级的报刊和外省报刊的迁入，加之四川原有的和新办的，使四川出版的各类报纸达200 种，刊物约 1 600 种，主要集中在重庆和成都两大城市。战时重庆的报纸总数约 70 家，刊物达 900 种，报社、通讯社有 200 多家，约占全国的一半；成都的报纸约 50 家，刊物达 400 种。在成渝两地的带动下，川内许多中小城市也创办了许多报刊，即使是较偏远的市县也有一两份报刊。四川各地报刊业的发展为宣传新思想、促进四川经济文化发展作出了巨大的贡献。

民国时期四川的图书出版和印刷业也有发展，有成渝商务印书馆从事新式图书的印刷和出版，天主、基督等宗教教会也印制宗教经文书籍供教徒学习。抗日战争以后，国民政府在全国设立了五个文化驿站，其中之一就在重庆。重庆有较大的出版社如商务印书馆、中华书局、正中书局、大东书局、文明书局等。到 1941 年 12 月，重庆有出版社、书店 80 家，同年成都有 143 家。另一材料显示，1942 年 7 月，重庆共有出版社、书店 151家；同年 10 月，成都有 112 家。从出版业的资金来看，重庆的资金总额是成都的 92.76 倍，重庆是战时全国出版的中心①。

民国以来中国社会剧烈震荡，也正是在这种震荡中各种思潮涌现，西方的科学技术也不断被介绍到中国，促进了哲学社会科学和自然科学的发展。重庆的哲学社会科学研究并没有因抗日战争而停滞，反倒得到了发展。一方面是哲学研究著作的完成，比如熊十力的《新唯识论》、贺麟的《近代唯心论简释》、章士钊的《逻辑指要》、沈有鼎的《意指分析》，还有杜国庠的《先秦诸子思想概要》《先秦诸子的若干研究》等，它们都创了哲学界的先河；另一方面，抗日战争时期中国哲学学会设在重庆，由贺麟主持的西洋哲学著作编译委员会系统地翻译了一批西方哲学名著，推动了中国对西方哲学的了解。随着大批高校的内迁，学术机构和团体也在四川兴盛起来，既有社会科学研究团体，也有自然科学研究团体。在成都，学术机构有清华大学张怡荪创办的西陲文化学院，何其芳、朱光潜等为理事的文协成都分会，叶圣陶为馆员的四川省立教育科学馆，史学家钱穆主持的华西大学研究部，吕叔湘等受聘的华西大学文化研究所等②。而各大城市迁渝的科研机构有"中研院"、中央地质调查所、中央农业试验所、中央工业试验所等。此外，还有卢作孚于 1930 年 10 月在重庆北碚创办的中国西部科学院。这是中国西南部唯一的民办高级自然科学研究机构。中国西部科学院下设理化、农业、生物、地质四个研究所，开办有博物馆、图书馆等，还设有中小学校，把知识的传播和科学的普及结合起来，既做科学研究又培养科学人才，服务大众、造福社会，为原本封闭落后的北碚及西部地区打开了一扇科学的大门，对科学精神在西部地区的普及和科学研究的长足发展起到了重要的推动作用。

五、成渝协同发展奠定根基

一般来说，两地如果经济能力相差过大、社会文化又缺乏相似性，则谋求合作发展是一件非常困难的事。对于发达地区来说，很难主动带动弱势落后地区的发展。而如果此时文化差别又大，更存在着合作的精神鸿

① 张忠．民国时期成都出版业研究 [M]．成都：巴蜀书社，2011：109-112．
② 张根福．抗战时期的人口迁移：兼论对西部开发的影响 [M]．北京：光明日报出版社，2006：265．

沟。成都与重庆则能力相当、文化相近。自古以来，成都的经济、社会能力一向比较强，但经过民国的发展，重庆快速追赶，甚至在某些经济社会领域超越了成都，使得在整体实力上两者旗鼓相当。加之成渝古称巴蜀，文化同根同脉，原本是一家，兄弟间的合作又有了文化的根基。这为成渝的协同发展奠定了根基。

城市化的进程为成渝双城合作奠定了经济基础。成都自古就是巴蜀地区的政治中心，但古代的成都是城乡合一，没有独立的城市市政建设，民国时期开始了早期城市化发展，人口开始增多。虽然成渝地区军阀割据，但各军阀都在自身势力范围内努力建设城市。重庆战时陪都的地位带给了它快速发展的机遇。成都、重庆在民国时期人口快速增长，抗日战争后方的优势也带来了外来人口的流入，使两城的人口数量皆保持在全国前十。人口增长必须进行的城市规划和服务发展也紧随而来。城市范围不断扩大、空间结构的规划更为优化、商店商铺和商业行会的不断活跃、更为现代化的城市建设为两地的交流奠定了基础。

农工商业的发展为成渝双城合作奠定了产业基础。农业是内陆地区的经济主业，但随着城市的建设、工业化的进程，工商金融业也随之发展。民国时期成渝地的农业也不再是小农经济的自给自足，而是形成了场镇市场网络和大型的商贸活动中心，为工业的发展提供了支持。抗日战争为深处内陆的成渝两地带来了工商业发展机遇，大量工业企业、大型银行总部以及兵工厂的迁入，使两地成为战略大后方经济最发达的地区。当然，这也导致了两地发展的不平衡。近代成都的工业重点还是在纺织、造纸、食品等轻工业，重庆则因大量重工业的迁入而形成比较完备的工业体系。这就为成都和重庆的互补式协同形成了必要的内生动力。交通业的发展，特别是成渝公路、成渝铁路的贯通，更是为两地的合作奠定了扎实的根基。

教科文卫的恢复为成渝双城合作奠定了文化基础。文化是更深层、更持久的力量，也是两地能更好协同合作的基础。成渝地区由于僻处西南内陆，交通不便，长期在教育文化上与外界的沟通不多而自成一体。虽然在历史上成渝地区在文化上不占优势，但在近代思潮涌动时，成渝快速吸收、接受、创造新式思潮和教育形式，有了更大的发展的潜力。在新式教育的发展上成渝两地并不落后，而抗日战争时大批高校的迁入为成渝两地的教育建设创造了机遇，成渝两地成为战时中国高等教育的中心。

民国时期风云变幻，成渝地区也经由辛亥革命的洗礼，开始向现代社会转变。政治上军阀割据混战，给四川人民带来了深重的困难，抗日战争的爆发也给四川人民带来了巨大的伤害。当然，民国时期实现川政统一以后，成渝地区的发展还是迅速的。民国时期可以说是历史上四川与全国政治、社会发展联系最密切的时期之一。特别是抗日战争的全面爆发，使四川成为抗日复兴的中心，大批优秀人才、现代工商企业和科研院校内迁四川，使成渝经济文化得到飞跃发展。从历史来看，成都地区的政治文化历史积累更为深厚，而重庆在长久以来的古代时期在全国并没有非常显著的地位，但民国的多重机遇给了重庆快速发展、追赶甚至超越成都的机会。这一时期，成都和重庆的进步可以说是共同的，但重庆因陪都地位得到了进一步发展的优势。这些都为成渝两地向现代化前进奠定了基础。

第三章　社会主义革命和建设时期成渝地区经济社会发展

　　新中国成立后，党和国家面临着组织人民医治战争创伤、重建家园、安定社会、恢复经济等一系列重大课题。大西南解放伊始，百废待兴。经济方面，地方政府通过调整当地经济结构、整顿社会经济，使国民经济迅速得到了恢复。在文化、教育事业方面，坚持新中国文化和思想教育上的总方针，也取得了发展。同时，在邓小平的提议下，西南军政委员会做出的第一个重大决策就是修建成渝铁路。成渝铁路于 1950 年 6 月 15 日开工，1952 年 7 月 1 日建成通车。这是我国西南地区第一条铁路干线，也是新中国成立后中国人民自力更生修建的第一条铁路。它的建成，结束了"蜀道难"的历史，实现了巴、蜀人民近半个世纪的夙愿，对于推动后来整个成渝地区经济建设具有重要意义。

　　1964—1980 年，在我国中西部地区对国防、工业和交通建设业进行了一次大规模的调整，人们将其称为三线建设。三线建设是 20 世纪 60 年代中期至 70 年代中后期我国国民经济建设布局的一次重大调整，在新中国经济发展史上占有非常重要的地位。这次工业布局的重大调整，极大地增强了中国的国防实力和中西部地区的经济实力，大大促进了西南内陆地区的经济与工业发展，使川渝地区整体实现了跨越式的发展。

一、新中国成立初期成渝地区经济社会发展情况

（一）经济结构的新变化

1949 年到 1956 年，中国处于社会主义革命时期。这一时期在经济结构上有社会主义性质的国营经济、具有若干社会主义成分的半社会主义性质的合作经济、具有若干社会主义因素的国家资本主义经济、私人资本主义经济以及农民和手工业者的个体经济五种经济成分并存的特点。

新中国成立初期，成渝地区经济在所有制结构上通过调整和组合当地工商业，大致也形成了五种经济成分并存的体制，这五种经济成分是全民所有制的国营经济、合作社的集体经济、公私合营经济、私人资本主义经济、独立劳动者的个体经济。但成渝地区的经济结构具有其不同于全国其他地区的一些特点。

一方面，成渝地区的国营经济主要是由没收官僚资本建立起来的。新中国成立前，重庆的官僚资本主要是由国民党政府办的一批兵工厂和企业，或是一些由官僚资本和民族资本合资的企业。新中国成立以后，人民政府立即没收和接管了全部官僚资本。虽然官僚资本的黄金、白银、外汇几乎全部抽逃，但其厂房、设备和官僚资本在合资企业中的股份却无法抽走。人民政府在没收官僚资本企业以后，很快建立起了社会主义全民所有制的国营经济。没收官僚资本以后建立的国营企业实行直接计划管理，即由国家直接下达指令性计划。国营企业控制了大银行等支柱产业，在国民经济中处于领导地位。

另一方面，成渝地区的公私合营企业由两部分合并而成，企业中原官僚资本的部分由国家没收以后改为公股，原民族资本主义工商业部分仍由民族资本家持股。这部分企业在大规模的社会主义改造以前就已经形成了。比如，由中国工业炼气股份有限公司、渝光电熔厂、中国电化股份有限公司等厂合并而在重庆成立的公私合营川江电冶厂就属于这种类型。在管理体制上，虽然企业的资方持有相当的股份，但实际上已由国家实行直接计划管理，成为实际上的国营企业的重要补充。

在产业结构上，工商业在成渝地区起着举足轻重的作用，私人资本主义也占有较大的比重。据 1950 年的数据统计，光重庆地区就有 6 千余户私

营工业企业（包括小作坊）、1万余户私营商业企业。但这些工商户前期大多都面临着资金薄弱、技术落后、设备简陋的情况。因为在旧中国，这些私营工商业在帝国主义、封建主义、官僚资本主义的排挤下步履艰难，加之国民党政权在溃逃前又大肆进行搜刮，这些企业因此陷入困境。

在工商业的一系列调整组合以及人民政府的大力扶持之后，成渝地区的工商业开始朝着有利于国计民生的方向发展。过去服务于帝国主义、封建主义、官僚资本主义的行业，如投机商业、买空卖空的金融业以及与社会需求不适应的高级消费品工业企业，大部分倒闭或转为其他行业；过去盲目发展起来的工商行业，也根据产、运、销平衡的原则进行了调整；私营工商业之前种种的弊端也得到了相应的改造；而那些符合国家经济和广大人民生活需要的行业，则迅速发展，有效地活跃了市场。成渝地区此时以强有力的措施整顿了社会经济，稳定了物价，使经济迅速得到了恢复。以国营经济为领导地位的、多种经济成分并存的经济体制在成渝地区已经确立。

（二）文化、教育事业的新发展

新中国在文化和教育上的总方针是要把一个被旧文化统治而愚昧落后的中国变成一个被新文化引领而文明先进的中国，即建立民族的、科学的、大众的文化教育，以提高人民文化水平，培养国家建设人才，肃清封建、买办、法西斯的思想，发展为人民服务的思想。

一直以来，成渝地区文化、教育事业都不太发达，民众中文盲较多，并且受封建道德、旧传统中愚昧落后的观念影响较深。在抗日战争中，一批高等学府、科研机关、文化单位内迁到成渝地区，一方面推动了成渝地区教育事业的发展，另一方面也不可避免地带来了买办资产阶级等思想毒素，对青年及其他年龄层的民众都有一定的影响。这种现状，与新中国的文化教育总方针的要求是不相符的，与各项社会民主改革是不相适应的。

新中国成立后，人民政府着力对旧的文化、教育事业进行改造。首先，废除反动课程，全部取消训育、训练制度。新设新民主主义、社会发展史等政治课，加强为人民服务的新人生观的教育，使学生的学习开始与社会的实践需要相结合。随后，在大、中、小学教师和其他知识分子中相继开展了思想改造运动。经过一系列的努力，初步改变了知识分子的精神面貌。同时，加强了学校的行政领导，推行民主管理，慎重地选择校长和教师，在学校中公开建立新民主主义青年团和学生会，实施新民主主义的教育方针和教学方法，有力地推动了学校的教育改革。

在教育改革的同时，还大力开展群众的业余教育，提高工农群众的思想、文化和技术水平，以适应国家经济文化建设的需要。各类业余群众夜校大多是各中、小学校的附属，也有一部分是由群众自发创办的，其教学内容以政治时事教育为主，也有一部分文化知识。教材针对工人、农民、市民选用不同的课本。而师资多数是由群众自己解决的。教育经费主要依靠政府重点补助奖励和群众自筹这两种方法筹集。新中国成立初期，在成渝地区范围内，出现了一股学习文化的热潮。广大工农群众经过学习，思想文化水平得到了提高，一种新的社会风尚逐步建立起来。

（三）新中国成立后的第一条铁路——成渝铁路的新修建

"蜀道之难，难于上青天。"我国从清末即开始在四川筹建铁路，民国时期也曾几次筹划，但到新中国成立前，四川还是没有一寸铁轨。

1950年，中央就决定修筑成渝铁路。成渝铁路再次提上议事日程是在邓小平主持多次调查研究后。考虑到修建成渝铁路是四川人民的长期愿望，从成渝铁路入手，既符合经济发展的客观规律，又有助于经济的恢复，带动钢铁、煤炭等行业的恢复和发展，还可以凝聚民心，有利于新政权建立后新秩序的确立。

接到来自西南军政委员会的报告后，周恩来审定，然后直呈毛泽东。新中国成立初期百废待兴，单就铁路来说，至少有两条亟待开工：一条是海军提出的从山东蓝村经烟台到浙江萧山的铁路，以备海防；另一条则是宝兰、兰新铁路，用以巩固西北边防。这都是迫在眉睫的任务。因此，当邓小平赴京向毛泽东请示时，毛泽东说，你能说服我，我就鼎力相助，否则，就暂时搁置。邓小平便讲了三点：第一，四川交通闭塞、政令不畅。古人云"天下未乱蜀先乱，天下已治蜀未治"，不修铁路，不利于四川的政令畅通。第二，重庆、成都是西南中心城市，如修建铁路，可以带动四川乃至整个西南地区百业兴旺。且该地可以向全国提供优质的大米、猪肉、禽蛋和副食品，互通有无。第三，中国人还从未自行设计、自行施工修建铁路，如果成渝铁路率先修成，既可提高中国的国际声望，也可使大大小小的工厂订货充足，加快工业发展。这三条理由让毛泽东下定决心：修成渝铁路，先期启动资金拨2 000万公斤小米工价。国家当时财政相当困难，党中央和政府为了西南人民，决定在极其艰难的条件下开始兴建成渝铁路。

1950 年 6 月，3 万多解放军官兵带着未尽的硝烟，投入了筑路的战斗。随后，铁路沿线的农民也纷纷加入筑路大军。1950 年 12 月，邓小平签署命令，西南铁路工程委员会下属民工筑路指挥部成立，指挥部下辖川东、川南、川西、川北 4 个区指挥部，再下设支队（县）、大队、中队，直接领导和指挥全线民工的筑路工作。12 月底，第一批民工到达工地。在整个成渝铁路修筑工程中，前后共计投入工兵两万余人、失业工人一万余人、民工七万余人。

成渝铁路的修建带动了当地工农业的发展。许多停工或半停工的工厂恢复了生产，失业工人找到了工作，贫苦农民通过献卖木料、参加筑路增加了收入。这使沿线人民更加热爱自己的铁路，筑路民工更加尽心地为铁路服务。民工提出口号："保证火车不在我做的路基上出事故！"沿线农民更是组织起护路队，许多妇女深更半夜还在线路上护守巡逻。

1952 年 7 月 1 日，西南军区司令员贺龙在成都火车站成渝铁路通车典礼上将红绸彩带用力一剪，标志着"蜀道难"的历史从此改变了。成渝铁路建成通车，形成了新的交通系统，加强了城乡之间的联系，促进了工商业的繁荣，为西南地区的工业化建设铺平了道路。曾亲自见证了成渝铁路风雨变迁的民主党派人士、时任中央人民政府副主席的张澜，曾以饱含深情的笔墨撰文盛赞成渝铁路的通车"使我欢欣，使我振奋"。

邓小平在 1952 年 6 月成渝铁路即将通车时指出："西南的铁路是全国建设中的一个重点。往后的任务是很多的，西南是交通第一。"这么多年过去，这个重要指示仍然是指导交通建设的至理名言。如今，成渝客运专线是成渝经济区综合交通网中的大骨架和快速客运通道。动车组把成都和重庆的时空距离缩短至 1 小时左右。客运专线和动车组通车后，成渝双城间形成了一个现代化的快速客运通道和 1 小时交通圈，两个姊妹城的同城效应更加明显，成渝地区间的要素流动更加频繁，浓酽的同胞情正在进一步升温。

昔日蜀道难，今日成渝通。时空距离的拉近必将使"双子座"城市的集聚辐射效应得到进一步发挥，并将有力带动沿线和周边地区经济社会发展，加快成渝经济区的快速崛起。

二、成渝地区三线建设的概况

新中国成立以来，我国西南地区成了重要的战略大后方。20 世纪 60 年代以来，国际形势突变，国家安全受到了严峻的考验，党中央为了加强我国的国防力量建设，调整我国的工业生产布局，提出了三线建设战略决策。三线建设是将我国的生产力逐渐从东部地区向西部地区进行转移的一个重要的战略决策。地处内陆的成渝地区有着较大的战略纵深，是我国三线建设战略的重要地区。因此，1965—1978 年，我国在工业上 1/8 的投资以及国防军工上 1/4 的投资都集中于成渝地区，同时，成渝地区也在国家后备安全上起到了重要的作用。

（一）三线建设提出的时代背景

在历史上，西部地区是我国重要的文明发源地，但是在唐朝、宋朝以后，由于国家之间战争的影响，城市与人口逐渐迁移到了东部沿海地区，东部地区的经济也随之快速发展。鸦片战争以来，帝国列强与清政府签订了许多不平等条约，强制中国开放港口，这使东部地区的经济得到了巨大的发展，也加剧了东、西部经济发展的不平衡。新中国成立之前，全国大部分的工业都在处于土地面积不到我国总面积 12% 的东部沿海地带，而东部沿海地区的工业绝大部分又分布在上海、广州等大城市。所以说，新中国成立以前，我国的经济发展在地域上是相当不均衡的。

1953 年朝鲜战争结束后，尽管毛泽东估计大战有可能避免，但由于国际冷战局势和中美军事对峙，中国仍然需要做对美作战的长期准备。20 世纪 50 年代后期，虽然考虑到了战争的因素，但是由于东部地区的经济发展较好，我国对工业的投资还是倾向于东部沿海地区。20 世纪 60 年代以来，国际形势的不断变化非常令人不安。在北边，由于我国和苏联关系的不断恶化，苏联在我国的东北边境集结了大量的兵力，其战略导弹也有意图地指向我国国内的重要设施，对我国东北的工业造成了巨大威胁。与此同时，在东南沿海地带，美国以我国台湾为阵地，援助国民党蒋介石集团不断骚扰我国沿海地区，对沿海人民群众的生命财产安全以及工业生产产生了较大威胁。而在我国的西南，自 1962 年 10 月中印边境地区发生印军非法入侵、中国边防部队对此进行自卫反击之后，中印双方就一直处于备战的状态。在我国东北方向，美国军队进入韩国和日本地区，对我国的东北边境虎视眈眈。1964 年，美国悍然越界轰炸越南，直接将战火延伸到了我国的南面。

所以，20 世纪 60 年代，我国虽然处于和平时期，在不断发展生产力，但由于紧张的国际局势，在美国与苏联的武力威胁下，我国必须采取一系列举措以应对不断紧张的周边形势。出于备战的考虑，我国开始发展重工业与国防军工产业。由此，我国工业重心开始由沿海地区转入内陆，并在内陆地区实行优先发展策略。

1964 年五六月，中共中央召开经济工作会议讨论第三个五年计划。国际形势的急剧变化与我国和苏联关系的破裂使我国"三五"计划时期变得异常艰难。以毛泽东同志为核心的党中央在进行了战争与和平的理论分析之后，认为当前的情况是有可能发生战争的，所以现阶段全党面临首要的任务就是进行三线建设。毛泽东说："要争取快一点把后方建设起来，三五年内要把这件事情搞好。后方建设起来，敌人如果不来，也没有什么浪费。"① 在周边军事战争十分紧张的情况下，党中央、国务院于 1965 年 4月发出重要指示，要求全国人民从做好政治上与思想上的准备着手，切实加强军事备战工作，准备三线建设工程的开展。毛泽东指出"三五"计划要考虑搞"一线、二线、三线"的战略布局，三线建设才是"三五"计划的工作重点。自此，三线建设的战略决策最终确立，在"三五"计划中占据首要地位。

实施三线建设，是把工作的重心放在国防与军工建设上，将生产要素向三线进行倾斜，为我国打造一个较为安全的战略后备站。毛泽东提出来的三线构想就是以地理位置为基础，将我国分为三个部分，分别是前线、中间以及后方地区，即"一线""二线""三线"。"三线"地区位于中国内陆地区，包括云、贵、川、陕、甘、宁、青等 11 个省、自治区。"三线"区域大多距东部沿海地区 700 千米以上，距我国西南边界则达到上千千米。"三线"地区四周有青藏高原、云贵高原、太行山、大别山、贺兰山等连绵山脉作为天然的屏障。在当时的条件下，"三线"地区是一个较为完美的战略资源后备基地。因此，中央工作会议决定，"三五"计划的

---

① 毛泽东. 要争取快一点把后方建设起来 [J]. 党的文献. 1995 (3)：41.

重心由原定的"吃穿用"转向以进行三线建设为主。根据当时的安排，三线建设在 1964 年全面启动。按照"大分散、小集中""依山傍水扎大营"的方针，在具体地区设定具体的建设项目。中央明确要求三线建设的企业要迎合现代战争的形式，分散分布在农村地区和郊区，做到在发动和遭受核武器打击时依然能够为前线提供坚实而稳定的后备支持。所以，20 世纪 60 年代三线建设的决策是中央在复杂的国际形势下的战略布局。

国际局势的动荡、战争的威胁使中央领导人重新考虑中国的工业布局问题，决心进行中国工业的战略纵深配置。三线建设的总目标是："要采取多快好省的方法，在纵深地区建立起一个工农业结合的、为国防和农业服务的比较完整的战略后方基地。"当时我国国防军工产业的布局从军事的角度来看对我国是相当不利的。苏联轰炸机与中短程地地导弹能够覆盖我国东北地区大部分的重工业。如果战事来临，我国会来不及对其进行转移，对我国工业的持续安全发展十分不利。同时，美国的航空母舰和其部署在台湾的炮火导弹也能够攻击到处于上海地区的华东工业区。所以，毛泽东就曾多次提出要时刻警惕，做好周边国家对我国发起战争的准备。当时我国的工厂都主要集中于大城市和沿海地区，如发生战争是十分不利于我国的。对此情况，他认为工厂可以分为两个部分，一个部分保留在原地发展，另一个部分尽快由东向西转移。他决定集中力量建设"三线"地区，在人力、物力、财力上给予充分保证。因此，从 1964 年下半年开始，党中央、国务院建立了从国务院、西南局、西北局三线建设委员会到各省的垂直指挥系统，有着强烈备战色彩的三线建设由此正式展开。

（二）三线建设以成渝地区为核心的主要原因

在"一五"计划时期，我国的工业建设主要是以苏联的工业援助为基础。所以说，与苏联邻近的西北地区及东北地区是当时的工业建设和开发的重心。如在"一五"计划中，由苏联工业援助建设的 156 个重点项目中，安排在黑龙江 22 个，辽宁 24 个，云南 5 个，四川 11 个。相比之下，不难看出国家对于西南地区的建设是较少的，川滇项目数量之和还没有辽宁一个地区的数量多。到了 20 世纪 60 年代初期，中国周边局势突变。以增强国防实力、改善生产力布局以及促进中国中西部地区的工业化为主要目的的三线建设就开始将西南地区作为重点地区。

三线建设的重点在西南地区。成渝地区成为三线建设规划的核心区域的原因，大致可以概括为以下五个方面。

一是四川在西南内陆地区占地面积较大，人力资源与自然资源都十分丰富，这些资源在进行开发时能够起到关键的作用。四川地域广阔，位居中国的内陆腹地，这里四周山屏岭塞，地形、地貌复杂多变，素来有"蜀道难，难于上青天"的说法。在历史上，由于特殊的地理优势，四川地区一直都是国家的战略防守重地，也是战略资源储备重地。如王莽篡权之后，派将军冯茂对蜀地发起进攻，但是冯茂在三年里多次发起进攻也未能攻下蜀地。南宋初年，南宋以四川和陕西为基础，建立起川陕防线，多次抵御了金国的攻击，直到金国灭亡，金国都没有真正占领四川。而在蒙古灭金之后，四川又成了抗元前线，抗击蒙古大军 50 余年。在后来的抗清斗争中，四川地区也前后坚持了 19 年有余。清军进入四川的时候，就遭到了当地武装的强力反抗。清军前后 6 次进攻成都，都遭遇当地顽强的防守而失败。直到康熙四年（公元 1665 年），成都才成为清朝的地方政府所在地。近代，四川的保路运动十分激烈，吸引了清政府的兵力，成为最终武昌起义胜利的一大重要原因。

在中国近代历史上，帝国主义的武装侵略对四川地区也始终鞭长莫及。在抗日战争时期，四川更是闻名的战略大后方。从 1960 年起，苏联方面对中国步步紧逼，不断骚扰中苏边境。1963 年 7 月，为了防范中国，苏联与蒙古国签订了契约派兵进驻，进一步加大了对我国北部的威胁。按照时任中国领导人的设想，若敌国大规模入侵，其进攻区域便最有可能是我国的东部与北部地区。而我国的工业几乎都分布于东北地区和东部沿海地区，西南地区的工业还没有发展起来，而西南地区却是受战争影响最小的地区，所以当时的中央军委提出了"北顶南放"的战略防御决策。四川省位于西南地区的中心位置，与苏联、美国能够威胁到的区域距离较远，同时也不在美苏导弹的射程范围之内。这一系列的因素使成渝地区成了三线建设的重点区域。当然，三线建设的核心区域定位于成渝地区，不仅仅是因为其地处内陆，战争很难波及，纵观历史与现实，成渝地区的许多客观条件也十分符合三线建设规划的要求。

二是从社会经济发展的状况来看，新中国成立后，从国家层面对西部地区进行了第一次有规模、有计划性的开发。"一五""二五"期间，国家已在四川安排了一些大型项目的建设，四川的工业水平由此取得了长足的进步。经过 1962 年以来的国民经济调整，四川经济得到了迅速的恢复。就比如投资的数额，在三线建设之前，四川年投资额最高的是 1960 年的 23.26 亿元，1964 年为 7.6 亿元，在 1966 年则迅速增长到了 33.19 亿元。虽然后面一段时间的投资总额有一点下降，但 1969 年很快回升到 40.83 亿元，后来一直稳定保持在 20 亿元以上。1964—1976 年，国家在四川的投资总额相当于 1949—1963 年总投资额的 4 倍。"三五""四五"计划时期，三线地区的基本建设投资总额共计 1 134.23 亿元，各省平均金额为 126.03 亿元，而国家在四川的投资总额达到 268.89 亿元，远高于排名第二湖北的 110 多亿元①。所以，四川地区是我国三线建设计划的重点区域。且伴随着成渝、宝成铁路的建设，四川地区及附近的交通状况也得到了不断的改善。

三是坐拥良好的自然建设条件和开发前景。从地理环境来看，四川地区无论地形特点还是地质资源都能较大程度地符合三线建设的需求。地形上，四川属于盆地地形，成都处于内陆平原，四周毫无间隙。四川东部和北部都是山地地形，秦岭、大巴山、巫山都坐落于此，四川西部、南部则是青藏高原和云贵高原。关于四川地形的特点可以形容为：川西地区万山矗立，曲折一线。盆地西北方向"群山奔赴，万壑分流，高嵋难升，实称天险"②。东南边缘则是"上倚绝壁，下临断崖；陆行则细路缭云，尚碍飞鸟；水行则急峡轰雷，引索可断"③。正如诸葛亮所称："益州险塞，沃野千里，天府之国。"④ 可以看出，四川地区不仅地形地势条件复杂，而且土地肥沃。

四是四川不仅有良好的地形条件，其丰富的地质资源也是在三线建设选址中重要的考虑因素。区域内充沛的降雨量使四川拥有优秀的水利资源，省内河流年径流量能达到 3 000 亿立方米，排在全国第一位。同时，四川地区的地质结构也决定了其丰富的矿产资源。比如民国年间，在四川就已经发现了多处珍贵的矿产资源。1912 年的《盐边乡土志》就记载：

---

① 马泉山. 新中国工业经济史（1966—1978）[M]. 北京：经济管理出版社，1988：274-275.

② （清）胡炳修、彭晔纂：《南江县志》，清道光七年刻本，不分卷。

③ （清）刘炯原本，（清）罗廷权续修，（清）何衮等纂：《资州直隶州志》，清光绪二年刻本，卷一。

④ （晋）陈寿纂：《三国志》，百衲本景宋绍熙刊本，卷三十五·蜀书五。

"磁石，产白水江边，能戏金铁。"① 从 1914 年起，丁文江、常隆庆等地质学家前后都到过四川，对四川进行了一系列的地质考察，并将这段考察过程著成书籍，于 1937 年出版了《宁属七县地质矿产》。新中国成立过后，西南地质局就组织了大规模的针对四川地区的地质勘探，发现了华蓥山、梁山、永荣等地的煤矿，卧龙河、龙寺、黄瓜山的石油、天然气等资源；四川西南部的崇山峻岭之中还蕴藏着数量相当稀有的钒钛磁铁矿。四川有着种类十分丰富的矿产资源和能源资源，良好的工业基础与丰富的资源为三线建设节约了许多时间和资金的投入。重钢、特钢工业基地都位于与四川相邻的重庆地区，各种关键产业在重庆的分布都符合工业发展要求；且重庆的煤矿资源也较为丰富，火力发电厂能够为工业的发展提供动力。自 1891 年重庆开埠以来，四川地区的工业发展也在不断地进步。1891 年，四川商人卢干臣就在重庆首设了森昌、吕泰两家火柴厂。1900 年，棉纺织工业进入四川。五年之后，仅重庆一市的织布厂数量就占到全国的 30%②。四川地区开始进行产业结构的改变，由历史上一直占据主要地位的农业向轻工业转变。抗日战争时期，由于中原地区受到战争的影响，许多沿海的工厂都向四川地区迁徙或开设分厂，这也促进了成渝地区工业的发展。据统计，1938 年 8 月中旬，沿海地区需要迁出的工厂有 447 家，其中迁入四川地区的就有 245 家，职工近万人，相关的机械物资达 4 万余吨。根据分类统计，这些迁入的工厂中，化工业 40 家，机械工业 103 家，纺织工业 23 家，材料生产业 32 家，电器、冶炼、矿业、饮食及其他工业 47 家③。到 1945 年，仅重庆市的工厂（包括迁入的以及新建的）就达 1 100 家之多，工厂工人约 10 万人，地区工厂的总数量占到当时国统区工厂总数的 28%④。在这次工厂迁移中有许多重工业产业，这也改善了成渝地区轻工业与重工业发展不平衡的局面，有利于成渝地区整体工业水平的发展。在"一五"计划时期，由于苏联的援助，四川的工业水平得到了一定的提高。电子工业是当时建设的重点项目。在苏联工业援建的 156 项重点工程中，电子产业仅仅只有 10 项，而这 10 项中有 4 项都安排到了成都地区。由此，

---

① 李清廉，唐仁孝，魏家宁. 攀枝花市科技志 [M]. 成都：四川省科技出版社，1999：108.

② 廖元和. 中国西部工业化进程研究 [M]. 重庆：重庆出版社，2000：85.

③ 政协西南地区文史资料协作会议. 抗战时期内迁西南的工商企业 [M]. 昆明：云南人民出版社，1988：31.

④ 廖元和. 中国西部工业化进程研究 [M]. 重庆：重庆出版社，2000：85.

新兴仪器厂、锦江电机厂、宏明无限电器材厂和雷达探照灯厂便相继在成都开始建设，并且成立了全国第一个电子技术研究所——二机部电信工业研究所（后更名为"西南电子技术研究所"）。因此，位于西南腹地的成渝地区，从各个方面来说，都是三线建设的重中之重。

五是国家领导人对四川地区历来非常重视，同时四川也有加快自身经济建设步伐的要求。中央领导人对四川地区发展状况的重视是四川三线建设地位得以彰显的重要推动原因。攀枝花钢铁工业基地是四川三线建设的两个基本点之一。毛泽东认为三线建设在四川的开展，首先就要以攀枝花钢铁工业基地为基础建设相关的工业产业。毛泽东说："你们不搞攀枝花我就骑着毛驴去那里开会，没有钱，拿我的稿费去搞。你们不去安排，我要骑毛驴下西昌。"[1] 周恩来也认为要把攀枝花作为一个工业建设重心，要通过攀枝花把云、贵、川联系起来。在这些讲话中我们可以看到中央对于四川工业建设的重视程度，而中央层面的重视无疑将会在制度等方面对四川进行倾斜，这样一来就对四川的三线建设起到了极大的助推作用，同时也就给予了成渝两地发展的政策支持。

在国内外形势都十分严峻的情况下，党中央作出了布局"三线"战略的决定。总的来说，成渝地区在三线建设时期战略地位的凸显，既与中国周边局势的变化密切相关，也是由于其具备地理位置、自然资源、工业基础等各方面的建设战略后方基地的优秀条件[2]。至此，以成渝地区为重点的三线建设，在全国拉开了大幕。

（三）三线建设在成渝地区的主要措施

按照党中央的规划，三线建设分别设置在西南、西北以及中南的地区，但是由于中苏关系的破裂，成渝地区成了国家三线建设的核心区域。相比云南和贵州，成渝地区就属于西南地区三线建设的重中之重，才有了三线建设在成渝地区的大规模展开以及三线企业在该地区的布点建设。

党中央计划在较短的时间内在四川、重庆地区建立起国防科技工业、钢铁工业、有色金属工业、燃料动力工业、机械工业、化学工业等多个重点工业基地。除此之外，还要修筑成昆、襄渝等多条重要的铁路干线。按

---

① 孙东升. 我国经济建设战略布局的大转变：三线建设决策形成述略 [J]. 党的文献, 1995 (3)：42-48.

② 宁志一. 论三线建设与四川经济跨越式发展 [J]. 中央党史研究室, 2000 (4)：18-24.

照当时的说法：一线有的东西，三线地区基本上都要有；全国有两套的，要摆一套在三线；全国只有一套的，就将其放在三线；今后新建的重要项目主要摆在三线。建设好以四川为中心的西南大三线，如果有战争发生，当我国的沿海地区的工业受到攻击时，我国的大后方也能提供稳定的战略资源支撑。

成渝地区位于我国西南内陆地区，山地众多，土地资源丰富，农业发展较好，矿产资源储藏丰富，有相当的工业基础，不仅是三线建设的重点地区之一，同时也是我国主要的战略资源后备站。大范围来看，成渝地区三线建设是以攀枝花钢铁基地为基础，以重庆军工配套基地为中心，以成昆、川黔、襄渝三条铁路干线为建设重点。总的发展进程是 1964 年准备，1965 年发力，1978 年建设目标基本完成，建设前后总共用了 14 年的时间。

从投入到本地区的资金总额上看，从 1964 年到 1978 年，投入四川的建设资金约为 335.05 亿元。单就 1966 年，基本建设的投资就接近全国基本建设投资的 1/6。在这 12 年当中三线建设用于成渝地区的投资，相当于1949—1963 年国家对于成渝地区投资总和的 4 倍①。从建设的项目上看，全国所有的核心项目几乎在成渝地区都设立了工厂。西南地区总体的情况就是云南与贵州的工业都各有侧重，云南大多为小军工企业，贵州大多为能源工业，而成渝地区则几乎包括了所有的工业行业。云南与贵州的部分工业都是为成渝地区的工业发展提供辅助。

与此同时，三线建设时期，成渝地区一共建成了 300 多个以国防工业为主的企业、事业单位和科研院所，形成了门类齐全、配备完善的交通、能源、基础工业及国防工业体系，基本实现了把成渝地区建设成为我国重要战略资源后备站的总目标。在四川地区三线建设的初步建设阶段，四川的三线建设有计划、有秩序地进行，在党和国家的重视、政策的倾斜以及广大人民群众积极配合下，历经千难万阻，最终完成了计划投资的 98%，48 个重点建设项目中有 30 个项目在当年就竣工投入生产，其中有 12 个建设项目已经完成了年度计划②。川渝地区的快速发展对我国工业、交通以及基础建设等方面有着巨大的促进作用。

1964 年 5 月，中央工作会议结束不久，以时任国家计委常务副主任程

---

① 陈东林. 三线建设：备战时期的西部大开发 [M]. 北京：中共中央党校出版社，2003：133.

② 林凌，顾宗杬. 四川省经济体制改革的历程 [J]. 中国社会科学，1984（4）：33.

子华为首的联合工作组就在成都成立起来，其目的就是对四川地区进行实地研究，为三线建设选择合适的建设区域。工作组的成员涵盖中央多个部委的相关负责人，西南地区云、贵、川三省的主要负责人以及相关领域的专家共约百人。工作组对四川进行了长达一个月的实地考察，初步确定了适合工业发展的区域。三线建设也由此初步在区域内展开。

这一时期，在四川选址建厂的三线企业主要分为内迁企业、新建工厂、老厂扩建三类。内迁企业主要是根据中央《关于1964年搬厂29个项目的报告》以及国家计划委员会、国家经济贸易委员会《关于下达1965年搬迁项目的通知》中的相关指示内迁至四川地区，支援这里的三线建设。同时，新建企业主要是对国防产业有重要作用却数量较为稀少的企业。这一时期在成都建成的四川汽车制造厂就是新建企业的典型代表。老厂扩建是指在当地原来已有工厂的基础上，利用一定的人力和资金，将原来工厂重新改造，建设为适合三线建设需要的形式，扩建改造相比其他方式具有既省时又省力的特点。例如，重庆嘉陵机械厂就是在原第25军工厂的基础上，根据三线建设的需要，延伸了其生产线，改造后用来生产炮弹。而后随着新设备的投入使用以及工艺水平的逐步提高，该工厂也开发出了许多新产品，很大程度上地提高了其在三线建设时期的地位和作用。

四川地区进行三线建设的重点是以重庆为中心的常规兵器工业基地、以攀枝花为中心的钢铁工业基地以及成昆铁路，这也就是我们所熟知的"两基一线"。在中央的统一领导下，1965年以来，四川地区的三线建设工程主要集中在成渝、宝成、川黔、成昆铁路干线沿线和长江、嘉陵江沿线。在全国上下的共同努力之下，成渝地区三线建设的主要项目取得了令人瞩目的成绩。

成昆铁路的修建便是一大典型。成昆铁路全长1 100千米，起于四川省成都市，止于云南省昆明市。其北端与宝成线、成渝线相连，南端与有"西南交通大动脉"之称的贵昆线、昆河线相连。成昆铁路沿线的恶劣环境在世界铁路史上是鲜有的。成昆铁路沿线地质构造十分复杂，沿途经过的7个地、州有大断裂地貌形成的断谷，且地壳运动都十分频繁，很多地区处在地震多发区，加之西南地区向来降雨量充沛、气候状态不稳定，致使区域内的山体极不稳定，时常发生泥石流和山体滑坡等地质灾害[①]。

---

① 成昆铁路技术总结委员会.成昆铁路第一册综合总结［M］.北京：人民铁道出版社，1981：1.

常规武器产业基地之所以选择在重庆建设，重要的因素在于重庆在当时的情况下在各方面都具备了良好的建设条件。一方面，重庆本来在武器工业上就有一定基础。重庆的7家老厂在全国当时已经占据了非常重要的地位。另一方面，自1891年开埠以来，重庆就在交通、能源、原材料等方面处于全国范围内比较领先的地位。所以，这些有利条件可以为在重庆建设武器工业基地提供良好的支撑。后来，党中央决定从1964年起用3年时间在重庆建立常规武器生产基地和相应的原材料和机械制造业，并同时成立了以重庆市为中心的配套工作组，用以专门对重庆常规兵器工业的建设进行规划和领导。1965年，为了更好地调动各方的积极性，中共中央批准成立了以重庆地区为中心的常规兵器配套建设指挥中心。

1964—1978年，三线地区共完成基本建设投资1 269.67亿元，其中中央投资占77%，以迁移工厂地址、抽调技术工人等方式，合理运用当地优势资源，以铁路建设为先导，以国防工业建设为重点，统筹钢铁、机械、电力等各项重点产业的建设，在三线地区逐步建成了一批以能源、交通为基础，原材料工业与加工工业相配套，科研与生产相结合的战略后方基地。以备战为导向的成渝地区三线建设基本实现了预定目标。这次工业布局的重大调整，从质的层面革新了四川地区的工业体系和城市体系，带动了地区内工业和城市的迅猛发展，增强了中西部区域的经济，对我国国防实力增强与现代化建设起到了至关重要的作用。同时，三线建设给居于内陆的成渝地区也带来了发展的机会。通过三线建设，西南内陆地区的经济形势得到有效改善，成渝两地也抓住机遇发展，使整体的经济迅速发展，调整了我国东强西弱的经济发展格局。

三、成渝地区三线建设的重要作用

三线建设在我国的西南内陆地区建起了一套比较完整的工业体系，既保证了我国工业的持续产出，也改善了我国工业东西分布不均的局面。三线建设使交通相对闭塞、经济水平也相对落后的成渝地区的工业取得了快速发展。在三线建设中建成并投产的大批国防企业也推动了内陆经济和社会的发展，促进了成渝地区的区域协调发展。从投资的情况看，自1964年起，国家对成渝两地进行连续十几年的大额投资，集中力量开发与建设，确实为日后该地区各个方面的现代化建设提供了有效的支撑。在十多年的规划建设以后，一套比较成熟的现代工业体系得以在川渝地区建立，西南地区的交通也比之前便利了许多；同时随着工业的发展，成渝地区还涌现出一批新兴工业城市。

（一）三线建设促进成渝地区的工业现代化

成渝地区有着独特的地理优势以及深厚的工业历史基础，成了三线建设的核心区域。我国先后在此投资建设兴建了一大批兵器、航空、航天、电子等不同类型的国防军工企业。在"靠山、分散、隐蔽"的布局方针下，以成渝地区自身的地理优势、工业基础、经济基础为出发点，使国防军工产业呈现一种"大分散"的格局。与此同时，"小集中"式的分布则体现在重庆及其周边地区。在三线建设中建设成功的这一批国防军工产业，既是我国国防军工产业在成渝地区的一颗生命力顽强的种子，同时也改变和调整了国防军工产业大多位于东部沿海地区的旧格局。

20 世纪 50 年代至 60 年代中期，由于经济发展不均衡，西南内陆地区并不是国家工业发展的重点规划区域，当时的成渝地区交通不便、经济相对落后，在此地建厂的大型企业少之又少。而 20 世纪 60 年代初，我国周边的局势剧变，党中央做出"集中力量，争取时间，建设三线，防止外敌入侵"的战略决策[1]。三线建设开始实施以后，国家有意促进内陆工业的全面发展，改变我国工业分布不均的局面，大幅度增加了对该区域基本建设的投资，在政策上也是向三线建设规划区域倾斜，集中力量建设三线地区，而三线建设同时也对三线地区的各项发展起到了关键的促进作用，使成渝两地的工业得到了极大发展，工业布局也不断完善。毫无疑问，三线建设开启了成都、重庆工业现代化进程的新篇章，也直接加快了西部地区整体经济与社会的发展进程，为西部的开发奠定了扎实的基础。

1965—1967 年的三年时间，四川省基本建设的国家预算内投资金额为 66.7 亿元，该数额占到了同期全国基本建设国家预算内投资总额的 14%，这超过了 1958—1964 年国家对四川的基本建设投资总额。与此同时，在"好人好马上三线"等口号的号召下，许多东部沿海地区的企业也选择迁往成渝地区，大批重要工厂和科研单位从沿海和北方地区迁至成渝地区，

---

① 重庆市经济委员会. 重庆市志·国防科技工业志 [M]. 重庆：重庆出版社，1996.

还有原本就准备在成渝地区进行建设的一些重要项目也大多开始在这一时期建设。以上种种皆为成渝地区的工业发展作出了极大贡献。经过达 300 多亿元的国家累计连续投资，成渝地区总体的工业实力有了跨越性的增强。

在一定程度上可以说，三线建设是我国在调整全国工业产业布局、改善当时企业分布不合理的一项重要举措。三线建设期间，约 350 家企事业单位迁入四川。其中，大中型企业 248 家，占全省 587 家大中型企业的 42.2%。形成工业固定资产 208.6 亿元，占全省国有工业固定资产原值的 60.2%①。根据 1985 年的统计，三线建设时期建成的各项工业资产在成渝地区工业固定资产值中占 40% 以上。三线建设的原则可以被称为"小而全、少而精、新技术、高速度、分散、隐蔽"。建设要求工厂建厂的选址一定要在交通要道附近，包括主要的铁路、公路干道以及主要的河流干线等，合理有效规划全地区的工业产业分布，避免工厂企业集中于一地的布局。经过十余年国家的不断支持、成渝人民的不断努力、全国人民的全力相助，川渝地区在当时已经形成以常规兵器、钢铁、机械、化工、煤炭等工业为主的五个大型工业集中区，极大地提高了本地区工业的现代化水平。

第一，建立了一个具有强大实力的战略性后方工业基地。成渝地区三线建设之所以可以迅速开展并获得国家大量直接投资，与我国建立强大的后方战略基地的战略目标密切相关。经过十多年的努力，该目标基本实现。在开展三线建设之前，成渝地区仅仅有 23 个国防科技工业企事业单位。1964 年下半年后，成渝地区新建、搬迁的国防科技工业企业、科研院所及相关单位有 150 多家。这个数字可以排在全国前几位，而且这些企业大多是大中型企业，其固定资产价值接近国防科技工业企业总资产的 1/5。

第二，从国防工业的不同门类来看，成渝地区在全国也占据着重要地位。在兵器工业领域，其规模约占全国的 1/5。重庆是当时国家确定的重点常规武器工业地区。三线建设期间，国家在重庆投资 50.5 亿元，是此前 14 年国家在重庆投资总额的 2 倍。重庆常规兵器工业基地投资总计 15.23 亿元，占成渝地区总投资的 5%②。在国家大规模投资和政策的持续支持

---

① 《当代中国》丛书编辑部. 当代中国的四川（上）[M]. 北京：中国社会科学出版社，1990：184.

② 何郝炬. 三线建设与西部大开发 [M]. 北京：当代中国出版社，2003：131.

下，重庆地区先后建成了长江电工厂、江陵机器厂等一大批具有代表性的企业。在航空工业方面，成渝地区的航空工业固定资产值占到全国的 10%以上，在成渝地区初步建设形成了一个以成都为中心的拥有领先技术水平的航空工业基地，出现了成都飞机设计研究所、中国航空燃气涡轮发动机研究所等一批可以代表国家航空实力的研究机构。在航天工业领域，建成了赫赫有名的能够生产运载工具及相关地面设备的卫星发射基地——西昌卫星发射中心，在这里可以对国内几乎所有类型的导弹及火箭进行相关的重要试验。在核工业领域，代表该领域最高水平的中国工程物理研究院、核工业西南物理研究所、中国核电研究设计院相继成立。在电子产业方面，形成了以成都、重庆、绵阳为中心的电子产业区，在这些城市建立起了 23 个大中型电子工业企业、1 个设计院、6 个专门研究所以及 1 所技术院校①。

第三，成渝地区的其他工业也取得了技术进步，形成了具有一定发展水平的现代化工业体系。作为全国人口众多和资源丰富的大省，四川的现代化建设对推进国家整体的现代化水平具有相当重要的作用。当时的成渝地区在全国原本属于经济发展地区的水平较为靠后的地区，进行现代化建设的难度也相对较大。而三线建设极大地促进了成渝地区能源化工产业的发展。资料显示，1950—1983 年，国家对四川煤矿开采投资 100.3 万元，其中 1964—1978 年的投资占到 60%。此外，据国家统计局综合司 1990 年的统计，在三线建设的历史时期，成渝两地原煤产量由 1 001 万吨增加到 3 794 万吨，原油产量从 2.6 万吨增加到 9.6 万吨，农用化肥产量由 7 万吨增加到 11 万吨②。同时，电厂成套设备生产、天然气开发、机械制造等其他行业都在全国占据相当重要的地位。依托区域内大量搬迁或新建工厂以及煤炭、天然气等能源资源的开发，四川已成为全国著名的电厂成套设备生产基地和钢铁基地，铁矿石开采生产能力由 40 万吨提高到 92 万吨，炼钢能力由 45 万吨提高到 238 万吨，成品钢生产能力由 37 万吨提高到 174万吨。在此期间，中国西部最大的钢铁生产基地攀枝花钢铁公司、中国西南最大的无缝钢管生产基地成都无缝钢管厂、生产特钢产品的大型企业长城特钢有限公司相继建成。三线建设过后，成渝地区成了全国五大钢铁生

① 中共中央党史研究室. 执政中国·第四卷 [M]. 北京：中央党史出版社，2009：669.
② 国家统计局综合司. 全国各省、自治区、直辖市历史统计资料汇编（1949—1989）[M].
北京：中国统计出版社，1990：707.

产基地之一。同时，在机械制造工业方面，更是形成了从研发到生产等环节极为完整的工业体系。

第四，源源不断的资金投入使成渝地区的工业实力快速增强。成渝地区是三线建设的重点区域，根据统计，当时全国工业总投资的 1/8 都被投资到了成渝地区。这么大规模的投资加之人民的不懈努力，成渝地区成了我国新兴现代工业的一颗耀眼的明星。从产业完整性角度看，全国 38 个主要产业部门在该地区都开展了配套建设。全国有 160 多个主要产业，川渝地区拥有其中的 95%。除此之外，在三线建设时期，成渝地区的生产能力也得到了极大的提升。与 1964 年相比，1979 年工业固定资产总额增长 4 倍左右，工业产值增长 3 倍，钢材产量从 4.7% 增长到 8.5%，成品钢产量从 5.3% 增长到 7.6%，原煤产量从 4.7% 增长到 6%，机械制造机床达 16 万台，此数量可以达到全国的第 4 位，天然气和化肥的生产量更是高居全国第一位。同时，成渝地区已成为当时全国著名的三大电站成套设备及冶金、建材生产基地及船舶制造基地。

第五，成渝地区的经济产业结构得到调整，自我发展能力提升了。农业是三线建设计划开始之前成渝各地区的主导产业。在三线建设以后，工业产值在地区社会总产值中的比重迅速上升。以 1965 年和 1975 年的对比为例，在成渝两地社会总产值中，农业占 45%，工业仅占 35%；1975 年，农业产值下降到 35%，工业产值上升到 47%，农业产值和工业产值的比重不断调整。成渝地区的经济结构逐步由以农业为主向以工业为主转变，成渝地区逐步成为西南内陆地区重要的工业基地。同时，除了产值增长外，其他基础产业也实现了快速发展，产业结构也得到了升级，从一般加工业、轻工业为主向以交通、能源为基础和以机械、电子、化工为主导的现代产业结构转变。

总而言之，成渝地区能够拥有现在这样的工业地位，依赖于 50 多年前的三线建设为其打下的坚实基础。长期关注西部建设的著名社会学家费孝通曾评论说，三线建设使西南贫瘠地区取得了 50 年的进展。

经过三线建设的长期投入，成渝两地的工业实力得到了提升，其工业产业布局也不断合理调整，工业结构得到了改善，工业企业规模得以扩大，形成了门类较为齐全的现代工业体系雏形。到三线建设的末期，三线地区的工业水平和主要产品的生产能力等都超过了一线、二线地区，实现了建立战略大后方的目标。成渝地区也成为人才、知识、技术含量较高的重要工业产业区，已基本形成门类齐全、技术先进、研发能力强的现代产业，是名副其实的国家战略大后方。特别是航空航天及核工业等领域取得了快速发展，大大提高了我国的国际地位和综合竞争力。

（二）三线建设促进成渝地区的交通现代化

现代化和交通便利化是三线建设带给成渝两地最显著的成果。三线建设之前，四川、重庆地区的交通极其不便，人口流动与资源运输受到了极大阻碍。成渝一带群山环抱，交通闭塞，新中国成立前，只有川陕、川黔公路及长江三条出川通道，这也是成渝经济一直处于落后状态的原因之一。新中国成立后，国家在成渝地区修建了成渝和宝成两条铁路。三线建设时期，国家一是对成渝、宝成、川黔三条铁路进行诸如电气化之类的升级与改造，二是大力投资建设成昆、襄渝两条重要的省际铁路，极大地提升了成渝地区的交通便利度，使四川、重庆与其他省份的往来更加方便和密切。

成昆线是我国第一条采用全线一次内燃机车牵引的一级干线，其修建难度之大、花费的物力人力之多，可以称得上是世界铁路史上难度最大的铁路工程之一。成昆铁路于 1970 年 7 月 1 日建成，全长 1 096 多千米，在四川省境内长达 807 千米，其沿线地区富藏煤、铁、铜、钒（世界储量第一）等多种重要的工业矿产资源以及丰富的水力资源。该铁路沿线是少数民族的聚集地，这也为少数民族的生存和发展起到了显著的促进作用。虽然成昆铁路修建的出发点是为攀枝花的工业基地提供方便的交通，但它对于整个西南地区的影响却远不止于此，不仅为成渝地区的产业提供了额外的流通途径，也促进了沿途多地少数民族聚集地的经济发展。

除了成昆线，20 世纪 70 年代初襄渝线的完工通车也是成渝地区三线建设中的一件大事。1973 年襄渝线全线通车，起点为重庆，终点为湖北襄樊（现襄阳），全长约 900 千米，在重庆境内达 250 多千米。与成昆线的修建相似，襄渝铁路建设的艰苦条件在中国铁路建设史上也很罕见。由于成昆、襄渝铁路所在地地形复杂，这两条线路的开通堪称世界铁路史上的一大壮举。成渝地区的交通状况随着成昆、襄渝两条铁路开通得到了极大的改善。成渝地区由此发展了与全国相连的宝成、川黔、成昆、襄渝铁路和长江 5 条交通大动脉。加上新中国成立前修建的成渝铁路，铁路长度共计 2 000 多千米。与 1965 年相比，1979 年成渝地区区域内铁路通车的里程足足增加了 2.1 倍。

与此同时，除了铁路，公路也在三线建设时期得到了快速的发展。三线建设之前，四川、重庆地区整体公路通车里程约 9 000 千米；三线建设之后，区域内的公路网形成了，公路总里程达到了 8 万千米。与铁路连接大型城市不同，公路的修建对川渝偏远地方的交通有极大的改善作用。因为此阶段建成的国防工厂有些分布在极为边远的地方且较为零散，而修建偏远地方的公路就是为了更好地配合国防工厂建设和发展的需要。在三线建设时期，公路的完善与修建也为成渝地区的交通建设作出了巨大的贡献。

此外，三线建设时期，成渝地区还整治了长江、嘉陵江等重要的航道。十几年的三线建设，提高了水域船只的运输效率，促进了水路交通的发展，进一步促进了成渝地区经济的发展。

三线建设对成渝地区交通现代化具有重要意义，大大改善了成渝两地交通不便的旧局面，将重庆、成都建成为长江上游重要的水陆交通枢纽，使该地区在物流贸易方面也发展迅速，社会面貌也焕然一新，人民的生活更加殷实。与此同时，便利的交通还带动了周边经济和小城镇的发展，攀枝花、绵阳等一批新型的工业城市就因为三线建设而崛起，成渝地区由此初步形成了规模不同、职能各异的现代化城市体系，对经济的发展起着重要的促进作用。

（三）三线建设促进成渝地区的城市现代化

十几年的三线建设不仅加强了我国的工业与军工实力，而且对西南地区的社会与经济发展都作出了巨大的贡献。史无前例的三线建设除了对西部地区工业体系和交通状况进行了改造和加强，还促进了成渝地区的城市特别是重庆、成都的现代化进程。

三线建设是对城市布局、结构与功能的一次现代化革新。成渝地区是三线建设的核心之地，随着三线建设的推进，成渝地区的城市化发展与工业化建设迈出了史无前例的一大步，并且成渝地区的城市体系得到了重塑与发展，城市向现代化转变，城市规模不断扩大，城市结构也得到了合理的改善。成渝地区的各个城市抓住了三线建设这个难逢的机会，率先进行工业化发展，率先成为我国内地进行现代化改造的城市，并且带动了周边城镇地区的现代化进程，为成渝地区整体现代化的发展奠定了一个坚实的基础，也为我国的城市现代化进程做出了贡献。在三线建设之前，成渝地区属于消费型的城市，而在三线建设之后，成渝地区的城市转变为了现代化工业城市，在各个领域获得了巨大的发展。工业的迅速崛起是城市现代化的主要标志之一。而成渝地区城市现代化的进程既促进了当地的经济发展，也有利于全国城市现代化的进程。

对重庆和成都两个大型综合性工业城市的形成，三线建设功可谓功不可没。经过十多年的三线建设，到 20 世纪 70 年代末，重庆已形成冶金、机械、化工、纺织、食品五大支柱产业和门类齐全的现代工业体系。重庆的工业总产值达 62.16 亿元，占当时四川的 28%①。与此同时，从某种程度上可以说，成都是基于三线建设而改变的。作为消费型城市的成都，1954 年被国务院规划定位为以精密仪器制造为主的轻工业城市。因此，三线建设之前的成都在重工业方面的基础不算很强。三线建设启动后，成都作为西南地区的核心城市，迅速发展成为以机械、电子等产业为主导的综合性工业城市。成都飞机制造公司等重要军工企业都是在这个时期在国家的投资下建立的。沿海大量企业的迁移、本地企业的兴建和国家大量的投资，大大提升了成都的城市工业实力，促进了成都经济的发展，使其工业技术随之进步，机械、电子元器件和军事装备制造能力大大增强，成为中国重点工业城市。正是因为这种变化，成都发生了本质的变化：发展道路拓宽，基础设施、文教卫生事业逐渐完善，并建立了为工商业服务的各部门，乡村现代化发展的进程也由此开始了。

为了保证每个项目的顺利进行，国家还对成渝地区项目用地密集的城镇进行了一定的改扩建，这不仅有利于成都与重庆的综合发展，也使成都与重庆周边涌现出许多新兴城市。出于战备需要，三线建设中的工厂地址多数选在交通不便的边远地区。在建设的过程中，新建和搬迁的企业给这些偏远的地区带去了新的知识、新的技术以及新的人才，拉动了当地的就业，促进了当地经济的发展，改善了当地的生活水平。与此同时，搭上三线建设便利之船的还有一批工业城市。比如西南钢铁基地攀枝花原本是位于四川省和云南省交界处的荒地，资源匮乏，交通相当不便，在历史上堪称不毛之地；正是由于三线建设重要项目——攀枝花钢铁工业基地的建设，攀枝花成长为一个以工业为主导产业的工业型城市。比如因为长虹电

---

① 周明长. 三线建设与四川省城市现代化 [J]. 当代中国史研究，2014（1）：48.

子股份有限公司的产业体系在绵阳建立，让绵阳从名不见经传的小城市发展成一个以电子工业为核心的著名大城市。还比如地处川西民族地区的西昌也在三线建设中成了闻名中外的航天城。除此之外，还有德阳、自贡等城市，也随着三线建设中各个工业企业在本地的落地，提升了自身的经济水平。

可以说，成渝地区的三线建设项目布局改变了之前四川工业都围绕着大城市的格局，使成渝地区的工业分布变得均衡，让区域内的各个城市都得到了一定程度的发展，实现了经济的快速稳步增长。

在三线建设中，在国防工业企业的周边，大多对应配套建设了一些相关行业，比如科研院所及保障与服务性行业、交通运输等基础设施。所以，在国防工业企业所在的区域及其周围都能够形成一个较为符合此企业特色的工业城市或者城镇。重庆、成都、绵阳、德阳等城市发展成为中国重要的钢铁、机械、电子、航空工业城市。这些地方生产出的种种产品不仅是在全国著名，许多产品还作为中国较为高端的工业产品畅销海外。而经济、科技、教育、文化、人才等资源汇聚在一起，成为西部经济发展的动力。在四川地区，三线建设中形成的特色工业城市包括以电子工业为龙头的绵阳市和以机械工业为龙头的德阳市等。除此之外，三线建设在改善重庆当地的工业的同时，也带动着重庆周边城镇的工业化发展，如大型仪表工业基地北碚、军工企业集聚地南川、重要工业基地涪陵、船舶工业基地万州等。这批工业城镇的兴起使重庆工业的分布格局发生了巨大改变，使重庆城市体系的核心区及其辐射圈由沙坪坝、南岸、江北等主城区沿江扩散至北碚、涪陵、万州等地，使重庆的城市体系的地域结构进行了调整，变得更加合理与均衡。同时期，成渝地区还新形成或扩大了60多个中小城镇。如前所述，成渝地区在三线建设中的核心地位和各区域产业门类的合理布局，不仅使重庆和成都成为大型综合性工业城市，而且在其周边配套了重要的工业城镇，它们相互联系、相互促进，形成了现代新兴产业城市群。这些在三线建设中崛起的城市群，不仅数量众多，而且功能齐全，在成渝地区城市现代化建设甚至是整个中国城市现代化建设进程中都具有极其重要的作用。

第一，有利于保障国家安全。三线建设以备战为根本目标，对国防工业布局进行改善调整，以建立一个强大的战略资源后备站。三线建设时期，国家将成渝地区作为建设的核心，将全国国防科技工业总投资的1/4

都集中到成渝地区的建设上，对成渝地区的工业发展起到了至关重要的作用。到 1978 年，成渝地区已发展成为我国配套设施最齐全、规模最大、实力最强的国防工业战略基地。其中，重庆是国防工业大后方的战略重镇，成都是军事电子工业城市。绵阳、广元、重庆共同构成了重要的军工电子产业城市群。绵阳建成了空气动力研发中心，绵阳、乐山成为重要的工业基地，西昌则拥有具有全国领先水平的卫星发射中心。毫无疑问，成渝地区这一批国防科技工业城镇是我国国家安全保障中极其重要的一环。

第二，使城市发展方向从水路向多种交通要道发展。由于成渝地区山势较陡，该地区的交通自古以来都是一个很大的问题，成渝地区的发展在很大程度上受到了交通因素的限制，也使成渝地区城市形成了以水运为主的交通运输形式，各城市大都依靠长江干、支流的水运作为联系的纽带，长江干流的航运便成了成渝地区主要的运输方式。因此，成渝地区早期的交通枢纽城市大多在长江干、支流周边，"沿江筑城"的布局特点明显，在区域内逐步形成了一个沿长江干、支流的"丁字形"城镇体系。但在三线建设期间，为了满足各种建设需要，国家投巨资建设了成昆、襄渝两大铁路，并且对长江航运进行了根本性的治理与改造，使成渝地区的交通条件大为改善，不再只依靠水运，而其社会经济和城市面貌同时获得了根本的改善。川渝地区的城市分布随着交通的改变发生改变，由"丁字形"聚集分布发展变成了"H 形"聚集发展，从而形成了沿铁路干线的"H 形"城市带[①]。由此，成渝地区在总体上不光建成了成渝大型城市聚集区，还以宝成、成昆、成渝几条铁路线为主轴，形成了成都、重庆、德阳、绵阳、宜宾等城市的分布带。由于这些城镇，成渝地区成了我国内陆地区城市分布最多的地区之一。成渝城镇聚集区的形成与不断发展也加快了整个西南内陆地区的经济与社会发展。

综上所述，三线建设在客观上推动了成渝地区城市的兴起与发展，为成渝城市体系成长奠定了坚实的基础，促进了当代成渝城市体系的形成和发展。三线建设在成渝地区实施以及国家对成渝地区的全力支持从根本上调整了成渝地区各个城市的性质，为其现代化埋下了种子，更为成渝各区域主要城市和省域城镇体系的成长以及这些城市在未来更长时间、更广范围内的持续发展构建了发展之基。成渝地区的城市不仅自身在现代化进程

---

① 顾朝林. 中国城镇体系：历史现状展望 [M]. 北京：商务印书馆，1992：200.

中迈出了一大步，而且成了中国城市体系中具有重大战略和指导地位的组成部分。基于成渝地区三线城市的工业建设"面向打仗、面向全国、面向基本建设"的首要目的，成渝地区各个城市都具有了外向型的特点，加上全国各地的顶尖人才与技术都在向成渝地区转移，这就使得成渝地区的现代化建设有了独特的优势，成渝地区成了三线建设时期全国城市现代化的"示范中心地"，向国家交出了一份满意的答卷。成渝地区城市的崛起不仅为新中国的国防、工业和城市发展奠定了深厚的基础，又对其他地区以后的城市现代化发展产生了重要且深远的影响。现代化城市建设的进程影响了秦巴地区、乌蒙山区等在当时还较为落后的地区，对改善当地的经济状况与提高当地人民的生活水平起到了重要的作用。

四、成渝地区三线建设的现实意义

三线建设是以备战为核心，抵御国际威胁、调整国内产业布局的经济建设运动。成渝地区因其独特的地理位置、丰富多样的优质自然资源被确定为三线建设的重中之重。前文在充分梳理三线建设的背景及其在成渝地区的实施等相关内容的基础之上，对成渝地区特别是成都、重庆在工业、交通和城市化进程三个现代化发展方向分别进行了描述。三线建设是对我国生产力布局的一次重大的调整，从 1964 年 5 月规划筹备开始至结束，总共历经十多年的时间，对拉动西部地区的经济发展具有非常深远的意义。

（一）三线移民是成渝地区发展的有力保障

成渝地区是三线建设的核心区域。为了达成当时规划的目标，在三线建设的头 3 年就有包括科技人员在内的 3 万余名内迁职工进入成渝地区。根据相关统计，从 1964 年到 1966 年，就有 15 个原来在北、上、广等 12 个省市的企业迁到了重庆，内迁职工总数达万余人。

在三线建设时期，大量的企业及其技术人员迁入了重庆。截至 1965 年，有 2 万多的移民进入重庆。根据不完全统计，整个三线建设的 10 余年间，有来自全国各地的 16 万人参加过重庆地区的三线建设，其中技术人员达 1 万多人。内迁重庆的三线企业可以分为三类，即全迁、部分内迁、技术支援。简单来说，全迁意思就是企业的全部员工以及所有固定的机器设备都全部转移到重庆；部分内迁指企业的部分员工以及部分固定的机器设备都全部转移到重庆；技术支援是指企业将自己内部的技术人员迁移到重庆，在建设重庆工业的过程中给予技术支援。有关资料显示，参与重庆地区三线建设的企业大多以部分内迁的方式迁入重庆，其数目约占内迁单位总数的 58%。所以说重庆地区的三线建设离不开全国各地企业的技术支持。据统计，在三线建设的前期即建设的高峰期，来到重庆的职工集中在建工部、冶金部这样的重工业部门，建工部是其中人员迁入数量最大的部门①。这些技术人员与企业其他员工的迁入不仅扩大了重庆的人口规模，也极大地促进了重庆的社会经济发展。

在 20 世纪六七十年代三线建设时期，共有几十万（加上部分随迁家属，移民的总量还要更大）的企业技术人员、管理人员迁入重庆。他们不只是给重庆带来了生产技术与管理经验，还给重庆的发展增添了无限的生机。而移民文化也给重庆的发展增添许多的地方色彩。可以从"备战、备荒、为人民""好人好马上三线""献了青春献终身，献了终身献子孙"等三线建设口号中深切地感受到三线移民的精神面貌，他们慷慨、英勇献身三线地区的故事汇入了那个时代英雄主义的主旋律。

三线移民是祖国无私的奉献者和勤恳的劳动者。在成渝地区多年的艰苦奋斗，让这些奉献者从二十几岁的青年变成两鬓斑白的老人。有些人的子孙后代已经成为他们的接班人，将迁入的地区作为自己的故乡，为这里继续奉献着自己的力量。

而移民文化的保存则与三线移民们所处的特殊的生存环境紧密相关。由于三线企业有许多分布在较为偏远的山区、河谷地带，三线移民们在这里一待就是十多年。每个三线企业都宛如一个小型社会，从医院、学校到市场一应俱全，封闭的环境致使信息无法快速流通。在内迁过程中产生的移民文化是比较稳定的。要说原因，一是移民大多来自东部沿海较为发达的地区，他们接受了较好的教育，有良好的素质。二是企业虽是部分迁移，但是迁移的规模较大，职工都是一批一批迁移，给移民文化建设提供稳定的空间。三是三线建设是以备战为主要目的，对迁移和建设有着高度保密的要求。移民与外界的联系是很少甚至没有的。以上因素使从事三线建设的移民受到迁移当地文化的影响较小。

---

① 王毅，钟谋智. 三线企业的搬迁对内迁职工生活的影响：以重庆的工资、物价为例［J］. 中共党史研究，2016（4）：80.

值得一提的是，在人才配备方面，国家还调集了全国一大批顶尖的技术人才作为三线建设的移民。所以在当时，成渝地区的科技人才数量占全国的比重很大，而且其中不乏拥有全国一流水平的专家、教授。三线建设中内迁的人员大都是行业中的精英，他们所采用的技术也几乎都是全国最为先进的技术。优秀的人才、先进的科学技术是成渝地区经济发展的有力保障。

（二）三线精神是成渝地区发展的力量源泉

三线建设造就了中国经济建设的一代领导者与建设者。这个时期各个行业的技术人员与其他劳动者为以后中国的经济发展作出了巨大的贡献。与此同时，在三线建设过程中取得的文明成果与创造的生产经验，为后来的发展提供了发展模式参考。首先，从全国的视野来看，成渝地区是国家三线建设的重要基地，各地方按照"全国一盘棋"的指导方针，在人、财、物上对三线地区的建设予以保障。在50多年的不懈努力中，三线建设为祖国的国防建设和经济社会发展作出了巨大的贡献，创造了辉煌的历史，形成了独具特色的顾全大局、团结协作、爱国奉献、不怕牺牲的三线精神。这种三线精神也是我国民族精神的重要组成部分。其次，从成渝地区自身来看，三线建设一边为本地区创造了巨大的物质遗产，一边也为这里留下了宝贵的精神遗产，即永载成渝史册的"艰苦创业、勇于创新、无私奉献"的三线精神。

三线建设期间，来自全国各地的劳动人民放弃原有工作的优越环境，本着"好人好马上三线"的原则参与三线建设，告别了家乡，来到当时条件还比较艰苦的祖国西部偏远地区。在这里，没有住房就住简易的"干打垒"，生活水平也很低，但他们始终坚持着对自身的高要求。每一个建设工地、每一名建设者身上无不闪烁着艰苦创业的三线精神光芒。他们发扬"艰苦创业、团结协作、勇于创新、无私奉献"的三线精神，克服重重困难，不断创造出奇迹。三线移民们大多把最宝贵的青春岁月留在了人迹罕至的大山中，这些人敢于走前人未走过的路、做前人没做过的事、实现前人没实现的理想，实事求是，勇闯新路，开创新业。尤其是三线建设中在大山深处默默奉献的技术人员，他们付出自己的知识与智慧，为祖国打造"国之重器"，为了祖国的国防事业奉献了自己的青春。令人惋惜的是，有的建设者甚至将自己的生命也献给了国家的三线建设。

不得不说，三线精神是在艰难困苦中孕育而成的。三线地区一般条件艰苦，建设攀枝花钢铁工业基地就是其中一个很典型的例子。攀枝花山高谷深、交通状况极其不利。三线建设的劳动者是在一无所有的情况下，开山挖路，克服重重困难，建设出攀枝花钢铁工业基地的。又比如举世闻名的成昆铁路，铁路沿线属于地震带，地质条件对于铁路建设十分不利，并且沿途地形复杂，在多雨的四川盆地，地质灾害频频发生。想要在如此复杂的地质条件上修建起一条铁路，就连国外的铁路专家都觉得不太现实。而投入成渝地区三线建设的建设者不畏艰险、无惧牺牲、勇于开拓，创造性地解决了本地区铁路建设的一个又一个世界级的技术难题，最终使成昆线顺利开通，创造了铁路建设历史上的一个奇迹。在成昆铁路的修建过程中，每打通一段线路，几乎都会有人牺牲。成昆铁路的每一座站台碑都镌刻着他们的英雄事迹和高尚品格。还有，在三线建设期间奉献的劳动者们不仅主动延长自己的工作时间，有的还将自己家里的积蓄用来补贴工作经费，誓要完成好国家交给他们的任务。

三线建设在成渝地区书写了一部艰苦创业的历史，凝练出一种无私奉献的三线精神。我们常说，不仅三线建设形成的生产成果对成渝地区的发展很重要，三线建设还留给了成渝地区的人们更为重要的东西，那就是无私奉献、艰苦奋斗的三线精神。这种精神成为这里的传家宝，镶嵌在成渝地区奇妙无穷的山与水之间，凝结了成渝地区的"血液"之中。三线精神是三线建设者们留给这里的一笔精神财富，这笔精神财富也一直是成渝地区不断发展的力量源泉。在将成渝地区建设成为西部地区经济发展高地的宏伟蓝图中，三线精神依然珍贵，我们应大力弘扬、不断学习这种精神。

虽然以备战为核心的三线建设已经在中华人民共和国历史上完成了它的使命，但不可磨灭的三线精神对于现今的共建"一带一路"、建设长江经济带以及成渝地区双城经济圈的打造是至关重要的，它为我国的现代化提供了不竭的动力，传承和发扬三线精神的现实意义是非常深远的。三线精神仍在鼓舞和激励着我们继续为了祖国的社会主义建设事业勇敢奋斗和无私奉献。

（三）三线实践是成渝地区发展的有效探索

近代以来，我国西部地区虽拥有广袤的地域、丰富的资源，但因深居内陆、交通条件落后而信息闭塞，经济发展水平一直远远不如东部地区。在 20 世纪 60 年代中期，为应对复杂多变的国际、国内形势，改变我国工业极不合理的空间布局，党中央做出了三线建设的决策，在西部地区进行了规模庞大的三线建设实践。其核心是在三线地区建立以军工和国防为中心的重工业生产基地，以应对帝国主义国家可能的侵略威胁。三线建设在党中央的大力支持、全国各地的大力支援、成渝人民的大力配合下，取得了非常显著的实践成就。我国生产力布局由此实现了一次由东向西转移的战略大调整，我国经济发展在区域上不平衡的状况改善了。作为西部建设的铺垫，三线建设是国家对成渝地区经济发展的一次有效探索，对于推进现今成渝双城的协同发展具有重要的现实意义。

与同期西北和中南部部分省份开展的三线建设相比，成渝地区的三线建设具有发展范围广、投资规模大、项目数量多、产业门类齐全的特点，体现了成渝地区在三线建设过程中独特的历史和实践经验。

首先，要脚踏实地，循序渐进。从实际出发是许多国家和地区城市化历史实践证明的经验。要促进一个地区的发展，必须以大力发展生产力为基础。在三线建设时期，要在攀枝花这块贫瘠的土地上发展生产、推进城市化，就必须面对经济基础差、交通不便、资金不足等制约因素。但是，打破经济发展的瓶颈，不可能一蹴而就。通过短时间的努力来创造奇迹是不现实的，这需要长期不懈的努力，更要从当地的实际出发，以科学的态度进行安排和谋划。列宁曾经说过："在分析任何一个社会问题时，马克思主义理论的绝对要求，就是把问题提到一定的历史范围之内。"[1] 在我国西南地区，不应不顾质量地追求快速发展，而应逐步推进经济发展。这是三线建设时期的重要经验之一。

其次，交通是基础设施的重要组成部分，交通对一个地区的发展非常重要。俗话说："要想富，先修路。"这句话反映了交通对一个地方发展的重要性。成昆铁路是川渝铁路发展的开路先锋。除成昆铁路外，当时还修建了大量公路，增加了公路支线，改善了路况，扩大了交通网络。成渝地区十余年的三线建设，极大地改变了交通落后的局面，便利了原材料和产品的运输，为物资和人员的流动提供了有利条件。专门为三线单位建设的还有桥梁、隧道、电网等基础设施，这也改善了西部地区的条件，促进了

---

① 列宁. 列宁选集：第 2 卷 [M]. 北京：北京人民出版社，1972：512.

该地区的经济发展与社会进步。所以，时刻都不能忽视现代化交通的发展与完善，成渝地区的成功经验就是最好的证明。

最后，要依靠自主力量，自力更生，全力以赴。三线建设是中国国防工业布局和经济建设的一次自主战略调整，极大地增强了我国的国防能力，推动了我国经济社会现代化进程。同时，三线建设也是我国城市现代化布局、结构和功能的独立重构。以成渝地区为例，该地现代工业的成长与国防工业布局紧密相连。抗日战争时期，大量工厂迁入重庆，大量军、民用工业企业建立，这是成渝地区历史上第一次工业发展高潮。新中国成立后的"一五"和"二五"期间特别是三线建设时期，国家在成都、重庆进行了大规模的国防工业和基础设施建设，并将一大批科研院所、大学、工厂从东部迁至成渝地区，以适应战备需要，平衡东西部生产力布局，使成渝地区的现代工业再次得到快速的发展。

三线建设的历史经验和历史成就证明三线建设没有白搞，建设者们的血汗没有白流，三线建设使成渝地区的工业体系初步形成，为我国的国防事业作出了重大的贡献。三线建设留下的物质遗产，至今仍是我国实施西部大开发的坚实基础。十多年的三线建设，终于实现了在成渝地区建立战略防御基地的目标。这在一定程度上改变了我国东西部产业布局不合理的状况，使成渝地区实现了跨越式发展，也留下了宝贵的三线精神。在三线建设时期，成渝地区的发展历程离不开一大批建设者的奉献。在毛泽东"好人好马上三线"口号的号召下，从领导干部、高级技师到普通工人，老、中、青年三代，不谈得失，艰苦奋斗，自强不息。在悬崖峭壁上修成成昆铁路的奇迹，在世界铁路建筑史上都很罕见。三线人艰苦奋斗、无私奉献的实干精神是我们今天推进中国特色社会主义现代化建设的一笔宝贵精神财富。三线建设的历史是一部艰苦奋斗的历史，三线人的品质是一曲对无私奉献的赞歌。三线建设所取得的巨大成就和三线人创造的三线精神已被永远载入共和国史册。

当今时代，世界正面临着百年未有之大变局，国际形势风云变幻，我国发展的内外环境发生着深刻而复杂的变化。2020年1月，党中央提出推动成渝地区双城经济圈建设，在西部形成高质量发展的重要增长极，这是构建以国内大循环为主体、国内国际双循环相互促进的新发展格局的一项重大举措，是习近平总书记亲自谋划、亲自部署、亲自推动的国家重大区域发展战略。

从三线建设的战略布局到成渝地区双城经济圈建设的国家战略都是中国共产党在社会主义建设道路上的积极探索。三线建设对于如今打造成渝地区双城经济圈等大规模经济建设仍有不少借鉴价值。回顾三线建设历程，研究成渝地区双城经济圈建设，对丰富我党新时代中国特色社会主义建设的理论体系具有重要意义。

第四章 改革开放初期成渝地区经济社会发展

    1978 年，党的十一届三中全会吹响了建设中国特色社会主义的时代号角，拉开了中国改革开放历史新时期的序幕。四川是中国改革开放和现代化建设总设计师邓小平的家乡，是我国改革开放的发源地之一。四川的农村改革和城市改革在全国均起步较早，四川发扬敢为天下先的精神，作为国家改革试点地区，率先推进了农村改革、国企改革、统筹城乡综合配套改革等一系列改革举措，创造了许多光辉业绩。从 1978 年改革开放伊始到 1997 年重庆正式成为直辖市的近二十年时间，正是我国改革开放的初期阶段。纵观这一阶段，可以说四川是以省会成都为中心总体加快发展的，而重庆作为省内以及全国重要的工业城市，虽然其城市地位至关重要，但受到诸多因素制约，城市发展速度较为缓慢；成渝地区的合作水平不高，存在着一些具体的矛盾和阻碍。但总的来说，重庆作为四川省辖的重要城市，与省会成都分工协作，共同谱写了四川改革开放的序章，这一时期成渝地区的加速发展成为四川总体发展的引擎。

    改革开放之初，由于经济建设在十年内乱中遭受了新中国成立以来最严重的挫折和损失，与全国其他城市一样，成都的国民经济在恢复和调整中逐步走向正轨，各项经济指标恢复增长，并有多项指标达到历史最高水平，但经济增长的基础仍然比较薄弱。1978 年 12 月，党的十一届三中全会召开标志着改革开放和社会主义现代化建设新时期的到来。在新的历史时期，我国社会生产、经济实力、科技实力等各项指标显著提升，综合国力、国际竞争力和国际影响力显著增强，人民生活水平、居民收入水平和公共服务水平显著改善，这一阶段为实现今后提出的"两个一百年"奋斗目标和中华民族伟大复兴打下了坚实基础。这一时期，四川的发展主要以成都平原地区的发展为焦点步入快速发展，四川整体以成都为中心加快发展步伐。同时，本着"城市是经济中心"的理念，党和国家对成渝两地的区域性发展进行了综合布局。以 1983 年重庆的城市经济体制改革综合试点为催化剂，成渝地区的改革开放取得了一系列可喜成就，逐步形成了成渝两地分治与合作并存、以城市带动区域发展的新格局，为 1997 年重庆直辖以后的成渝经济区、成渝城市群以及 2020 年提出的成渝地区双城经济圈建设奠定了良好基础。

一、城市化迈入新阶段

从新中国成立至改革开放前，成都的城市化经历了新中国成立初期的快速推进期以及长达十余年的衰退期。直到改革开放以后，随着以经济建设为中心的一系列政策实施，成都经济才得以迅速恢复和发展。改革开放初期，同全国许多地区一样，成都乃至整个四川依靠国家的政策支持，工业化进程明显加快，城市圈范围不断扩大，城市综合管理水平不断增强，大城市功能得以不断发挥。随着城市化进程步入正轨，便捷的城市生活吸引了越来越多的农业人口的加入，进一步为城市工业发展提供了大量人口，使城市发展形成了良性循环，城市得以持续稳步发展。至此，从 1961 开始并持续六年之久的"大跃进"运动以及其后"文化大革命"所带来的城市化水平总体持续下降的状况才得到根本性扭转。

（一）人口城镇化水平

1949 年新中国成立时，全国城镇化水平只有 10.6%。1978 年到 1998 年的 20 年，我国城市数量从 193 个增长到 668 个，城市人口从 1.7 亿上升到 3.7 亿，城市人口占总人口的比率从 17.92% 上升到 30.4%，我国城镇化已进入高速发展阶段[1]。改革开放初期，随着社会经济的发展，作为四川的政治、经济、文化中心的成都的人口城镇化步伐明显加快。1978 年，成都总人口达 806.6 万，其中城市人口为 179.5 万，人口城市化率为 22.3%[2]。同年全国常住人口城镇化水平为 17.92%，成都高于全国约 4.4

---

① 中央统战部赴成渝课题调研组. 四川、重庆城市化进程对统战工作的影响 [C] //中国城市化进程与统一战线工作研讨会论文集，上海：2002：36.

② 阎星. 改革开放 30 年成都经济发展道路 [M]. 成都：四川人民出版社，2009：87.

个百分点。"六五"期间（1981—1985 年），全市净迁入人口达 12.78 万，平均每年增长 2.57 万，增长率为 3.1%，其中城区五年净增迁移人口 9.22 万，平均每年增长 1.84 万，增长率为 15.6%。到 1990 年，成都城市化率达到 38.78%，2000 年达到 53.48%。城市化进程使得成都中心城区人口迅速增加。以成都市金牛区为例，1982 年全区人口为 52.90 万，到 1990 年增加到 62.44 万，八年间净增人口 9.54 万，增长了 18.03%。其中非农业人口由 1982 年的 9.28 万增加到 1990 年的 12.56 万，增加了 35.30%。在人口向大城市集中时，郊区人口就地转移也推动了郊区人口迅速增长。以"六五""七五"期间（1986—1990 年）为例，成都各郊县城镇由 1982 年的 35 个增加到 1990 年的 74 个，城镇人口由 1982 年的 46.6 万增加到 1990 年的 64.6 万，增加了 38.60%[①]。

与之对比的是，重庆直辖前城市化进程相对缓慢。根据重庆 1984 年的人口资料，全市城镇人口共 322 万人，占总人口的 23.3%。其中九区街道城市人口 263 万，占城镇人口的 81.7%；十二县镇人口 59 万，占城镇人口的 18.3%。与 1964 年人口普查数字相比，重庆城镇人口的比重反而下降了 2.51%。主要原因是农村人口的自然增长率高于市、镇自然增长率，同时有些三线建设厂矿原来在市里，后来又迁到郊县，其人口则纳入县人口的统计[②]。到 1996 年直辖前夕，重庆城镇化率达到 29.5%，其城镇化水平低于成都。重庆的高速城市是在直辖以后。其 2000 年的城市化率增加到 35.6%（低于全国 0.62 个百分点），到 2015 年达到 60.9%（高于全国 4.8 个百分点）[③]。

（二）社会生产和生活水平

1978 年到 1997 年的近二十年间，成都的城市化水平一直处于全省首位。由于新中国成立后四川的工业和三线建设核心在重庆，因此，除 1991 年、1992 年、1993 年成渝两地地区生产总值基本持平外，这一阶段重庆的地区生产总值水平一直位列全省第一。1978 年成都的地区生产总值为 35.94 亿元，1997 年增长到 1 007.03 亿元，增长了 27.02 倍。重庆 1978 年

---

① 刘家强. 内陆大城市人口城镇化特征浅析 [J]. 西北人口，1995（2）：22-25.
② 《重庆市经济地理》编辑委员会. 重庆市经济地理 [M]. 重庆：重庆出版社，1987：35.
③ 蒋全会，柳向东. 人口城市化与经济发展相关分析研究：以重庆市为例 [EB/OL]. http://www.paper.edu.cn/releasepaper/content/201511-347：北京：中国科技论文在线 [2015-11-20].

地区生产总值为 46.74 亿元，1997 年增长到 1 509.75 亿元，增长了 31.3 倍，但这一增量包含了永川、万县（现万州区）、涪陵、黔江等 1983 年以后合并到重庆的区县的贡献。据统计，1996 年重庆的地区生产总值为 1 179.09 亿元，但其中属于原重庆市区域的地区生产总值仅为 857.12 亿元，比 1978 年的水平只增长了 17.34 倍。从 1978 年到 1997 年，成都的地区生产总值和工业总产值增长速度均略高于全国平均水平，而重庆这两项指标则低于全国平均水平①。从收入、生活水平看，成都这一时期的快速发展可分为三个阶段：1978 年至 1984 年，城乡居民收入增长较快，且农村快于城镇。1985 年至 1993 年，城镇收入增幅高于农村，城乡居民收入总体快速增长，政治、经济、科技等各领域改革相继展开。1994 年至 1997 年，城乡收入呈波动增长，财政、金融、外汇、医疗、住房等各方面按照社会主义市场经济体制的要求逐步改革②。1978 年以前，重庆城乡居民的恩格尔系数都在 60% 以上，城乡居民生活水平还处于贫困状态；改革开放以来至 1997 年直辖前，恩格尔系数在 50%～60%，居民生活处于温饱状态；1997 年直辖以后到 2002 年，恩格尔系数为 40%～50%，基本达到了小康水平，其中城市居民生活水平始终高于农村居民③。

（三）城市规划、管理和服务

改革开放以后成渝地区加快了城市规划建设的步伐，城市管理水平和服务水平得到综合提升。

首先是改变了郊区行政区划设置。改革开放以后，成渝地区根据生产生活需要，不断对行政区划进行调整，采取了一系列改县设区、改县设市的举措，市域范围不断扩大，城镇数量不断增加，城镇体系逐步完善。1983 年，温江专区与成都市合并，实行市领导县（市带县）体制。成都的行政区域体制转变为城乡合治的一般地域型行政区划体制，行政区域扩大到 5 区 12 县，开始呈现出大城市带大郊区的城市格局。1988 年至 1994 年，灌县、彭县、崇庆、邛崃四县改设为市，成都市域范围内的设市数量

---

① 孙超英. 成渝经济区区域创新体系建设研究 [M]. 成都：西南财经大学出版社，2012：100.

② 四川省人民政府. 改革开放 40 年成都城乡居民收入增长上百倍 [EB/OL]. (2018-05-24) [2022-06-27]. http://www.sc.gov.cn/10462/10464/10465/10595/2018/5/24/10451632.shtml.

③ 赵艳花. 直辖前后重庆城乡居民收入消费的比较分析 [J]. 重庆经济，2007 (12)：26-28.

达到 5 个。到 2002 年，新都、温江两县改为市辖区后，形成了 9 区 4 市 6 县的行政区划格局，以中心城区为核心、中小城市为节点、小城镇为依托的城镇空间初步形成①。而重庆原下辖有 9 区 4 县，1983 年永川地区 8 县被并入了重庆②。1992 年，撤销永川县设立永川市，撤销江津县设立江津市，撤销合川县设立合川市，三市均由重庆市代管。1994 年，重庆继续撤县设区和调整原 7 区行政区域③，1996 年万县、涪陵和黔江地区由重庆代管。1997 年，第八届全国人大五次会议通过了《关于批准设立重庆直辖市的决定》，重庆正式成为直辖市。撤县设区是成渝地区发展的必经过程，有利于提高区域城市化水平，促进区域经济、社会的发展。

其次是提升了城市综合管理、服务水平。随着城市规模的不断扩大，城市基础设施需要不断完善，公共服务水平需要不断提升，城市环境需要不断改善。1985 年 11 月，四川省政府召开城市建设座谈会，会议认为政府部门要集中力量抓好城市规划、公用设施建设和管理、环境综合整治、土地综合开发利用、住房制度改革试点等方面工作④。从 1978 年以来，成渝两城交通、治安、环境等各方面不断完善。例如，为提高市内交通服务水平，1978 年 9 月，成都挂牌成立公共汽车公司小汽车出租站，成都出租车业在 20 世纪 50 年代停办后首次恢复了运营；同月，重庆自 1949 年新中国成立以来的第一家专业出租车公司也正式投入运营⑤。成渝地区的交通大动脉——成渝高速公路于 1990 年 9 月正式开工，全线以成都和重庆两市为两端，途经成都、简阳、资阳、内江、重庆等 14 个市县，全长 340.2 千米，总投资 39.5 亿元，历时五年完成，于 1995 年 9 月 15 日竣工并正式通车。成渝高速公路是国家利用世界银行贷款建成的重点公路项目，是全国"两纵两横"国道主干线上海至成都公路的一段，是四川第一条高速公路，

---

① 戴宾. 改革开放 30 年成都城市化进程的回顾与展望 [J]. 成都发展改革研究，2009 (5)：37-43.

② 包括永川、江津、合川、璧山、荣昌、大足、铜梁、潼南。

③ 撤销江北县、巴县，设立渝北区、巴南区；调整重庆市渝中区、江北区、南岸区、沙坪坝区、九龙坡区、大渡口区、北碚区的行政区域。

④ 中共四川省委全面深化改革领导小组办公室、四川省地方志工作办公室. 四川改革开放 40 周年大记事（上）[M]. 北京：方志出版社，2018：199.

⑤ 中共四川省委全面深化改革领导小组办公室、四川省地方志工作办公室. 四川改革开放 40 周年大记事（上）[M]. 北京：方志出版社，2018：12.

也是全国最早通车的高速公路之一，对成渝地区发展有着十分重大的意义①。为强化城市治安管理，1990 年 9 月，成都市公安局正式开通了 110 报警电话系统，公开全天候为市民提供服务。为改善成渝地区长途通信状况而建设的成巴达渝数字传输电路于 1994 年 10 月全线开通并交付使用，工程建成后极大改善了成都、巴中、达川、重庆地区的通信设施状况，增强了上述地区室内程控交换和长途通信能力。为改善城市面貌，营造舒适宜居的城市环境，成都市区环境综合整治的重大工程——府南河综合整治工程于 1993 年启动。该工程历时 5 年，总投资 27 亿元，完成了河道整治、治污、道路管网、安居、绿化和文化等六大子工程，显著改善了市民的居住环境和成都的城市面貌。1998 年 11 月，府南河综合整治工程获联合国颁发的"世界人居奖"。

（四）对外开放水平

新中国成立以来，成渝地区一直被视为战略大后方，由于地处西南内陆，自古以来较沿海地区更为封闭。改革开放以前，成都市的国际合作项目少之又少，对外开放水平低下，基本还处于封闭状态。计划经济体制下，地方保护主义较为严重，经济活动以行政区管辖为准，各自为政，极大地阻碍了跨行政区域的交流合作。改革开放以后，中国同国际社会的关系逐步改善，对外贸易逐步加强，政策、法规、制度不断完善，成都市的对外贸易开始启动。1985 年，成都引进了首家外商投资企业。1992 年南方谈话以后，成都允许外商进入金融、保险、法律等行业，并逐步开放房地产、宾馆、信息咨询等行业。成都成为我国对外开放的十一个内陆省会城市之一，外商投资也迎来高速增长。从 1992 年到 1997 年，外商投资领域进一步拓宽。来自美国、日本、欧洲和中国台湾地区的资金不断涌入成都，成都的对外开放规模空前扩大，极大地带动了成都经济社会的发展。1993 年，成都双流机场被正式批准为国际机场；1995 年 11 月，该机场更名为"成都双流国际机场"并正式挂牌。

重庆是我国对外开放较早的城市之一，地处长江黄金水道上游，早在 1890 年就被开辟为通商口岸，历史上一直是西南地区对外开放的口岸。随

---

① 中共四川省委全面深化改革领导小组办公室、四川省地方志工作办公室. 四川改革开放 40 周年大记事（上）[M]. 北京：方志出版社，2018：319.

着改革开放拉开帷幕,重庆对外开放的步伐开始加快。1979 年改革开放伊始,国务院便批准设立中华人民共和国重庆海关;同月,四川省重庆港正式开港;10 月,重庆海关成都分关正式设立(1985 年改为成都海关,由海关总署垂直领导)①。1979 年 1 月,重庆轮船公司派 30 多艘拖轮和驳轮投入重庆至上海的航线运输,宜宾泸州等地船只相继出川,打破了长江江区分割的局面②。1983 年,中共中央、国务院正式批准重庆成为经济体制综合改革试点城市,重庆进行了企业联合改组、军工和民用生产相结合、港口统一管理等一系列对内改革。同时重庆也扩大了对外开放力度,重庆从 1983 年开始有了外贸直接出口权限,当年出口额便达到 2 844 万元,出口额随着开放加大而逐年大幅度增长。到 1987 年,重庆外贸出口达到 2.23 亿美元,产品销往 100 多个国家和地区。1992 年南方谈话以后,重庆成为沿江开放城市。除水路运输港口外,重庆还致力于打造内陆航空枢纽。1985 年 11 月 30 日,作为西南地区三大航空枢纽之一的重庆江北机场正式动工,一期工程设计吞吐量达到 100 万人;1989 年 4 月 12 日,邓小平为其题写"重庆机场"四个大字;1990 年 1 月,机场正式建成通航;1993 年,重庆机场成为中国十大机场之一;1995 年,机场正式批准对外籍飞机开放;1998 年,机场更名为"重庆江北国际机场"。

二、农工商业发展迅速

成渝地区在改革开放初期的城市化无疑是工业发展带来的,而其商品经济的发展加剧了农村剩余劳动力向城市的流动。因此可以说,工业、农业、商业作为城市化的根本动力、初始动力和直接动力,整体推动了成渝地区的城市化进程和经济社会发展。从 1978 年到 1997 年,成渝地区的农工商业经历了从计划经济向市场经济的转型,产业规模不断扩大,尤其是成都的非国有经济快速崛起。这一阶段,成都的工业总产值增速高于重庆、四川乃至全国同期水平,成渝地区及四川全省农工商业以省会成都为中心总体蓬勃发展。

---

① 中共四川省委全面深化改革领导小组办公室、四川省地方志工作办公室. 四川改革开放40 周年大记事(上)[M]. 北京:方志出版社,2018:68.

② 中共四川省委全面深化改革领导小组办公室、四川省地方志工作办公室. 四川改革开放40 周年大记事(上)[M]. 北京:方志出版社,2018:21.

（一）农业

1978 年，成都温江地区农村普遍实行"包产到组、联产到组"的生产责任制。虽然党的十一届三中全会通过的《中共中央关于加快农业发展若干问题的决定（草案）》依然没有允许"包产到户"，但作出了扩大生产队自主权的决定。1979 年，党的十一届四中全会将"两个不许"改为"一个不许、一个不要"，给农村经济体制改革松绑，这使当时农村改革环境宽松起来，改革步伐明显加快，市域内农业生产开始尝试多种形式的责任制。到 1983 年，全市 99.9% 的生产队实行了以家庭经营为主的联产承包责任制。翌年，全市大田作业也全部实行了家庭联产承包责任制，人民公社体制也同步进行改革。从 1979 年到 1984 年年底，成都全面实现了人民公社管理体制的变革，成都地区率先在全省实行各项农村改革。1996 年以后，成都展开了以产权制度为核心的乡镇企业改革，乡镇企业在专业化、规范化、规模化等方面有了极大的提升[①]。1979 年至 1985 年，以成都为首的四川农村改革极大激发了农村的生产积极性，使农民生活水平显著提高，农村人口贫困状况得到较为彻底的改变。全省绝对贫困发生率降至22.8%，比 1978 年减少了 16.4 个百分点；全省农村绝对贫困人口减至 1 509 万人，比 1978 年减少 1 091 万人。1986 年至 1993 年，四川省委、省政府在全省范围开展大规模扶贫开发工作，确立了开发式扶贫方针，全省农村绝对贫困人口减至 877 万人，绝对贫困发生率降至 12.7%[②]。

（二）工业

改革开放以来，成渝地区工业大步向前迈进，规模总量连上新台阶，制造业的综合实力和产业影响力显著提升。1978 年至 1997 年属于改革开放后成渝地区的工业化初期阶段，工业发展是推动成渝地区经济社会发展的主要力量。"一五"（1953—1957 年）、"二五"（1958—1962 年）和三线建设（1964—1978 年）时期为改革开放后四川工业的体系化发展打下了基础，成渝地区成为全国工业实力比较雄厚、工业体系比较完备的地区。1978 年，工业占成都地区生产总值比重在 40% 以上，一、二、三产业比重

---

① 阎星. 70 年成都发展之路 [M]. 成都：四川人民出版社，2019：44.
② 中共四川省委农村工作委员会. 四川农村改革 40 年回眸 [M]. 四川日报，2018-10-30（05）.

为 37.8：47.2：21.0，第一产业比重过大，第三产业比重过小。改革开放之初，成都工业基础弱于重庆，但随着改革开放的深入，其工业化进程较明显地快于重庆，工业总产值增速略高于全国水平，但与沿海发达城市相比仍然滞后，与中部城市武汉也存在差距。改革开放后成都地区工业结构也有所变化，在国家对轻工业"六优先"政策的引导和扶持下，食品、纺织、民用电子、造纸等行业因获得重点投资而加快发展。1978 年至 2000 年，成都轻工业占地区生产总值的比重除了在 1982 年至 1992 年有所回落外，总体有所增长，轻工业产值平均增速快于重工业平均增速，对改革开放前以重工业为中心的工业结构起到了很大的优化作用，解决了长期推行重工业战略而导致的轻重工业比例失调问题①，与重庆以重工业为主的工业生产形成了互补。此外，20 世纪 80 年代以后，成都的乡镇企业和"三资"企业从无到有地迅速发展，打破了国有企业一家独大的格局。

重庆一直是国内的工业重镇，重庆工业自新中国成立到"一五""二五"三线建设时期，得到了国家大量投资和政策扶持，具有相当雄厚的实力，是四川省乃至西南地区的工业中心。1949 年至 1964 年，重庆工业稳步崛起。"一五""二五"期间，国家在重庆组建了重庆电器、重庆仪表等大批工业制造企业，重庆工业企业数量从新中国成立之初的两千余家发展到 4 700 家，初步形成了以汽车配件、仪器仪表等为主体的制造业体系。1964 年至 1978 年，国家开展的三线建设使重庆工业再次受益，转移到重庆的项目就有 200 多个，西南铝业、西南合成制药等大型企业都是在此期间来渝落户的，同时重庆也成为全国重要的民用医药、化工、机械、兵器等的生产基地。改革开放后的 1980 年至 1996 年，重庆持续稳步推进工业改革，经历了计划经济向市场经济的转型，形成了以重工业为主的工业体系。新中国成立以来落户重庆的军工企业为探索适应市场发展的新出路，在全国首开"军转民"的先河，如长安汽车、嘉陵摩托、建设摩托等企业就是在这一时期走向市场化而得到快速发展的。1997 年以后，受直辖利好的推动，重庆工业进入了跨越式发展的"快车道"，实现了腾飞。新中国成立以来，重庆工业不断变革，改革开放前在三线建设中积累了扎实的重工业基础，改革开放后经历了重构体系、变革转型和全面发展的阶段，实

---

① 阎星. 改革开放 30 年成都经济发展道路 [M]. 成都：四川人民出版社，2009：60.

现了由小到大、由弱到强的腾飞①。可见，成渝地区始终是西南地区工业和经济发展的重要增长极。

（三）商业

根据四川省政府于 1991 年 10 月发布的《关于搞活商品流通培育市场体系的决定》（2002 年 7 月废止），成渝地区加快了各类商品批发市场、生产资料市场和集贸市场的建设，通过培育开放、通畅、高效、可调控的社会主义市场体系，进一步搞活国营企业、供销社和物资企业。1978 年，成都第三产业占地区生产总值比重仅 21.0%。为适应计划经济向市场经济转型的发展需要，20 世纪 80 年代至 90 年代，成都将经济发展的重点放在发展促进生产和生活的第三产业以及带动地方经济和科技进步的新兴产业上；90 年代后，成都第一产业比重显著下降，第三产业比重显著上升，第三产业逐渐超过第二产业成为成都经济发展的第一大产业，在打破计划经济时期的供销体制后，成都的商业迅速繁荣起来。1992 年 9 月，春熙路夜市首次开张，包括台商在内的大小商家纷纷前来，春熙路也为入驻的商家提供了相当高的商业利润，初次体现出其巨大的商业价值。

1984 年 1 月 10 日，全国首创的贸易中心——重庆工业品贸易中心正式开业，该中心拥有 7 层共 1 万平方米的交易大楼，设有两个展厅，展销全国各地工业品 3 万余种，施行"地不分南北，人不分公私"的自由购销批发市场模式，探索建立多家买、多家卖的批发模式，无论数量级别、地区远近均可自由购销，对改革商品流通渠道作出了有益尝试②。改革开放前，重庆的人民解放纪念碑（简称"解放碑"）附近人流量和车流量都不大，解放碑碑体被圆形花坛环绕，花坛仅起着环道转盘的作用。改革开放以后，解放碑成为重庆最大的商业街区，围绕解放碑修建的商业大厦如雨后春笋般矗立起来，形成了以解放碑为中心的都市商业圈。1997 年，为庆祝重庆直辖，重庆市和解放碑所在的渝中区政府投资 3 000 万元，以解放碑为中心，将附近的大十字地区（包括民族路、民权路和邹容路）共 2.24 万平方米土地改造成中国西部第一条商业步行街，命名为"解放碑中心购

---

① 郭晓静，夏元. 重庆经济凭什么继续高速发展？答案来了[EB/OL]. (2019-09-17) [2020-03-01]. https://new.qq.com/omn/20190917/20190917A046DE00.html.

② 中共四川省委全面深化改革领导小组办公室，四川省地方志工作办公室. 四川改革开放40周年大记事（上）[M]. 北京：方志出版社，2018：150-151.

物广场"①。解放碑是重庆商业发展的象征,见证了重庆改革开放的伟大历程。

(四) 金融

成渝地区是改革开放后最早推行经济转轨的地区之一,也是全国最早设立金融市场的地区之一。建成于 1979 年 1 月的遂宁小白塔电站实施发放股票、按股分红的建设模式,在全国小水电系统开了先河。1980 年,中国人民保险公司重庆公司恢复设立,重庆市的保险业重新开始发展,当年保费收入为 413 万元。同年,成都市工业展销信托股份公司作为最早规范的股份制的企业。1988 年,经中国人民银行总行批准,重庆有价证券公司宣告成立,它是我国首批全国性专业证券公司之一的西南证券的前身,初期主要开展债券交易业务。1990 年年底,上海证券交易所、深圳证券交易所相继成立,股票交易开始进入公众的视野,中国股市真正起步,成渝地区也开始培育既具有中国特色又与国际资本市场接轨的新兴证券市场。1991年 12 月 26 日,中国人民银行四川省分行组建的全国第一家证券交易中心——四川金融市场证券交易中心在成都红庙子街 60 号挂牌成立,以成都市红庙子街为中心,形成了全国首个规模最大、影响最广的证券交易市场。中心交易的证券包括国债、金融债、企业债、记名企业债等 20 余种,开业当天共成交 1.76 万手,成交额达到 1 927 万元。乘着金融改革的东风,重庆有价证券也开始转型升级,上海万国证券重庆营业部、中国人民保险公司重庆市分公司阳光证券营业部等最早一批券商营业部争相成立。1992 年5 月,重庆市委、市政府选定西南药业、重庆钛白粉厂(渝钛白)、重庆房屋开发公司(渝开发)为试点上市企业(俗称"老三家")。同时,重庆有价证券开拓投资银行新业务,作为主承销商主持制定了以股票认购证方式发行 A 股的方案,向社会公开发行"老三家"股票7 120万股,它们一天之内就被认购一空②。1993 年 2 月,深圳证券登记有限公司同意四川金融市场证券交易中心代理证券登记业务,该中心为四川地区唯一代理深圳

---

① 微渝中. 从水泥马路到"十字金街",解放碑步行街见证改革开放 40 年渝中发展之变[EB/OL].(2018-11-28)[2019-05-15].https://www.cqcb.com/county/yuzhongqu/yuzhangquxinwen/2018-11-28/1268894_pc.html.

② 毛莹. 当年重庆人炒"老三家"比今天股市还火[EB/OL].(2015-04-23)[2019-07-15].https://www.sohu.com/a/12049135_111230.

证交所上市证券的开户、过户登记、分红派息等业务的证券登记机构，成为全国 54 家代理证券登记的机构之一①。1993 年 4 月开业的重庆生产资料交易所是中国西部第一家期货交易所，开业之初就吸引了国内 50 余家大中型企业加盟，交易所的 50 个交易席位按照国际惯例执行交易，均配有电脑终端和长途直拨电话等设备。1993 年 6 月，重庆"老三家"同时在沪深两市上市交易，彻底激发了市民的投资热情。

（五）交通

成渝地区的许多交通运输基础设施始建于三线建设时期。为了服务大量搬迁到西南地区的三线企业，成渝地区新建或扩建了不少大型交通运输项目，这些项目成为改革开放后成渝地区交通运输业发展的基础。备受瞩目的川黔和襄渝铁路作为三线建设时期的重要交通运输项目，连接了四川与贵州、湖北两省的交通枢纽城市，为在川企业的原材料供给、产品运输等提供了基础设施保障，客观上为成渝地区以后的对外开放开辟了重要门户，也奠定了重庆市在四川、长江上游乃至西南地区交通枢纽的地位②。1978 年 6 月 1 日，襄渝铁路分段验收合格，正式交付使用。襄渝铁路东接汉丹铁路，中经阳安铁路与宝成铁路相通，西与成渝、川黔铁路及长江相连，全长共 916 千米，是连接西南和中南地区的交通大干线，具有重要的政治、经济和战略意义③，襄渝铁路的建成通车从根本上改变了成渝地区交通闭塞的状况。重庆还是西南地区水路运输的港口城市。为了规范长江航道管理，1984 年 3 月，按照"港航分管，政企分开"的改革原则，重庆长江轮船公司宣告成立，其前身是已撤销的长江航运重庆分局。4 月，胡耀邦、胡启立、李鹏等中央领导人对川船出川遇到的加油、引水、过闸、绞滩"四难"问题作出重要批示，交通部和湖北省迅速处理，顺利解决了

① 中共四川省委全面深化改革领导小组办公室，四川省地方志工作办公室. 四川改革开放 40 周年大记事（上）[M]. 北京：方志出版社，2018：353.

② 三线建设首先从修建铁路开始。1964 年 8 月，中共中央、国务院决定加快成昆铁路、川黔铁路和贵昆铁路建设，并同时安排了湘黔铁路和襄渝铁路的建设。通过这 5 条铁路建设，川、黔、滇 3 省铁路联成一体，并形成川、黔、滇、鄂、湘 5 省的铁路运输网。加上已经建成通车的成渝、宝成和黔桂铁路，使整个西南地区与华中地区有了湘黔和襄渝两条通道，与西北和华南地区之间也各有了一条通道，即宝成和黔桂铁路。

③ 中共四川省委全面深化改革领导小组办公室，四川省地方志工作办公室. 四川改革开放 40 周年大记事（上）[M]. 北京：方志出版社，2018：9.

川船出川难的问题①。改革开放初期，重庆在桥梁建设方面成绩显著。1981 年 1 月 26 日，经过为期三年多的建设，重庆长江大桥建成通车，建成后的重庆长江大桥极大地改善了重庆主城区的交通状况，揭开了重庆桥梁发展史上的新篇章。在公路运输方面，1990 年 9 月正式开工的成渝高速公路是四川省第一条高速公路，也是全国最早通车的高速公路之一，对成渝地区发展有着十分重大的意义。

三、教科文卫逐步恢复

改革开放之初，教科文卫事业开始逐步恢复，成都是四川的政治和文化中心。1983 年，邓小平同志提出教育事业的"三个面向"，为全国教育事业指明了发展方向，也为成渝地区教育界解放思想、深化改革作出了战略性指导。成渝地区是改革开放后进行科技体制改革、推动科技引领经济建设的排头兵，先后实施了搞活科研机构、放活科技人员、技术市场商品化等一系列重大改革举措，大大激发了科技战线的创新和创业活力。成渝地区在文化体制改革方面作出了多种有益尝试，两地文化市场和文化产业在国家政策的支持下逐步建立并走向繁荣。改革开放后成渝地区卫生事业建设进入新的历史时期，开始探索医药卫生的现代化之路。

（一）教育

1978 年以后，成渝地区教育界通过解放思想、拨乱反正，为继续开展教育教学的恢复工作扫清了思想和行政障碍，开创了安定团结的教育事业发展新局面，为继续深化教育改革与发展打下了基础。1978 年 4 月，四川省委提出从多个方面整顿教育系统，落实知识分子政策，开展为冤假错案平反的工作；解决教师归队的问题，并恢复对教师职称的评定；撤销高校革委会，开始推行校长分工责任制②。6 月 14 日，省委召开全省教育工作会议，以邓小平同志在全国教育工作会议上的讲话为指导，集中批判了严

---

① 中共四川省委全面深化改革领导小组办公室，四川省地方志工作办公室. 四川改革开放 40 周年大记事（上）［M］. 北京：方志出版社，2018：157.

② 中共四川省委全面深化改革领导小组办公室，四川省地方志工作办公室. 四川改革开放 40 周年大记事（上）［M］. 北京：方志出版社，2018：7-8.

重挫伤教育工作者积极性的"两个估计"之说，并就如何发展四川教育进行了讨论①。为了更加合理地配置教育资源和调整教育结构，成都撤销了46所"抗大"小学，适当放慢普通中学的发展速度，恢复了重点中、小学。1978年，成都确定重点中学25所，重点小学19所。至1982年，全市中学数量由1977年的884所减少到613所②。"七五"（1986—1990年）结束时，四川全省普通中学在校学生数289.2万人，小学在校学生数687.3万人。"八五"（1991—1995年）结束时，全省普通中学在校学生数270.5万人，小学在校学生数735万人。

高等教育方面，党的十一届三中全会召开前后，成渝地区恢复和增加了一大批经国务院批准办学的高校，两地高等教育改革迎来良好的发展机遇。1978年4月，成都气象学校批准升格为本科院校，更名为成都气象学院③。同月，教育部决定在成都大学保留的职工和部分校舍基础上恢复四川财经学院的办学，设置政治经济学系、统计系、会计系、财政系和工业经济系。1985年，四川财经学院更名为西南财经大学④。1979年1月，经国务院批准、教育部同意，成渝地区又增设或恢复了重庆交通学院、四川省畜牧兽医学院、内江师范专科学校、江津师范专科学校、万县师范专科学校等一批普通高等院校，它们成为后来重庆交通大学、西南大学荣昌校区、内江师范学院、重庆文理学院、重庆三峡学院等高等院校的前身⑤。1983年8月，四川省委党校开办了"文化大革命"结束后的第一期正规学历班。1986年9月1日，省委党校第一期研究生班开学，招收哲学和政治经济学两个专业的研究生。1990年，省委党校率先开设了马克思主义哲学专业的硕士学位授予点，成为全国首批拥有硕士学位授予权的省级党校之一。1997年5月，《电子科技大学"211工程"建设项目可行性研究报告》经过国家教委组建的专家组的考察论证获得审核通过，电子科技大学正式成为全国首批"211工程"建设的27所重点大学之一，成为西南地区第一所进入"211工程"的高等院校。

---

① 中共四川省委全面深化改革领导小组办公室，四川省地方志工作办公室. 四川改革开放40周年大记事（上）[M]. 北京：方志出版社，2018：10.

② 阎星. 70年成都发展之路 [M]. 成都：四川人民出版社，2019：177.

③ 2000年9月更名为成都信息工程学院，由中国气象局划转四川省主管，2015年4月更名为成都信息工程大学。

④ 中共四川省委全面深化改革领导小组办公室，四川省地方志工作办公室. 四川改革开放40周年大记事（上）[M]. 北京：方志出版社，2018：8.

⑤ 中共四川省委全面深化改革领导小组办公室，四川省地方志工作办公室. 四川改革开放40周年大记事（上）[M]. 北京：方志出版社，2018：20.

（二）科技

1978 年以后，四川一些有影响的科研机构纷纷开始成立、恢复或改组。1978 年 3 月成立的中国科学院成都分院，其前身是 1958 年 11 月成立的中国科学院四川分院，1962 年 7 月更名为中国科学院西南分院。1970 年 7 月西南分院被撤销，其所辖的在川 6 个科研机构下放给四川省管理。中国科学院成都分院由下放给四川的研究机构及 1975 年划归给中国科学院的光电技术研究所组成①，1978 年重建并改名为中国科学院成都分院。1978 年 7 月，在成都召开的四川省科学大会对全国科学大会的精神进行了宣讲，讨论了《四川省科学技术八年（1978—1985）规划草案》，动员全省向科学技术现代化进军，并表彰了科技战线上的 598 个先进集体、307 个先进个人和 2 261 项优秀科研成果②。在哲学社会科学方面，四川省社会科学研究院作为集科研、教育、咨询服务于一体的哲学社会科学研究机构，是省内重要的社会科学领域的研究力量。四川省社会科学研究院成立于 1978 年 6 月，是由 1958 年成立的中国科学院四川分院哲学社会科学研究所与中共四川省委政策研究室合并组建而成，1983 年更名为四川省社会科学院。1979 年 6 月，四川省哲学社会科学规划会议在成都召开，会议成立了四川省哲学学会、四川省历史学会、四川省经济学会三个省级学会，这次会议有省委党校、省级有关部门、各大高校、新闻界、出版界等 230 余人出席。

改革开放后，成渝地区在科学研究、工程技术领域的成就令人瞩目，在核工业和核技术、水利工程技术等方面取得了重大突破。1980 年 12 月，中国最大的一座原子能反应堆在西南反应堆工程研究设计院建成，并投入满功率运行。20 世纪 80 年代以后，对成渝地区丰富的水利资源的开发利用受到极大重视。1980 年 12 月到 1981 年 1 月，由中国科学院成都分院牵头，成都地理研究所、遥感应用研究所、云南省地理研究所、上海技术物理研究所等科研单位配合，对雅砻江二滩渡口和锦屏地区进行了航空遥感飞行试验，获得了大量的实验数据和遥感影像，为二滩水电站工程在 1991 年顺利开工积累了前期科研数据，提供了科学依据。1998 年 7 月，二滩水

---

① 中共四川省委全面深化改革领导小组办公室，四川省地方志工作办公室. 四川改革开放 40 周年大记事（上）[M]. 北京：方志出版社，2018：6.

② 中共四川省委全面深化改革领导小组办公室，四川省地方志工作办公室. 四川改革开放 40 周年大记事（上）[M]. 北京：方志出版社，2018：11.

电站第一台机组开始发电；2000 年，二滩水电站工程全面完工，这是我国在 20 世纪建成投产的最大电站。1994 年 12 月 14 日，世界上规模最大的水利水电枢纽工程——长江三峡水利枢纽工程（以下简称"三峡工程"）正式开工。该工程也是中国有史以来建设的最大规模的工程项目。工程于 1997 年 11 月 8 日实现上游左右围堰的合龙和大江截流。2006 年，大坝施工建设宣告完成。2012 年 5 月，总工期长达 18 年的三峡工程完成了 32 台发电机组装机，工程全面竣工。成渝地区的许多地方为三峡工程的顺利建成作出了巨大贡献。

三线建设时期，国家曾在成渝地区布局了大规模的国防、科技、工业和交通的科研单位。改革开放前后，国际国内形势发生了重大变化，三线企业和科研单位在摆脱困境、适应国家战略转型的新发展要求下，积极探索国防科研军转民之路，实施科技引领的技术转型，成为改革开放后进军科技领域的重要初始力量。1983 年 12 月，三线建设调整改造规划办公室在成都成立，负责按照国务院要求对三线建设单位进行调整改造。三线企业在成都高新技术开发区、绵阳科技城等国家或省级高新技术开发区建设中发挥了重要作用。20 世纪 90 年代以后，四川省大力实施"人才强省"和"科教兴川"战略，科技取得全面进步。成都高新区、中国（绵阳）科技城、德阳重装基地等一大批高新技术产业园区、科技孵化基地、农业科技园区、大学科技园区如雨后春笋般相继成立，进一步加大科技进步对区域经济的带动作用。1994 年 3 月，在成都举行的四川省科技大会确定了 20 世纪 90 年代四川科技工作的主要任务，提出科学技术要为经济发展提供强有力支撑，到 20 世纪末科技进步在国民经济增长中的贡献率要由 30% 提高到 50% 以上，重大科研成果增长一倍以上，其中 50% 要达到国内或国际先进水平。

（三）文体

改革开放后，党中央首次提出了关于发展文化市场和文化产业的战略，文化建设和发展的理念发生了重要转变，成渝地区在文化体制改革方面作出了多种有益尝试，两地文化市场和文化产业在国家政策的支持下逐步建立并走向繁荣。党的十一届三中全会召开不久，成渝地区一批有影响的文艺刊物相继复刊或创刊。如 1979 年 1 月，《四川文艺》更名为"四川文学"并宣告复刊；随后的一年时间内，《红岩》《星星》《科学文艺》

《戏剧与电影》等刊物纷纷创刊或复刊，四川文艺创作事业开始有了起色。改革开放后的二十年间，成渝地区的文艺界经过不断探索和转型，创作出一大批高质量的文艺作品，一些优秀作品在全国范围内引起了轰动。农民作家周克芹的长篇小说《许茂和他的女儿们》获得了首届茅盾文学奖。该书以1975年冬天在四川农村开展的整顿工作为背景，描写了老农许茂和他几个女儿悲欢离合的故事，反映了十年动乱给农民带来的灾难及农民的抗争和追求。1980年12月，当时就读于四川美术学院的罗中立完成了他以大巴山区生活的农民为题材的油画《父亲》，该作品的丰富内涵引起了文艺界的持续关注，在美术界引发了一次大讨论。该作品荣获第二届中国青年美术展一等奖，被誉为20世纪80年代中国画坛的一面旗帜。

改革开放以来，成渝地区在群众文体、文博、文旅等领域的改革和创新取得了瞩目的成就。改革开放初期是成渝地区文化传媒事业快速发展的时期。1971年4月，筹建于1958年的成都电视台划归四川省管辖，成为四川电视台的前身；1978年8月1日，四川电视台正式建台，是全国最早成立的四家电视台之一①。1979年2月，四川省广播事业局接待了应中央广播事业局邀请来川访问的日本广播协会技术专家代表团，就发展四川广播电视业务进行了座谈②。作为文化传媒重要分支的广播电视行业，在改革开放之初就受到了应有的重视。同时，广播电视教育也一并开展起来，极大满足了人民群众的精神文化和教育需求。随着高校教育的不断发展，大学生文化活动也蓬勃发展起来，1994开始举办的四川省大学生艺术节每三年举办一届，选取不同的文化主题，将各高校遴选的节目和艺术作品汇集以后进行公开评比和展演。从"五五"计划结束（1980年）到"八五"计划结束（1995年），全省公共图书馆由71个增加到123个，博物馆由11个增加到42个。改革开放以后，四川省体育事业发展速度大大加快，取得了可喜成就。在竞技体育方面，1984年以来，四川的运动员在国际、国内赛场屡创佳绩，四川体育综合实力位列西部第一。在群众体育方面，四川的体育文化建设走在全国前列，开创了全国体育文化主题活动先河，四川在全民健身文化推广、青少年运动员培养、体育史志编修、对外体育文化

---

① 中共四川省委全面深化改革领导小组办公室，四川省地方志工作办公室. 四川改革开放40周年大记事（上）[M]. 北京：方志出版社，2018：11.

② 中共四川省委全面深化改革领导小组办公室，四川省地方志工作办公室. 四川改革开放40周年大记事（上）[M]. 北京：方志出版社，2018：23.

交流等方面均走在全国前列①。1984 年，代表四川体育事业迅猛发展的标志性建筑——四川省体育馆开工建设。该体育馆位于成都市人民南路，占地 4 万平方米，主馆有 2.4 万平方米，可容纳观众近万人，电子设备、消防设施一应俱全，功能设计齐全，可举办篮球、排球、网球、乒乓球、体操、举重等各项赛事。该馆于 1988 年 5 月正式落成，是当时西南地区最先进的体育馆②。

（四）卫生健康

改革开放前，我国卫生健康机构长期面临经费不足、亏损严重等问题。党的十一届三中全会以后，全国卫生健康事业在坚持社会主义福利性质的同时，开始探索市场化的新路子，以解决长期困扰我国卫生健康事业发展的难点问题，这一时期是我国开启医药卫生现代化建设的初期。成渝地区在这一时期顺应全国医药卫生体系发展的大趋势，立足建设中国特色医疗保障和卫生监督、服务体系，取得了一系列创新性成就。1980 年 2 月 26 日召开的四川省卫生工作会议，根据卫生部提出的在全国整顿建设 1/3 的县卫生健康机构，研究在全省试点县卫生健康事业建设的问题，会议审定的首批试点县中有不少属于成渝地区③。四川是全国中医药大省，拥有得天独厚的中医药资源，成渝地区出产的中药材丰富多样，成都平原及周边丘陵地区和川东平行岭谷与丘陵地区盛产芍药、杜仲、川芎、麦冬、丹参、蜀椒、半夏、黄连、黄柏、乌梅等各种药材，中医药在四川卫生健康事业中发挥着举足轻重的作用。1984 年，四川省委、省政府出台《关于振兴四川中医事业的决定》，积极推动四川省中医药事业发展，被卫生部授予"振兴中医事业的先声"锦旗。1987 年，四川省中医药管理局挂牌成立④。四川省委高度重视群众卫生健康和农村卫生健康事业建设，1991 年，开始派出省级医疗单位对农村卫生健康事业建设进行支援。同年，在全国

①　佚名. 壮丽七十年四川体育为祖国增光添彩 [EB/OL]. (2019-12-24) [2020-01-02]. https://baijiahao.baidu.com/s？id=1653780790061403046&wfr=spider&for=pc.

②　中共四川省委全面深化改革领导小组办公室，四川省地方志工作办公室. 四川改革开放 40 周年大记事（上）[M]. 北京：方志出版社，2018：175.

③　中共四川省委全面深化改革领导小组办公室，四川省地方志工作办公室. 四川改革开放 40 周年大记事（上）[M]. 北京：方志出版社，2018：54.

④　佚名. 四川卫生健康事业 40 年改革发展成就综述 [EB/OL]. (2018-12-17) [2020-01-05]. https://www.sohu.com/a/282341170_99966042.

亿万农民健身活动首批先进乡镇表彰大会上，成都市成华区保和乡、三台县灵兴乡、大足县石河乡、沐川县武圣乡荣获先进乡镇称号①。从"六五"开始到"八五"结束，全省卫生机构床位数由 14.5 万张增加到 19.2 万张。

四、成渝合作雏形初现

四川是全国最早进行农村改革和企业改革的地区之一，而重庆又是全国的老工业基地，早在抗日战争期间，就聚集了许多骨干工业企业。新中国成立以后，中央开展的三线建设将重点放在了西部地区，重庆从中受益而成为西部地区最重要的工业城市。改革开放以后，成渝地区很多企业开始进行扩大自主权的改革（扩权改革），试图突破高度集中的原有经济制度，使企业与市场在磨合之中共同发展。发展社会主义市场经济，无疑对企业的自主程度提出了更高的要求，然而大型国有企业的改革与农村改革和一般企业改革不同，对城市发展依赖程度很高，是牵一发动全身的改革，要求所在城市对基础设施、交通运输体系、城市服务体系进行综合改革。经过了无数烦琐而审慎的调研、协商、讨论，克服了层层阻力，1983年，国家批准重庆进行经济体制综合改革试点。1984 年重庆成为计划单列城市，为后来重庆的直辖以及成渝两地分治以后的正式合作奠定了基础。

（一）工业重镇试点改革

1997 年直辖以前，重庆作为四川地区出川的门户城市，拥有比西南腹地更加显著的区位优势，它背靠大西南腹地，东临中部地区，长江与嘉陵江穿城而过，于朝天门港口交会，奔腾东流。重庆是抗日战争时期的陪都，新中国成立之初是西南大区唯一的直辖市，历史上一直是长江上游的经济中心，是全国屈指可数的强工业基础城市。早在抗日战争期间，重庆就集中了中国的主要骨干工业企业。新中国成立以后，党中央开展大规模的三线建设，在"大三线"投资的 1 200 多个亿的三分之一在四川，而给四川的大部分投资又放在了重庆，当时重庆拥有的军工设备占全国总数的

---

① 中共四川省委全面深化改革领导小组办公室，四川省地方志工作办公室. 四川改革开放 40 周年大记事（上）[M]. 北京：方志出版社，2018：333.

37.5%，经过不断发展拥有了比较齐全的工业门类和在当时条件下极强的产能，是四川省工业产能和总产值最高的地区①。到 1980 年前后，重庆工业固定资产在全国大城市中位居第五，工业总产值位居第七，经济总量比十余个省份还多②。1978 年，邓小平同志视察四川时指出，重庆可以计划单列。1980 年 8 月，经国务院批准，成立了重庆海关，随后，四川省外贸运输港口正式开港通航，重庆成为四川省对外贸易的港口，正式成为开放城市。

成渝地区是在全国改革开放起步最早的地区之一。党的十一届三中全会召开后，成渝地区就率先开展农村扩大自主生产权的改革和企业扩大自主经营权的改革，是全国改革的排头兵。重庆当时集中了全国众多大中型企业，这些企业的发展高度依托城市的基础设施、交通运输体系、城市服务体系等多方面。企业改革特别是大中型企业改革不同于农村改革，是牵一发而动全身的事业，要求所在城市同时进行综合性改革。综合上述诸多因素，经过从中央到地方头绪纷繁的前期调研和准备工作，1983 年 2 月 8 日，国务院正式批准在重庆进行经济体制综合改革试点，重庆成为改革开放后全国第一个进行城市，也是唯一一个由中共中央、国务院批准进行综合改革试点的大城市。1983 年 4 月 4 日，国务院办公厅发出《转发四川省政府转报的关于贯彻落实中央指示搞好重庆市综合改革试点报告的通知》，就重庆市综合改革试点的几项重要工作任务作了规定。在重庆市进行经济体制综合改革试点是中国改革重点从农村转向城市的初期中央采取的一项重大战略决策③。不久，武汉等重点城市也陆续进入全国七大经济体制综合改革试点城市的行列，而重庆由于率先开展经济体制综合改革试点，受到了党中央和国务院的特别重视，是 20 世纪 80 年代中国试点城市和计划单列城市的先锋和典范。

重庆综合改革试点的推行并非一帆风顺。1979 年，时任国家社科院财贸所所长的刘明夫受刚刚成立的中央财经委员会派遣，率四川调查组到重庆进行调研。当时，重庆有不少企业在搞扩权改革，刘明夫一行在重庆认

---

① 廖伯康.关于重庆经济体制综合改革试点的回忆 [M]//徐塞声，艾新.重庆改革开放口述史.北京：中共党史出版社，2018：4.

② 陈之惠，马述林.重庆计划单列的那些年：改革开放初期国家计委运作的一项重大改革 [N].中国经济导报，2013-06-20（B01）.

③ 中共四川省委全面深化改革领导小组办公室，四川省地方志工作办公室.四川改革开放 40 周年大记事（上）[M].北京：方志出版社，2018：127.

真调研后发现，虽然重庆当时是全国举足轻重的城市之一，工业总产值位居全国前列，但重庆的经济活动却经常受到各种因素掣肘，无法发挥作为大城市对周边地区的带动作用。令刘明夫一行感到吃惊的还有当时重庆市政建设的落后，"菜园坝火车站又脏又乱，全市还有四五百万平米的抗日战争房，还在用晚清的机器，财政收入一年不足 10 个亿，向省里交 6 个亿后，每年手头剩不了多少钱，维持简单再生产都捉襟见肘，基本上不能搞技术改造，很难扩大生产规模"①。听了时任重庆市委书记廖伯康的介绍，刘明夫十分感慨，他说："国际上都知道重庆是大工业城市，哪知道在体制内重庆被局限于一个较小的范围，只是四川省的一个地区，本质上与万县地区、涪陵地区没有区别。"② 经过十分详细的考察和慎重研究，调查组首先向四川省委汇报了调研情况，提出了"城市是经济中心"的观点，认为像重庆这样的大城市应当具有区域经济中心的地位，有经济的辐射功能、集散功能、吸引功能和服务功能③。应该通过对体制进行改革，把城市本身搞活，大大提高重庆自身的生产能力，以此带动周围地区经济的发展。调研组的这一主张成为此后重庆直辖以及成渝经济区形成的推手，也预见性地勾勒了成渝地区双城经济圈的雏形。没有综合性的城市改革就没有此后两地平等互惠的合作，也没有成渝地区经济的整体腾飞。

　　然而，虽然调研组本次推行城市改革的提议得到了四川省委的同意，但改革却未能推开，其中的确存在一些不合时宜的阻碍因素。据廖伯康回忆："当时中央和四川在渝企业共有 137 个，它们分属中央 22 个部和省里 24 个厅，一些省级行政管理机关'舍不得自己的孩子被别人抱走'，不赞成企业下放。据时任重庆市都市计划委员会副主任陈之惠回忆，1978 年至 20 世纪 80 年代初，在每次的省计划会议上，重庆代表提出的意见归结起来主要有四点：一是省级各部门对重庆管得太死，使重庆连维持简单再生产都困难；二是省里用管地区的办法管大城市；三是省里在人、财、物的

---

① 廖伯康. 关于重庆经济体制综合改革试点的回忆 [M] //重庆改革开放口述史. 北京：中共党史出版社，2018：4.

② 廖伯康. 关于重庆经济体制综合改革试点的回忆 [M] 徐塞声，艾新. //重庆改革开放口述史. 北京：中共党史出版社，2018：5.

③ 佚名. 重庆珍档：第一个经济体制综合改革试点大城市的诞生[EB/OL]. (2018-09-19) [2022-05-30].https://www.cqcb.com/hot/2018-09-19/1101233_pc.html.

分配上不公，把缺口留在重庆；四是企业的权限太小①。事实上，在综合改革试点的发起、达成和工作中，四川省委都给予了应有的支持。时任四川省政协委员会副主席辛文回忆，在当时的历史环境和经济条件下，四川尽了最大努力给予重庆综合改革试点以支持，"包括养路费给重庆留70%，压缩成都、泸州平价用天然气指标数给重庆，全省仅有的 1 000 万美元的外汇指标给了重庆数百万，重庆提出的供电量、煤炭分配指标和几个基本建设项目投资缺口也给予基本满足"②。但问题仍然出在用行政办法管理经济上。正如此后 1983 年 1 月四川省委扩大会上时任省委第一书记谭启龙感叹的那样："（新中国成立）三十多年来的经验证明，用行政办法管理经济是不行的，对经济的发展有很大的制约。"③

（二）计划单列收到成效

1982 年，中国社科院工业经济研究所所长蒋一苇和四川省社科院副院长林凌就是否应当在国有大型企业推行扩大自主权改革的问题到首钢调研了数十天，并将调研报告越过首钢主管部门和北京市，直接递交到国务院副秘书长马洪手中。两位专家在报告中提出："我们认为选择一个像重庆这样的大城市进行试点很有必要。常州、沙市情况比较简单，重庆比较复杂，但正因为复杂，才能通过试点，探索一些解决复杂问题的途径，例如中央企业与地方企业如何纳入统一的经济机制，如何建立经济中心，等等，都只能在重庆这样的城市进行试点。"④ 很快，报告得到了国务院批示，责成国家经济体制改革委员会对在重庆进行综合改革的建议进行研究⑤。林凌在进一步对重庆调研后，提出了"中心城市"这个概念，介绍了重庆的区位优势和历史地位，认为重庆是整个长江上游地区的经济中心，应当以重庆这座大城市为中心，带动众多周边小城市发展，进一步形

---

① 陈之惠. 重庆计划单列往事 [M] //徐塞声，艾新. 重庆改革开放口述史. 北京：中共党史出版社，2018：8，61-62.

② 辛文. 重庆计划单列与综合改革的由来 [M] //徐塞声，艾新. 重庆改革开放口述史. 北京：中共党史出版社，2018：8，53.

③ 廖伯康. 关于重庆经济体制综合改革试点的回忆 [M] //徐塞声，艾新. 重庆改革开放口述史. 北京：中共党史出版社，2018：9.

④ 廖伯康. 关于重庆经济体制综合改革试点的回忆 [M] //徐塞声，艾新. 重庆改革开放口述史. 北京：中共党史出版社，2018：8.

⑤ 田姝. 第一个经济体制综合改革试点大城市的诞生 [J]. 红岩春秋，2018 (8)：6-7.

成更大范围的经济区。这次调研的提议被称为"重庆方案"。1983年1月6日至7日，在四川省委扩大会上，四川省委、省政府肯定了重庆方案，并在三天后向党中央、国务院呈递了报告，请求党中央、国务院尽快批准在重庆进行城市综合试点改革。很快，请示得到了党中央和国务院的批准和高度重视。2月8日，党中央、国务院发文批准四川省委、省政府关于在重庆市进行经济体制综合改革试点意见的报告。批文指出："在重庆这样的大城市进行经济体制综合改革试点，是中共中央、国务院对当前我国正在进行的各项改革工作中的一项重要决策，认真搞好这个改革试点，对于进一步搞活和放开我国西南的经济，探索军工和民用生产相结合的路子，以及如何组织好以大中城市为中心的经济区都有重要的意义。"①

为了更好地推进经济体制综合改革试点，早在"中央7号文件"发布前一个多月，国家计委就向国务院上报了计综〔1983〕4号文件，同意从1984年起，对重庆实行全面的计划单列，并赋予重庆市政府更高的经济管理权限。国家计委在《关于计划体制改革的初步设想》中提出，"除京、津、沪外，中央直接管理少数大城市，对这些城市实行计划单列，赋予它们以中央直辖市一样的管理权限"。这些大城市的计划管理权限要比一般省、自治区更大一些②。与新中国成立以来历史上重庆的其他两次计划单列相比，这次计划单列有五个显著特点：一是重庆市实行国家计划全面单列。二是重庆相当于省级计划单位在国家计划中单独列户头。三是重庆享有了相当于省一级的经济管理权限。四是四川省属在渝企事业单位下放到重庆管理。五是重庆行政上的四川省省辖市建制不变。实施计划单列以后，重庆的经济、社会发展有比较显著的变化，全市工农业产值、国民收入和财政收入在计划单列后头两年有大幅增长③。计划单列加强了重庆作为长江上游经济中心的地位和作用，改革了军工、航运企业的管理体制，扩大了在渝国有企业的自主权等。其主要成效也辐射到了重庆周边区域，特别是实行以市代县体制，带动了周边县市的发展，但重庆本地的发展却仍然受到不小的限制。事实上，计划单列以后，重庆市自留财政收入占总

① 辛文. 重庆计划单列与综合改革的由来［M］//徐塞声，艾新. 重庆改革开放口述史. 北京：中共党史出版社，2018：8，53.

② 陈之惠. 重庆计划单列往事［M］//徐塞声，艾新. 重庆改革开放口述史. 北京：中共党史出版社，2018：8，63.

③ 与计划单列前的1982年相比，1985年全市工农业产值增长47%，国民收入增长46%，财政收入增长45.3%。

收入比例与单列以前一样：1984 年的比例为上缴中央 49.5%，上缴四川省13.5%，重庆市留 37.0%；1985 年调整为上缴中央 39.5%，上缴四川省23.5%，重庆市留 37.0%，同时还要时不时支援四川省内一些项目的建设。从 20 世纪 80 年代到 90 年代初，重庆工业占全省的份额甚至由 28% 下降到25%[①]。虽然重庆的计划单列仍然存在着许多运行中的困难和阻碍，但不可否认，计划单列中的改革措施在减少城乡分割、军民分割和部门分割方面起到了有效作用，奠定了重庆作为区域中心的重要位置，促进了成渝地区城镇体系的建立，尤其是 1995 年成渝高速公路的建成通车使成渝经济走廊初见雏形，为今后的重庆直辖和成渝两地正式合作奠定了基础。

1997 年重庆直辖以后，成渝两地面临着良好的发展机遇和畅通无阻的政策支持，此时两地的合作才正式开启。首先提出的是成渝经济区的规划。2005 年 11 月，由国务院西部开发办公室委托四川省社科院和重庆市社科院联合研究的课题成果《成渝经济区发展思路研究报告》出版，课题组对成渝经济区的范围界定、区域特征、功能定位、开发与整治等进行了系统研究。2010 年，国务院批准了关于成渝地区区域经济发展的第一个国家级规划方案《成渝经济区区域规划》，明确要求把成渝经济区建设成西部地区重要的经济中心，确定了成渝地区"双核五带"的空间格局。2014年以后，为了实现全国城镇化的战略性发展，成渝地区开始对跨省城市群规划进行研究，课题组认为成渝两座大型城市之间不存在要素性的竞争，城市群里的各城市可以充分发挥其明确的功能，取长补短，形成区域性优势互补的良性发展格局，推动成渝两地长期共同发展。2016 年，国务院批准的《成渝城市群发展规划》出台了对成渝城市群的"五年"和"十五年"规划，提出建成高质量的世界级城市群的目标。2020 年 1 月召开的中央财经委员会第六次会议提出了推动成渝地区双城经济圈建设，形成了西部高质量发展重要增长极的顶层设计。这个顶层设计是改革开放以来经过了无数专家、学者的科学审慎的调研和攻坚，各级党委、政府深入细致的协商和讨论，克服了许多阻力以后才提出的。

---

① 康钰，何丹. 分与合：历史视角下的成渝地区发展演变 [J]. 现代城市研究，2015 (7)：15.

第五章　重庆直辖到党的十八大前成渝地区经济社会发展

一、重庆直辖——成渝两地合作的新开端

（一）研究背景简述

西部大开发作为中国经济发展的关键举措，无疑对中国未来几十年的社会进步与发展产生了巨大的影响。在重庆直辖后到党的十八大以前，西部地区的经济发展存在着诸多需要完善的问题，比如相对落后的管理机制、较低的生产效率、一定程度的资源浪费、高级人才的紧缺。然而，西部地区却拥有着丰富的自然资源，相比于东部地区，也拥有较好的工业基础，所以激发西部地区的独特优势是我国经济发展的必由之路。改革开放以来，东部地区在多种条件的配合下，经济发展上始终处于全国的领先地位。居于内陆的西部地区相比开放的东部地区，长久以来一直面临着资金、人才、公共设施等方面的诸多不足和问题，这自然而然地造成了西部地区与东部地区在经济上的差距、发展上的不平衡。东、西部经济水平的差距不可避免地引起了财富分配上的不平等，使未来经济与产业的发展面临较大的挑战。随着西部大开发战略的实施，以及重庆直辖的战略布局的实施，国家的相应优惠政策逐渐向中西部地区倾斜，西部地区迎来了经济发展、社会进步的大机遇。

重庆直辖后，建设成渝经济区域联合体势在必行。世界各国、各地在信息化的大潮下联系比以往更为紧密，世界范围内已经建立了北美自由贸易区、拉美自由贸易区、欧盟、东盟等经济联合体。在中国国内，长江三

角洲、珠江三角洲、京津冀地区也已经成为发展成熟、规模巨大的经济区域。自从重庆直辖以后，成渝经济区作为西部地区基础条件最好、设施最为完备、走在最前列的城市建设群，就担负起了引领西部经济发展和崛起的重任。另外，全球各国、各地的经济区也为成渝经济区提供了学习和效仿的模板，想要快速发展，必须联合起来。

（二）重庆直辖后的新问题和新局面

重庆直辖之前，成渝经济带是整个四川地区经济发展的主轴。重庆直辖之后，四川省的"两点两线两翼"发展战略变为建设"成都平原经济圈"；重庆则开始实施"建设渝西经济走廊和都市经济圈"的发展战略。所以，重庆直辖之后，想要实现成渝之间的再次合作，就特别需要重新激发已被边缘化的地区的能量，使它们发展起来，以它们为连接点，产生"1+1>2"的效果。

在重庆从四川划分出去之前，成都与重庆构成了双核发展的趋势，重庆负责工业与生产，成都负责承担行政中心、经济中心与文化中心的职责。但重庆直辖之后，情况就发生了改变，两者的关系在原来的互补基础上增加了竞争。这种竞争关系难免导致两个行政区在经济运行和交流活动上的困难和矛盾。两地都在竭尽所能增强自身的实力，这样有可能使双方发展速度都变慢了。从长远和宏观的角度来看，这样不利于区域经济的整体发展。所以，成渝两地最需要的是打破区域壁垒，加强合作和交流。成渝地区作为西部地区最为密集的城市群，城市与城市之间的交流本来就比较密切，然而同样相比于东部地区，成渝地区城市之间的一体化程度还是较低，没有建立起成熟的合作机制。所以就需要打破区域中的行政和经济等壁垒，加强区域合作是成渝城市群向发达城市群转变和发展、重庆直辖以后特别需要重视的领域。

（三）成渝两地合作的展开

重庆市人口众多，但周边城市的经济并不发达。成都作为省会，基础设施建设比较完备。重庆直辖后中央对其投资力度增大，在政策倾斜的情况下，重庆迎来了发展的高峰期。在区域经济的发展之中，成都与重庆本来就属于一母同胞的亲兄弟，两座城市有着相同的文化底蕴，有着深厚的历史渊源和关系，本来就具备有紧密的天然互补关系。比较两座城市的经济发展趋势，如果双方能够取长补短，就可以带动西部地区经济的腾飞。重庆直辖后，两地一直在努力把西部地区打造成为能够与国内其他三大经济区并驾齐驱的地区，具体在以下六方面进行了布局：其一，成渝两地打造合作伙伴关系。成都市作为省会城市、"三中心两枢纽"之一，位于成渝经济走廊，属于长江经济带，是西南地区的轻工业和高新技术产业中心，一直与重庆展开广泛的经济合作。其二，不少专家学者对中西部经济中心城市实证分析之后都认为，成都、重庆、西安、昆明、兰州、拉萨是西部地区最有可能辐射周边共同发展、影响力较大的六个城市，它们的产业主要集中于农业、工业、旅游业和信息产业。要想构建西部经济联动的交通网络，就必须以这六个城市作为抓手。在重庆直辖后，成都、重庆、拉萨、兰州、昆明、西安等城市在西部地区的核心带动作用以及由这些城市联动而产生的经济辐射作用越发凸显。其三，成渝之间交通网络的构建有助于带动周边中小城市的发展。在当时的情况下，长三角经济区已逐步落实半小时经济圈的发展计划，成渝经济区的构建和发展也在参考前者成功经验的基础上，不断构建自身的交通网络。此外，在建立起交通网络的同时，还在寻找未来的经济发展点，以促进成渝两地的加速发展。在当时的条件下，内江和自贡的联系不断加强，实现了扶一带二的效果。在两地之间选择内江优先发展。内江除规模与自贡无法相比之外，其地理位置和发展潜力均优于自贡，内江因地处成渝经济发展的轴线中心位置，起到了连接东西的作用，接受着两边城市的共同辐射，所以有可能成为下一个增长点。由于对内江和位于成渝主轴上原有基础较好的城镇进行了建设，实现了向南北两侧区域辐射，带动了成渝轴线的一体化发展。另外，随着本区域内高速公路网的成形，逐步对城镇体系在空间上的分布产生了趋势导向作用，处于这些交通线（渝遂公路、内遂公路、川鄂公路简阳—遂宁段等）的城镇逐渐发展了起来，该地区的城镇网络体系逐渐形成，促进了城镇网络从无序向有序的转化。另外，在成渝经济带的建设过程中，呈现了两头强、中间弱的发展趋势，这种情况需要在成渝的加速发展中逐步得到解决。但快速发展并非不存在隐患，成都、重庆比内江和自贡的产业结构转化能力强，经济发展水平高，在劳动生产率、人均生产总值和第三产业比重上都较高，产业调整具有较大的弹性，可以实现较快的转型。如果面对较大的经济风险，以内江、自贡为代表的一系列中小城市，必然会首当其冲遭遇冲击，所以这些城市的发展不仅要紧跟成渝，还要做足风险损失的承受方案。其四，成都自古以来注重政治和文化发展，在重庆未直辖之前，成都主要承担经济文化方面的职能。所以成都相比重庆而言，更有可能成为西部的发展中心。当然，若要真正成为西部大开发的战略重镇和战略支撑点，就必须走区域一体化的道路，构建起大成都的城市圈。这首先需要优先发展成都的城市职能，强化其大城市的功能，贯彻先进的城市理念，充分发挥经济、文化中心的职能，带动全川实现经济的腾飞，另外在此过程中还需要联合重庆，实现长江上游地区经济的发展。其五，通过成渝两地的历史渊源与优劣势对比，发现两个城市通过合作与竞争构成的经济合作体已经初见规模，这也在某种程度上说明了成渝经济区形成的必然性。学者的长期推理论证已经证明，增长点的形成条件最终取决于投资环境和产业上的竞争力。重庆直辖以后，成渝两地的合作带动了西部地区经济突飞猛进的增长。其六，成渝两地的发展促进了成都和重庆城市化的进程。重庆直辖以后，两地经过发展，都已经符合了特大城市需要的各项标准，具备了特大城市的人口数量、基础设施。当然，也不能说两地已经完全解决了城市化中面临的各项具体问题。成渝两地的协作发展有助于解决城市化进程中的一系列问题。在合作构建信息、交流、协作等各方面平台的过程中可以打破成渝间的行政封锁，建立统一的市场，完成更大的经济、社会、政治、生态、文化发展的目标。从重庆直辖后到党的十八大以前，两地的发展一直在向这个目标努力靠拢。

二、重庆直辖后成渝经济发展面临的情况

（一）重庆经济的基本情况

由于历史渊源和自然条件，重庆当时的经济状态呈现出结构竞争力较弱，产业结构转型和提升速度慢、困难大的问题。重庆在化工医药、建筑建材、旅游、食品等老支柱产业上的地位逐渐下降，在生物工程、信息工程、环保工程、智能制造等为代表的高新技术产业上未能形成完整全面的产业链。虽然经过了将近30年的发展，重庆在经济体系内部各方面之间的关系比较协调，拥有较强的产业配套能力和一定的产业基础，但由于在建设独立城市方面缺乏相应的经验，基础设施的竞争力比较弱，建设和使用的成本比较高。当然重庆港口、河运、航空等对外贸易的基础设施状况较

好，但由于地形与其他自然条件上的不足，重庆在交通发展方面还是非常受到限制。从经济发展角度分析，重庆区位竞争力较强，其地理位置处在长江上游经济带的核心地区，属于中国东部和西部之间的结合点，是西部大开发的重点区域。重庆地域辽阔、自然资源和旅游资源丰富，具有一定的政治文化中心功能。但重庆所连接的经济区域和相邻城市大多属于经济欠发达地区，这就决定了它想要进一步发展就必须与其他城市相连接。重庆的环境竞争力并不高，虽然自然山水风景优美，但城市建筑和环境由于地形的原因略显拥挤，气候环境的舒适度还有待改善，这对于发展旅游业而言存在较大的限制，所以重庆有必要顺应网络潮流打造"网红景区"，构建商业中心，以经济与人文结合的方式实现旅游行业的效益。值得一提的是，重庆在文化上竞争力非常突出，市民普遍拥有很强的商业价值取向，有进取的创业精神，有强烈的竞争意识和诚信交往品质。然而，其竞争中的问题主要集中在制度竞争力较弱、市场发育程度不够、法制健全程度不理想，另外其他经济社会规范也有待加强。当前重庆在企业管理上竞争力偏弱，管理规范化和标准化程度不够，先进的管理技术不够普及，管理人员的知识水平与经验积累都有待提升。由于缺乏城市管理的经验，虽然在城市推广、发展规划、社会服务与管理创新等方面都较有成效，但重庆市政府的城市规划与管理在全国范围内只属于中等水平。在这种情况下，有必要优化重庆的经济结构，明晰支柱产业与非支柱产业，处理好两者之间的关系，围绕此种经济构造，实现政策、文化等多方面的产业配比，明晰城市规划和管理的思路，大量引进管理人才。

与成都相比，重庆的竞争力主要在产业上。重庆一直是长江上游最大的中心城市，是长江上游的重要产业基地，在全国工业中长期占有重要地位。作为中国六大老工业基地之一，重庆拥有重钢、长安、重汽、川维、西铝、太极等利润超过亿元的大型重要企业。2002年，重庆完成工业增加值650.93亿元，同比增长13.8%，在全国的位次由第23位提升到第21位，经济效益综合指数由第28位跃升到第21位[1]。重庆在直辖后，依靠原来的发展优势，又形成了以汽车和摩托车制造为主的机械工业，以优质钢材和优质铝材为主的冶金工业，以合成材料、精细化工和医药化工为主的化学工业，以电子仪表、烟草、轻纺、城市建设、食品加工、建材等为

---

① 数据来源：重庆市统计局。

主的轻工业，近年还发展了以光电产品、通信设备和生物技术品生产等为主的高新技术产业，构建了较为完整的工业产业体系。然而不可否认的是，在产业竞争力上重庆还存在着诸多问题，存在着国有企业活力不强、效益不高、创新能力较弱等问题，相应的私营资本比较弱小、活跃程度低。当前，高新技术产业还未能成为重庆经济发展的主要增长点，这也说明重庆在企业发展方面还缺乏对新兴产业的扶持和培育。另外，企业活跃度不够，重庆产业结构的调整导致了国有企业破产、失业人员数量庞大、社会矛盾突出等问题，这些都严重制约了重庆竞争力的提升。比较而言，重庆在区位和交通上优于成都，重庆主要依托长江，特别是在三峡水库建成以后，成了长江上游的水路中心，万吨级轮船借助水运可以直达重庆。重庆市政府不断规划，投资了6 000多亿元，打造"枢纽重庆"城市名片：第一，加强铁路建设，在现有四条铁路的基础上，再建四条（渝怀、渝遂、渝宜、渝兰）铁路，形成铁路枢纽；第二，改扩建江北机场，将其在原有基础上扩大五倍，达到年客运吞吐量1 500万人次；第三，建设寸滩港万吨级码头，与三峡建设同步，建成水路航运中心；第四，加快高速公路建设，在原有四条的基础上，再建八条高速公路，形成"米"字形框架通向全国。交通枢纽的逐步建成，极大地提高了重庆作为中心直辖城市的综合竞争力。

（二）成都经济的基本情况

在当时的历史条件下，成都在城市竞争力方面存在的主要问题是未能形成具有明显优势的主导产业和支柱产业。作为西南科技和教育方面的中心，成都在科技和教育上的优势远大于西南其他城市，由于历史文化等的影响，这种优势并没有完全转化为生产力的提高。一个城市的文化传统与居民的精神面貌也是一种生产力，是一个城市竞争力的重要组成部分。但是，成都的软文化包括茶文化以及成都人享受当下的品质，本来也是成都的核心竞争力之一。此外，在市场的转型和升级上，成都一直在做进一步的努力。成都在工业方面远不如重庆，于是注重发挥已有的民营企业的优势，从私营企业的经营中提升自身的竞争力。在当时的条件下，成都的私营资本比重庆的活跃很多，成都拥有希望、地奥、迈普、国腾等民营企业。成都凭借着城市的活力与产业的发展，长期处于经济高速发展状态，这体现了成都城市竞争力的动态优势。成都周围大大小小的城市都支持着它的发展。相比重庆而言，成都的发展集合了各类型城市的各种资源，大量企业的四川总部集中在成都，许多国内外大型企业把西南地区总代理或分部设在了成都，这些情况充分说明了成都的城市凝聚力和发散功能都要强于重庆。成都作为曾经的经济和文化中心，在科技和教育上的优势在综合竞争力上有体现。在教育方面，成都所拥有的高校及科研机构的数量在全国都是名列前茅的，在西部更是遥遥领先。成都是中国聚集人才和技术最为充分的城市之一，因此相应的科技创新和产品开发能力也很强。成都作为四川一直以来的省会城市，政府的治理水平较重庆来说要高。成都与重庆两者一直在通过互相借鉴与学习、深入的合作取长补短，以构建西部的经济文化中心，带动西部区域的发展。

（三）成渝两地经济发展上的竞争状况

在重庆还未直辖之前，成都和重庆是一家，两个城市之间合作大于竞争，城市规划服从统一的行政安排，它们共同为了同一个区域的利益做出努力。然而在重庆直辖后，两者之间的界限便逐渐呈现出来。由于行政区域不同，经济运行区域的重叠，两者在经济发展的很多领域出现了同质化，存在区域性的竞争。曾经两者处于同一个经济区，两者的行政命令较为统一，但当两者独立运行之后，在政治与经济运行上呈现出行政层级多、成本高的情况，拖慢了办事速度，影响了经济的发展。另外，从政府行为上来说，成渝两地为了发展各自的经济、提升自身的城市化水平、扩大各自的城市规模，有时候会影响合作。各个城市发展理论都说明，两地的政府最好退出经济竞争的板块，主要起引导作用，让"无形的手"自己进行资源的调配，重新激发经济的活力。重庆直辖之后，两地的行政区划具有明显的差异。相比较而言，由于成都的发展基础雄厚，重庆在短期内无法追赶成都。成渝地区的竞争归根到底是历史的渊源，两者具有不少相同的资源，导致了它们在产业构成上的相似和重复。两者分开之前，政府还未来得及做好长远的政策规划，短时间内还延续着原来经济建设的方式模式，这样两者在经济发展上易于相互抑制，本地企业的生存堪忧，分离出去的企业的竞争压力也较大。这种情况不能长久，只可解一时之需。

（四）成渝两地行政上的基本状况

重庆直辖之后，成渝两地的经济与行政比起来显然更为分离。两地在经济上的合作主要集中于民营企业。合作领域包括信息、交通、金融、汽车摩托车及零配件、旅游等，然而相关合作由于两地政府在政策上还未形成有效有力的支持，缺乏有效有力的协调机制，这在一定程度上削弱了企业合作的热情，也削弱了企业留在本地继续发展做强的可能性。另外，由于两地缺乏整体的合作规划，在合作思路上不够明确清晰，虽然研究成渝两地合作的文献专著不少，但由于两地政府还未能形成互动，研究缺乏深度，也很难将研究成果落实在实践之中。重庆直辖之后，成渝两地面临的最重要的问题之一是：两地有必要表明合作发展的态度，同时共同支持第三方机构对两地经济发展进行深入研究，以对两地经济作出较为统一的规划，分析清楚两地的优势与劣势，进行资源的合理调配，促进两地协调发展，共同打造西部地区的经济文化中心。从整个西部地区来看，政府管理水平还处在不断提升过程中。由于成渝地区的城市发展与区域治理仍然为政府主导型，这就使得各方面的发展过于依赖政府的协调。第一，政府主导的模式使得社会缺乏活力，非营利组织并未充分发挥自发调节作用，反而成了政府安排下的附庸。政府机构庞大、转向慢，决策常常出现滞后问题，跟不上经济运行的速度，限制了经济发展。第二，政府管理机构的设置不符合精简的原则，存在冗员，也拖慢了自身的办事速度。第三，市区（县）两级政府及其相关职能部门与从事城市管理工作的企业或行业协会之间存在着隐性的上下级关系。在这种情况之下出现了行业垄断，企业间缺乏竞争、有限的治理经费不抵"人头"的情况经常发生，使得城市治理难以为继。第四，城市治理的监督较为薄弱，尽管已对监督机制进行改进，在政务公开制度的约束下，政府的开放程度有所增加，但其中还是存在着一定缺陷以及信息不透明的状况。所以两地政府想要拓展经济区域、促进经济的繁荣发展，有必要先对经济问题进行深入的了解，同时对自身行为进行规范，之后再通过设立法律法规保障经济的良好运行。

（五）成渝两地行业人才方面的基本情况

建立两地的合作，必须从硬件和软件两个方面着手。首先，两地在基础建设上仍与其他先进城市存在一定差距。随着信息时代的到来，智慧城市建设已经提上日程，为居民提供快捷方便的生活是其应有之义。目前国外发达城市已经建立了公共设施的自动收费系统，大大便捷了居民的生活，但其中仍存在问题，智慧城市的发展使得人对工具的依赖性变强，老年人也逐渐难以适应快速发展的社会。另外，垃圾处理问题是我国目前面对的主要问题之一，国外已经实现多形式处理和处置，并且同资源的再生利用相结合，但我国的城市垃圾分类仍处于推广阶段。相比起来，在城市治理技术上成渝地区与经济发达地区的差距还不小，一方面是受到了经济发展水平的制约，相关硬件跟不上；另一方面，软件上也较为落后，已有的治理硬件不能充分发挥效用。其次，公务员的治理水平不高，治理能力还需提升。公务员作为治理活动的直接实施者，如果没有深入基层调研的经验，容易流于纸上谈兵，如果没有良好的岗位培训，容易缺乏服务意识。

（六）成渝两地公众参与城市规划的基本情况

在原来的基础上，公众参与城市规划常常局限于个人层面，在做法上主要集中在规划展示和民意调查。这种情况下的民意调查很难起到实质性的作用，也容易造成人力物力的浪费。从其他地区的实践上来看，非营利组织的参与极为必要。我国设置公共事业管理的大学课程以培养这一类型的专业人才，但是一方面由于此类课程缺乏先例，课程设置与工商管理、财务管理等专业雷同，另一方面则是因为我国公共事业管理缺乏实践，此类课程后来又撤销了。这说明我国非营利组织相关问题的研究有待加强。同样，类似问题在成渝两地的区域治理上也存在。由于公共意识的缺乏，不少成渝地区的居民对社区事务几乎毫不关心，居委会工作的开展不被理解和认同，居民对居委会的工作配合度较低。同时，由于缺乏权利意识，基层选举投票制度也很难开展，民主实践无法贯彻落实，有走形式、走过场的情况，不具备具体的内涵和内容。当然，这也反映出公众参与缺乏合理的组织机制。从目前的状况来看，公众参与城市建设的热情较低。虽然在城市规划和城市管理上已经拥有了一定程度的公众参与，但在整个过程中，公众参与的广度和深度仍然不够。成渝人民在成渝经济区的建设方面多为"局外人"，规划与实施的主体仅为政府，管理规则的制定也缺乏民意调研，只听取少数学者的建议。总体而言，成渝地区城市规划的公众参与迫切需要加强组织机制建设，从而确保公众参与的顺利进行，同时增加城市群体的凝聚力与向心力，顺应城市文化对城市进行合理的管理与规划。最后，成渝两地城市规划的公众参与还缺乏完善的法律支持和制度保障。法律本身没有对政府行为作出合理的规范，使得民意调查较为缺乏。

我国现有在城市治理上出现的政府强制实施、公众被动配合，有时容易导致企业和公众的合法权益受到侵害。法制体系作为城市规划建设的保障，不论政府是否处于主导地位，都有必要对政府的行为作出规范，充分保障社会各个主体的权利。在成渝经济区的建设中，法律体系的建立极为必要，是城市建设的根本保证。

三、成渝城市群发展历程

（一）成渝城市群概念辨析

1. 城市群概念辨析

法国地理学家戈特曼曾经提出"城市群"是城市未来发展的方向，并且指出要构建"城市群"，需要在各城市地理位置邻近、社会经济联系紧密的前提下，构建大型、多核心和多层次的城市集合体。日本学者小林博曾经提出城市群发展的三个相关概念：大都市地区、城市化带、大城市区。美国的邓肯认为城市体系应该把将区域经济连接成为一个整体，由此实现一体化的发展，充分利用区域中的整体优势，组织和发展集中化、专业化、规模化的生产，同时对区域内部各种类型的生产资料进行有序分工和交换。在城市群的概念上，国内外的学者至今未能达成统一的认识。不过总体上说，他们主要还是从空间结构分布、经济联系和功能的共存性三个方面对城市群进行了研究。城市群大致可以概括为：在地缘上联系紧密的、为实现城市居民更好生存的、更有效完成国家各项目标的、在经济和政治上达成深刻共识的、具备基本文化共同特征的深入交流的城市大型集合体。城市群中的各个城市在地缘上联系紧密，分享共同的公共基础设施，不仅形成了紧密的利益共同体，也形成了文化共同体，每个城市在城市群中承担不同的职责，实现分工合作，高效完成各项任务。

2. 城市群基本特征分析

城市群具有以下五个基本特征。第一，城市群内的城市具有地理接近性。国内的城市群内的城市都具有地缘上的亲密关系，这有助于处于同一位置的城市加强交流沟通，提升经济效率。第二，城市群是一个集合概念。城市群是由多个城市形成的城市联合体，每个城市在城市群中享受一定的权利，并承担相应的义务。第三，城市群内部的各个城市拥有合理的城市结构。在城市群内部有着多个核心城市，由中心向周边形成经济、政治、文化的辐射区域。城市群必须具备相当数量的大、中、小级别的城市。只有具备以上的必备条件，城市群的各项运作才可能展开。第四，城市群需要以城市之间的一体化为发展方向。在发展初期，城市群大多是由几个城市基于地缘、政策等因素逐渐形成密切关系，又因为在经济发展中出现产业分工和转移，进而带动周边的城市共同发展，最后形成在产业、金融、贸易旅游等方面的密切关联。所以城市之间的关系的发展必然需要城市群一体化的发展。第五，城市群的发展必然促进城市化水平的提高。随着城市群的发展，在内部的产业结构自然会不断完善，原本产业主要集中在核心城市，但核心城市的资源有限，不能够容纳很多其他产业，导致产业转移，中小城市则利用土地、人力等方面的资源优势，获得产业转移所产生的经济效益，中小城市的城市化发展最后必然推动城市群整体城市化程度的不断提高。

3. 成渝城市群的范围

城市群主要是从其所拥有的人口、城市群内的城市数量、区域经济的分配模式上来定义的。成渝城市群主要指的是以重庆、成都为双核，包括周边众多中小城市的城市集合体，在地理空间的分布上主要以四川盆地为界线。依据 2016 年两会批准的《成渝城市群发展规划》，成渝城市群包括重庆市的渝中、万州、涪陵、黔江、沙坪坝、九龙坡、大渡口、江北、南岸、长寿、江津、合川、永川、北碚、綦江、大足、巴南、渝北、南川、潼南、铜梁、璧山、梁平、丰都、垫江、荣昌、忠县 27 个区（县）以及云阳、开州的部分地区，四川省的成都、绵阳（除北川县、平武县）、乐山、眉山、德阳、遂宁、自贡、泸州、内江、南充、宜宾、广安、达州（除万源市）、雅安（除天全县、宝兴县）、资阳 15 个市，其总面积 18.5 万平方千米。规划期为 2016—2020 年，远期展望到 2030 年[①]。

4. 成渝城市群基本情况分析

在重庆直辖之后，成渝城市群的基本社会经济情况与国内外的发达城市群相比较总体上还处于发展阶段，也就是城市群发展的第二个阶段，即城市群结构的初步形成阶段。成渝城市群总面积约为西部地区总面积的2.5%，全部的常住人口总量为 8 507 万人，人口密度为 497.82 人/平方千

---

① 佚名. 成渝城市群规划公布：总面积 18.5 万平方千米 涉及四川 15 个市 [EB/OL].（2016-05-05）[2022-07-08].https://www.sc.gov.cn/10462/10464/10797/2016/5/5/10379007.shtml.

米，地区生产总值为12 398.2亿元，人均生产总值为14 573元，每平方千米经济密度为725.5万元，约为西部地区水平的十倍，第一、二、三次产业之比是15.4∶46.5∶38.1[①]。

成渝城市群可以分为五个次一级的二级城市群，这五个次一级的城市群自有着自己的产业优势，都是成渝城市群的有机组成部分。①成德绵城市群。这一城市群指的是以成都为核心，北面到绵阳、南面到乐山的一条带状的城市带。成德绵城市群是四川省内经济最发达、基础设施最完善的地区，它所在的区域大部分为平原，所以这一地区也是当前成渝城市群中发展最为迅速、经济最为发达的次一级城市群。②川南城市群。川南城市群由自贡、泸州、内江、宜宾四个城市组成，它们位于四川盆地南部，拥有发达的水运条件，长江、沱江等河流都从该区域内流过。③川东北城市群。该区域主要包括遂宁、南充、广安、达州、万源等城市，该城市群内部有成达、遂渝、襄渝、达万铁路，另外有成达、达渝、南渝、遂渝高速公路。④重庆一小时交通城市群。该城市群以重庆主城区为核心，其范围是以重庆市区为起点，能够用一小时交通方式到达的区域，在这个范围内具有明显的聚集效应和聚焦效应。该地区主要包括重庆市的九个主城区以及涪陵、万盛、大足、綦江、璧山、双桥、永川、江津、长寿、合川、南川、潼南、武隆、荣昌等地。该城市群主要通过轻轨、地铁、高速路等交通方式进行连接，但目前还需要进一步发展交通。⑤三峡生态经济城市群。这里主要包括重庆市的涪陵和万州两个区。由于它们处于三峡库区，战略地位很特殊，国家对该区域禁止经济开发。

（二）成渝城市群发展历程研究

改革开放以后我国在经济上主要实行优先发展东部地区的策略，再加上原有的经济基础，这就导致了成渝城市群的发展与东部地区拉开了不小的差距。在这个时期，我国的经济形态已经转变为社会主义市场经济，随着经济自由度增加，大批企业开始在成渝地区出现，但由于缺乏先进思想的指导，不少国有企业的改革推进有限，经济发展滞后。同时，东部地区的吸引力使得大量内陆地区的劳动力流向东部，在这个阶段四川省内的人才大量流失，加剧了成渝地区未来发展的难度。这个阶段是成渝城市群产

---

① 刘世庆. 中国区域增长新格局与西部大开发—关于成渝合作与成渝经济区发展战略的思考[J]. 理论前沿，2004（10）：23-25.

业开始转移的时期。此时，第三产业逐渐兴起，大量国有企业倒闭。从改革开放至重庆直辖以后，成渝城市群的发展仍然处于城市群发展的初期，即城市建设逐渐完善的阶段。在这个阶段，东部地区各方面的发展远在西部地区之上，由于人口的快速流动，川内呈现出流出人口大于流入人口的趋势。随着产业结构的调整，四川开始培育私营企业，力图通过这种方式逐渐增加市场活力。在民营经济的推动下，各城市之间的交流合作逐步增加，在产业方面许多城市有了更多的往来，城市与城市之间出现了公共区域，这就为城市群发展到下一个更完善的阶段提供了基础和契机。

四川省社会科学院和重庆市社会科学院于 2004 年共同编著的《成渝经济区发展思路研究》对成渝城市群进行过全面研究，对当时成渝城市群的空间分布、城市群所属等级、城市群内各城市的定位与职能分工进行了分析。2004 年，四川省政协九届二次会议提出了《以科学发展观构建成渝经济圈》。该报告针对成渝地区的基本特点、现阶段社会和经济的发展，提出了未来发展可供参考的模式，对当前存在的问题提出了相关建议。该报告认为成渝经济圈的建立是西部大开发计划的重要内容，也是中国经济迈上新台阶的重要环节。2011 年，国务院原则上通过了成渝经济区的规划，这说明了中央政府对成渝经济圈的重视，也意味着成渝经济区已经上升为国家战略层面的经济区。成渝城市群是现阶段中国西部地区规模最大、发展基础最好的城市群，它的发展是一个长期的过程。有学者认为，当前成渝城市群处于城市群的初步形成阶段，距离城市群的高度成熟阶段还有几十年甚至上百年的时间，所以该研究存在很多需要解决和思考的问题。

1. 成渝城市群发展水平探究

成渝城市群还属于城市群的初步形成阶段，相比之下，国内其他三大城市群已经基本达到城市群的成熟阶段。与其他三个城市群相比，成渝城市群的发展水平还比较落后。这三大城市群现阶段已经发展得较为成熟，在城市群内部，已经自发形成了良好的分工，有较好的城市群结构。现阶段的成渝城市群还处于城市化发展的初期阶段，未来还具有很大的发展空间。在成渝城市群中，核心城市重庆和成都的城市化水平已经达到了87.5%和82.7%，超过长三角、珠三角、京津冀城市群的城市化平均水平，是成渝城市群城市化平均水平的两倍。由此可知，重庆和成都的城市化水平与城市群中其他城市的城市化水平的差异很大。所以，成渝城市群未来发展的主要关注点应该是着力发展城市群内的其他城市，它们需要去带动城市群的整体发展水平。成渝城市群在总量上分别是长三角、珠三角、京津冀城市群的 26.7%、49%、49.9%；在人均生产总值方面长三角、珠三角、京津冀城市群分别是成渝城市群的 3.28 倍、3.7 倍、2.23 倍①。由此可知，成渝城市群的发展与其他三个城市群而言还有较大的差距，在未来经济结构的调整上，成渝城市群应该效仿其他城市群，以发展第三产业为主，适当降低一、二产业的比率，增加经济的活跃度。在成渝城市群中，重庆被划出了四川。由于治理思想上的落后，在市场经济席卷全国的时候，四川重点发展成都地区，重庆则主要发展自己的主城区，两者缺乏协作关系，致使两个城市与两个城市之间的中间区域形成了较大差距，造成了未来发展的难度。但有利的是近些年来，随着成渝经济区升级为国家战略经济区，成渝城市群迎来了崭新的发展机遇，两地政府不断加强联系，民间交流也日益加强，逐步打破了行政区划的壁垒，促进了成渝城市群在各领域的发展。

2. 成渝城市群的发展路径

重庆和成都是成渝城市群中的两个特大城市，它们是成渝城市群中的两大核心极点。在战略结构上成渝城市群形成了重庆一小时经济圈、成德绵城市群等。重庆直辖后，成渝城市群的进一步发展延续了原有的路径。首先，建设重庆大都会。重庆作为中国的第四个直辖市，是我国西部地区唯一的直辖市，作为长江上游的经济中心，在经济基础上实力雄厚，拥有大量支柱性企业，未来必定会发展为我国中西部的交通枢纽。重庆市应积极改进市区投资环境，吸引中外投资。要着重发展高新技术产业、附加值较高的服务型产业，提高信息化水平，巩固工业化成果。其次，建设成都大都会。成都的文化和经济基础都很扎实，应该把成都建设成为西部重要的经济和文化中心。不断加快成都铁路、公路、航空等交通设施的建设，积极推进成都与西部其他省市以及中、东城市之间的联系，把成都建设为全国重要的综合交通枢纽和通信枢纽，打造为全国重要的服务业基地，进一步提升成都的高科技创新能力，全面推进其产业结构向高附加值、高效能、高品质产业结构转变，重点发展装备制造、电子科技信息、石油石

---

① 数据来源：根据四川日报《抢抓全新产业布局是成渝地区双城经济圈迎来的重大机遇——需进一步破除要素制约释放发展动能》和重庆市政府网站《奏响"双城协同"合奏曲 成渝地区双城经济圈"再加速"》整理。

化、生物科技医药、高科技新材料等。建设全国性的创新型综合城市。全面推进统筹城乡建设，实现城乡一体化发展，提高农民收入，加大城市群内城市合作力度，加强成都在成渝城市群中的核心作用①。最后，充分发挥重庆和成都双核的辐射带动作用。重庆和成都应以自己为中心，充分发挥核心城市的辐射带动作用，带动周边中小城市、县区、农村的发展。发展区域中心城市并不是一蹴而就的，需要经过社会、历史、文化、经济等各方面因素的长期积累，相比于区域内的中小城市，中心城市往往具有完善的基础设施、深厚的文化影响力、相对合理的产业结构，这些方面都对周围的城市具有辐射带动作用。通过加强基础交通、信息建设，加强同周围县、市的联系，适当将产业转移到这些地区，带动这些地区经济发展②。此外，需加快构建二级城市。例如，绵阳市是四川省的第二大城市，中心城市面积有 20 249 平方千米，拥有 540 万人，也是西部大开发成德绵高新技术产业带上的城市，同样也是我国重要的国防科研和电子工业产业基地。绵阳是位于成德绵城市群北段的中心城市，它能够分担一部分成都市的辐射带动作用，对成都平原以北地区的中小城市形成影响和带动作用。未来绵阳的发展重点是在军工国防科技的基础上实现军工国防科技向民用科技的转变，强化创新科学技术的研发力度，建立完善的绵阳工业园区、出口加工产业区、绵阳高新技术开发区、三台工业经济开发区、江油工业开发区等一系列开发区。另外，绵阳未来的发展还需要进一步加强自主创新能力，逐步实现军转民产业发展，在原有基础上发展电子信息、生物科技等新型产业。同时，还需要合理发展该区域内的中小城市。成渝城市群内城市密集，中小型城市有 30 个，是成渝城市群的重要组成部分。例如，乐山处于成都南部，是成渝城市群西部地区重要的交通枢纽，是长江下游重要的港口城市。乐山与成都距离较近、交通便利，可以承接成都的部分产业发展。乐山重点发展高科技农业、旅游产业、机械制造业以及物流商贸业。如上述所讲，建设一批大城市与发展中型城市是成渝城市群再创辉煌的重要举措，在发展绵阳为大城市的同时，不应忽略培育像乐山这样具有发展潜力的中型城市。

---

① 《四川省国民经济和社会发展第十二个五年规划纲要》。
② 苗建军. 城市发展路径——区域性中心城市发展研究 [M]. 南京：东南大学出版社，2004：15.

四、成渝地区双城经济圈的发展机遇

国家的西部大开发战略为成都和重庆带来了新的发展机遇，为两个城市注入了活力，带来了全新的经济发展要素，其中包括一流的人才、运转良好的企业、大量的资本、先进的技术与管理模式。成都作为成渝经济区双核之一，已经进入特大城市的行列，上千亿的大型私营企业数量极多。比如英特尔公司的总部从上海迁到了成都，这不仅为成都的产业结构转型发展提供了良好的契机，为成都的高新技术产业的发展注入了活力，还为成都成为西部地区的信息化产业中心提供了潜在的可能和强大的动力。同时，作为直辖市的重庆，相较于成都，具有更大的发展机遇，也日益成为关注的西部焦点。就这两个城市的发展前景来看，它们需要合理引导国内外投资，有效配置与整合重组原有的资源，充分发挥比较优势，实现双方经济效益的最大化。

（一）保证城市支柱产业的发展

成渝城市群总体上是一个产业门类较为齐全、特色较为鲜明、拥有自身优势支柱产业的城市群。支柱产业是一个城市经济发展中的主力军，在其中起着至关重要的作用，它也对一个城市中其他产业的发展起着引领作用。因此将城市中的支柱产业做大做强，对每一个城市的经济发展而言都是非常重要的。在成渝城市群内部，每个城市都有支柱产业，因此如何保证支柱产业在稳步增值的同时带动非支柱产业的进步，是每个城市应该考虑的问题。为保证城市产业结构的稳定，应该建立多个支柱企业。比如，德阳、绵阳等这些二级城市的支柱产业在现阶段的城市经济发展中普遍比较单一，但它们对于带动城市的相关产业的发展还是具有一定的作用，因此未来需要在确保支柱产业快速和有效发展的基础上，充分利用原来所拥有的技术和资源优势，深挖其中的潜力，推动城市经济的发展。另外，在成渝城市群内的一些中小城市也应当加紧构建自己的支柱产业，加快产业聚集，实现支柱产业整体发展，构建一系列产业链条，充分利用自己的一些优势带动地区经济的发展。成渝城市群已经建立了一系列科技产业园区和经济开发区，它们已经发挥出了产业聚集的效用。城市中的各个产业与支柱产业相结合，便能发挥产业区块链的效果，促使经济成倍地增长。

（二）发展各城市特色产业

在支柱产业之外，各个城市都拥有自己的特色产业。由于主流产业进入门槛较低，竞争日益激烈、利润空间变小，而特色产业则由于具有很多特殊的优点成为世界各地纷纷发展的亮点①。要发展特色产业，就要充分了解自己城市的特点，让产业具有一定的排他性。因为许多特色产业对产地和技术都有特殊的要求，所以同一个产品在不同的地区生产会有很大的差异。由于特色产品在商品市场上很少遇到竞争，在产品定价上具有相当的优势，因此特色产业的发展非常有助于当地经济的发展，在发展过程中有利于解决当地的就业问题，缓解社会矛盾。然而大部分特色产业对生产的技艺水平要求比较高，在生产过程中经常需要大量的人工，所以有必要在当地培育拥有此类手艺的员工，因此，为发展当地的特色产业，政府应该有一定的培训投入。另外，发展特色产业有利于打响地方经济品牌，促进该地区的旅游发展。发展地方特色产品能够树立地区经济品牌，一个具有地方特色的产品在市场上获得了相当的认可度，必然会提升相关地区的产品销售量，会培养消费者对这个产品的品牌意识。这对于一个地方的产品来说是非常重要的，会带动地方经济的发展，也有利于当地引入投资②，与此同时，当地可以通过建立观光园，积极呈现当地的产业，促进旅游业的发展。

（三）扶持地方特色产品

在市场经济意识上的落后，导致西部地区城市相比于东部与国外其他地区在品牌意识上多有不足。许多特色产品企业缺乏长远的眼光，缺乏对地方特色产品品牌的培养，没有花费太多力量进行品牌的建设，从而造成一个产品在市场上昙花一现③。另外，由于地方政府对特色产品的关注和重视不够，使得品牌的名声无法真正打响。不少地方政府的公务员都认为地方特色产业不如支柱产业。在他们看来，地方特色产业对于经济总量的贡献没有支柱产业大，所以政府投入缺乏力度，然而在信息化快速发展的

① 郁鸿胜. 崛起之路城市群发展与制度创新. 长沙：湖南人民出版社，2005：32.

② 林先扬，陈忠暖. 国内外城市群研究的回顾与展望. 认识地理过程 关注人类家园——中国地理学会 2003 年学术年会文集，2003.

③ 郁鸿胜. 崛起之路城市群发展与制度创新. 长沙：湖南人民出版社，2005.

今天，地方特色产业对地方经济的宣传具有非常大的作用，也对带动其他产业的发展具有极为关键的作用。因此地方政府应该加大对特色产品的支持，给予其发展优惠，促进相关产业的又快又好发展。再有，生产地方特色产品的企业缺乏人才、缺乏现代化管理的意识，这是当前地方特色产品企业发展过程中的两大难题，未来需要随着国家对西部地区扶持力度的加大，建立起更为合理完善的现代管理体系。随着市场竞争的不断加大，要积极引入优秀人才。最后，要增加对产品质量、产品的市场性的把关。高质量的产品是一个企业能否长时间成功的关键，确保产品的高质量是建立地方特色产品品牌的必由之路，当前一些地方特色产品的便携性、保存性较差的情况，是地方特色企业必须攻克的难题。

（四）打破行政壁垒，加强城市间的经济沟通，发展乡镇经济

国内外的城市群发展都是依靠良好的经济发展环境，这就要求政府必须适当退出市场，做市场经济的"守夜人"，给予其发展以宽松的环境。城市群的发展依赖良好的管理水平与现代化的管理模式。这就要求政府不仅要对公务人员进行培训，还应该积极地进行治理模式的转变，破除城市间的行政壁垒，增加城市间的沟通，明确城市群发展的任务。减少行政流程，加快经济流动的速度。另外，加强城乡之间的经济沟通。在工业化高度发达的今天，乡镇经济的发展极为关键。短板理论告诉我们，经济的增长点将会出现在补足下一块短板的过程之中。乡镇经济属于小规模增长的经济，其发展模式不同于城市的发展，乡镇之间小范围的快速的经济交流有助于帮助城市群的快速发展。发展乡镇经济是解决农民贫困、缩小城乡收入差距的重要手段，同时也是解决农村劳动力就业问题的重要途径，在此过程中可以充分实现农村剩余劳动力的转化，在为乡镇创收的同时，保障乡镇居民生活水平的稳步提升。此外，作为国家城乡统筹发展的改革试点城市，重庆和成都得到了许多优惠政策，因此这两个城市在城乡一体化发展的进程中应当走在全国前列，积极推进城乡经济发展，成渝城市群应该充分利用这个机遇，破除不利的因素，为乡镇经济发展创造良好的条件。

（五）加强城市间的信息流通

建设信息化城市是目前世界发展的趋势，信息化无疑是未来几十年经

济发展的高增长点，成渝城市群建设必须乘信息化浪潮而上，建设信息化城市。这首先需要建设信息化网络，其次要加大对信息化人才的培养，在硬件和软件上双管齐下，以加快发展的速度。国家大力发展西部交通的决心，从新一轮的国家规划中就可以看出。成渝城市群即将迎来数十条高速公路、铁路的建设。另外，在修建主干道的同时，不能忽视乡镇公路的修建，应该为乡镇的建设提供良好的投资运营环境。确保经济、政治、文化、生态、社会的高质量发展，避免高投入、低产出的产业运行模式。成渝城市群必须加快城镇一体化的建设，保持城镇信息的流通，促进乡镇的快速发展。

（六）建立健全制度保障

科学有效的城市治理在现代化城市发展进程中所起的作用是多维度、多方面的，其保障作用渗透到各个领域，它能够有利于整个城市的可持续发展。建立科学的保障制度，不仅有助于政府依照程序办事，加快办事的效率，还有助于企业规范自身的行为，达到可持续发展的目标。目前，西部地区的管理意识较为薄弱，导致保障制度的建立并不充分。构筑城市群治理体系的保障机制，不仅有助于各个城市之间的合理利益分配，还有助于城市中的人民对城市理念的认可。城市治理牵涉到分层、分事和分权，除了政府以外，治理主体还包括非政府组织、企业与个人。在这样的情况下，政府的管理能力可以大大提高，覆盖面也能够扩大，这样也有助于政府降低治理成本，提高管理的效率。比如，非营利组织的志愿者的参与有助于节约政府在治理过程中的人工成本，有助于节约人员的培训成本。

（七）树立市场运作观念

政府可以采用多层次的组织结构。首先，建立跨行政区的政府与政府、部门与部门之间的磋商机制，了解多方的利益诉求，制定统一的市场竞争规则和政策措施，平衡多种利益关系。其次，建立跨行政区的协调常设机构。这些机构可以组织协调跨行政区的各种问题，统一规划符合长远发展的经济布局和产业结构，协助沿线各市、县制定地方经济发展的战略与规划，并且负责监督执行情况。当然需要注意的是，成渝地区双城经济圈中各个城市具有各自独立的利益诉求，当前制约区域合作的根本因素在于没能形成合理的利益分配机制来完成局部与整体的有机联系。因此，要进一步建立起利益的分享机制和补偿机制，平衡部分和整体之间的关系，通过探索城市与城市之间的合作，均衡各方的利益。

（八）提高市民的参与意识

成渝地区双城经济圈的发展需要社会各种力量的参与。这就需要成都和重庆两地的政府部门积极调动市民的参与意识。充分利用电子政务窗口、热线举报等渠道，让市民参与城市管理的过程，有助于营造和强化市民的参与氛围。随着现代社会的发展，两地的市民的参与意识已经日渐增强。由于历史原因，目前城市规划市民参与主要以规划展示和民意调查等方式进行。由于个人认知能力有限，反映的问题往往是片面的，不具有代表性和全面性。另外，即便市民提出了好的建设性的建议，也很少得到政府部门的采纳和重视。因此，市民参与机制还需要进一步建立健全。从目前城市规划的整体过程来看，市民参与的广度、深度还不够。在规划编制阶段，规划设计机构主要以调查现状和当前问题为目的，通过走访市民来收取建议，很少去收集市民对预期规划的整体想法和认识，规划方案带有政府部门的主观性；在规划审批阶段，市民参与的方式主要来源于专家论证和当地人大的审批。在这种市民参与方式中，参与主体仅仅局限于学术研究机构和地方政界精英，虽然具有一定程度上的积极意义，但在地方行政领导的作用下，市民参与常常容易流于形式。要解决以上问题，需要两地政府对相关制度和体制进行完善，也需要在社会大环境的层面通过各种方式和途径进行引导，营造更好的氛围和意识。

第六章　新时代成渝地区经济社会的协同发展

　　成渝地区是我国西部重要的城镇化区域,以重庆、成都为中心,沿长江上游干流,东承湘鄂、西通青藏、南邻云贵、北接陕甘,是承接华中、华南,连接西南、西北,沟通中亚和东南亚的重要地区。从发展历史看,新中国成立以来成渝地区先后经历了社会主义改造、三线建设、西部大开发、长江经济带、共建"一带一路"、西部陆海新通道建设等发展过程。全面推进成渝地区双城经济圈建设是当前以成渝地区为核心区域的西南地区迎来的又一次历史性发展机遇。面对新的内外部发展环境,要唱好"双城记",必须站在历史的维度上,充分把握成渝地区双城经济圈建设的重大意义、战略原则和实施要点。

一、生产力布局调整是区域协调发展的要点

　　生产力布局是按照地域进行分工、组织社会生产的一种安排,是在地域范围内对所有生产要素的分布和组合。新中国成立以来,我国生产力布局经历过三次重大调整。第一次是改革开放前,通过"156 项工程"和三线建设,将许多项目分布在东北和中西部地区,平衡我国工业发展的布局,补齐发展短板;第二次是在改革开放以后,通过设立经济特区、开放沿海城市等一系列重大举措,让东部地区率先发展,先富带动后富,与此同时兼顾平衡,相继做出实施西部大开发、振兴东北地区老工业基地、促进中部地区崛起等重大战略决策,这一阶段主要是集中力量发展东部地区;第三次是新时代以来,聚焦于缩小区域差距、促进区域协调发展,提出京津冀协同发展、建设长江经济带、共建"一带一路"、粤港澳大湾区

建设、长江三角洲区域一体化发展，以促进我国区域发展。从新中国成立以来我国的实际情况来看，生产力布局的调整是服从于国家总体战略目标、着眼于国家中长期部署安排的[①]。中央提出要加快构建以国内大循环为主体、国内国际双循环相互促进的新发展格局，生产力布局也需要顺应新形势进行调整和改变，以适应国家整体格局的改变。

（一）西南地区在我国生产力布局中的重要地位

1. 开发西南是改革开放前我国工业化发展战略的核心内容

从新中国成立到改革开放前，基于得天独厚的地理位置以及当时的经济发展战略，西南地区经历了社会主义改造、三线建设，主要通过重大项目投资建设、修建或搬迁大型工业企业的形式直接决定本地区生产力布局，使生产力得到了较快的发展，得到了许多发展机会，工业体系逐步形成，与其他区域的差距逐步缩小，同时区域内部各省市之间的发展差距也在这个过程中逐步缩小。

（1）工业化建设为经济持续发展奠定坚实基础

新中国成立以前，受半殖民地半封建经济的影响，我国地区经济结构极不平衡，有四分之三以上的工业集中在东部沿海地区，西部地区几乎没有工业，1952 年我国沿海各省工业的产值约占全国工业总产值的 70%[②]。新中国成立之初，我国国内外环境并不稳定，对内亟须恢复国民生产、提振经济，对外面临着被大多数资本主义国家封锁、禁运的国际环境。针对这一环境，我国在顺利完成国民经济恢复任务后，在 1953 年第一个"五年计划"时期，提出优先发展重工业的指导思想，为我国工业化发展明确了方向。因此对内地的建设成了我国生产力布局的重点，发展经济相对落后的西部地区对新中国战略部署有着重要意义，而西南地区是西部地区经济中心，因此在我国生产力布局中有着重要地位。

新中国成立后，我国集中力量进行工业化建设，在平衡发展战略的背景下，以内地为发展重心，加快提升落后地区经济水平，支援西部工业建设[③]，西南地区在一定程度上得到了发展，交通、能源、水利、邮电等基

---

① 李佳洺，张文忠，余建辉. 我国重大生产力布局的历史沿革与"十四五"时期优化策略 [J]. 中国科学院院刊，2020（7）：825-834.

② 苏星. 西部开发的历史经验 [J]. 中共党史研究，2004（4）：20.

③ 徐云松. 我国西部区域金融发展的非均衡问题研究 [D]. 北京：中央财经大学，2015.

础设施建设发展相对迅速，为后来西南地区工业发展奠定了良好的基础。20 世纪五六十年代对西南地区的交通、水电水利设施、能源、制造业的大规模投资，极大地促进了西南地区的工业发展，使丰富的资源得到开发和利用，在一定程度上改变了乡村地区落后的面貌，加快了西南地区的城市化进程，为西南地区工业化初步发展奠定了基础，同时也为开发西部地区作准备，对我国工业发展有着重要意义。

（2）地区发展，交通先行——成渝铁路的建设

四川地处西南腹地，人口众多，物资富饶，但高山环绕，交通不便。早在 19 世纪 60 年代，英国人曾主张将铁路由上海经南京、武汉、重庆修至成都①。后来，法国人、美国人也相继要求清政府修建通往成都和重庆的铁路，但由于四川、湖北人民的坚决反对而作罢。成渝铁路是原川汉铁路西段，最初的修建要追溯到 1903 年清政府批准四川总督锡良设立川汉铁路的提议，于 1909 年正式开工修建。直至新中国成立前，由于清政府的腐败、战乱、路款不济等原因，成渝铁路的修建一直进展缓慢②。

1949 年年底，邓小平同志在西南局扩大会议上提出"兴建成渝铁路、造船修建码头"，修建成渝铁路的事宜再一次被提上了议程③。由于交通不便，四川有些地方还从事着自给自足的劳动生产，四川地区许多优质产品不能向其他地区输送，一丰收就谷贱伤农，偏远地区甚至可以以一块岩盐换一张兽皮、两枚衣针换只母鸡④。重庆、成都作为西南中心城市修建铁路，既可以提高当地商品化程度，向全国输送优质农副产品，恢复四川地区的国民经济，又能开发当地丰富的自然资源。

经过两年多的艰苦奋斗，1952 年 7 月 1 日，连接川西和川东的成渝铁路通车。作为新中国成立后的第一条铁路，它的建成不仅实现了四川人民半个世纪以来的夙愿，改变了四川的交通现状，使得成渝两地交通闭塞的局面被彻底打破，使川西、川东两地之间的联系也日益紧密，有力地促进了成渝地区资源流通、市场开拓，对发展生产和繁荣经济起到了重要的作用。

---

① 肯德. 中国铁路发展史 [M]. 上海：三蓝出版社，1958.

② 四川省地方志编纂委员会. 四川省志·交通志 [M]. 成都：四川科学技术出版社，1995.

③ 张孝良. 新中国第一条铁路建设始末 [J]. 人民交通，2017（10）：68-71.

④ 甘犁. 时代的里程碑：从两个"四十年"看成渝铁路 [J]. 四川党史，1994（6）：18-22.

第一，极大地促进了四川地区工农业的发展，提高了生产力。四川地处内陆，近代工业起步较晚，发展缓慢，铁路的陆续开通为西南地区送来了各种先进的设备和生产原料，便利了当地工业企业的建设，为四川的现代工业奠定了基础，也为当地的企业提供了向国内国外销售的便利条件，带来了发展机遇。

第二，进一步扩大了四川省内的人员流动和物资交流。成渝铁路建成之前，四川省的商品贸易主要集中在水运便利的城市，如岷江附近的温江和都江堰、沱江附近的资阳、嘉陵江和长江交汇的重庆，但水运耗时长且运输规模相对较小①。成渝铁路开通后，降低了区域间贸易成本，增加了成渝地区内部贸易往来，提高了沿线城市商品化程度和区域化程度，促进了区域间贸易效率提升，沿线城市经济得到了较快发展。人口逐步向优势区域聚集，诞生了新的城市和工业发展区，对四川省城镇建设布局产生影响。铁路的出现使沿线城市的工农业得到较快发展，曾经贫困破败的小城渐渐繁荣起来。

第三，极大地扩大了成渝地区的对外开放。受制于四川盆地地形的影响，成渝地区与其他地区的交流频率相对较低，"小富即安"的思想观念相对较强，经济对外开放的程度相对较低。成渝铁路的开通大大缩短了运输时间，减少了运输成本，扩大了贫困人口的外出就业机会，进一步帮助贫困地区改善经济状况，给成渝地区人民群众的思想带来广泛而深刻的转变，使对外开放的思想进一步普及。

经济要发展，铁路应先行，便捷高效的交通网络是构建经济圈的重要条件。交通条件的改善使得区域内部的要素流动更加顺畅，城市化进程明显加快。在推进成渝地区双城经济圈建设时我们同样要重视铁路的建设。随着成渝地区的不断发展，对外开放和商贸活动日渐增多，对铁路运输能力和效率的要求也在不断提高。对旧铁路线，要进行基础设施改建，提高其运行速度和运输能力。要进一步完善和优化铁路网，对运输能力达到饱和的站点进行扩建或分流，对还未建设站点的地区要综合考虑其产业发展建立相应规模的站点。

（3）三线建设平衡生产力布局

20世纪60年代，我国面临严峻的国内外局势，台湾问题、美越战争、

---

① 邓绍辉. 建国以来四川铁路建设及作用 [J]. 西南交通大学学报，2003（1）：25-31.

中苏交恶、中印边界局势紧张，发展国防被摆到重要位置。再加上我国工业布局、基础设施建设与人口分布不平衡，主要的工业、交通枢纽、港口码头多集中于东部沿海地区，一旦爆发战争，沿海地区遭遇袭击，内地民用、军用工业尚未发展起来，我国将缺乏应对措施①。在此背景下，党中央将全国划分为一、二、三线，决定重点发展第三线，把国防建设摆在第一位，将东部沿海、东边沿边地区的重点学校和科研院所、设计机构有计划地迁移到西北、西南等地，以平衡国内工业布局。

四川具有发展工农业得天独厚的地理区位优势和自然资源以及一定的工业基础，将工业布局与地形地貌结合起来，可以达到防御目的，也为三线建设节省了时间和成本。重要的战略地位使四川成为三线建设的重点地区，四川因此获得了大规模投资。据统计，三线建设时期，四川总共获得300多亿元的投资额，占总投资额的14.6%，占新中国成立到改革开放前国家在四川总投资额的80%左右②。

在三线建设期间，四川相继建设了攀枝花钢铁基地、成都无缝钢管厂、四川德阳第二重型机械厂等450个科研机构和工业企业，它们几乎遍布每一个市州，涵盖国防、机械、冶金、电子、化工、能源、兵器、航空航天、传播、核工业等门类③。此外，还陆续修建了成昆铁路、川黔铁路、贵昆铁路、襄渝铁路、湘黔铁路，将西南三省的铁路连成一片，改变了西南地区交通运输落后的状况，为工业发展提供了支持。

在机械工业方面，先后新建、内迁、扩建企业和研究所129个，这批企业和研究所明显改善了我国机械工业沿海和内地的工业布局，提高了机械工业生产力，使当时的四川成为新兴机械工业基地之一，奠定了四川和重庆机械工业的基础④。

在冶金工业方面，四川也得到了迅猛的发展，相继建设了攀枝花钢铁工业基地、成都无缝钢管厂、长城钢铁厂、峨眉铁合金厂、乐山冶金机械轧辊厂、德阳耐火材料厂等一批冶金企业，改变了四川地区钢铁工业的落

---

① 郭存存. 四川三线建设研究［D］. 南充：西华师范大学，2017.

② 何赫炬. 三线建设与西部大开发［M］. 北京：当代中国出版社，2013.

③ 王毅. 四川三线建设企业布局与工业发展刍议［J］. 当代中国史研究，2020（3）：105-114.

④ 四川省地方志编纂委员会. 四川省志·机械工业志［M］. 成都：四川辞书出版社，1994：10-11.

后现状，为四川冶金工业的发展打下了坚实的基础①。

在电子工业方面，对四川的投资额占全国电子工业三线建设投资总额的25%。在成都、广元、乐山、永川等地新建新光机械厂、零八一基地、旭光电子管厂、万众机器厂等多个电子厂。新发展的产品包括炮瞄雷达、指挥仪、时间频率测量仪器、多路通信测量仪器、环境试验设备、电视发射和接收设备、射线仪器、电子计算机、集成电路等。这一时期，四川电子工业企业发展迅猛，为四川电子工业建设奠定了良好的基础②。

此外，三线建设期间，四川的交通基础设施建设也显著增加。货运和客运路线迅速向农村和山区延伸，对公路、铁路也进行了改造和整修，四川自然资源利用规模不断扩大，为当时国内生产生活提供了大量物资。三线建设显著改善了我国内地基础工业薄弱、资源开发水平低下的状况，建立起了工业交通体系，同时增强了以成都、重庆为核心的成渝地区的经济实力，在一定程度上促进了我国区域协调发展。

东部沿海地区虽交通便利，更便于贸易往来，但在国际局势动荡、"逆全球化"思潮兴起的今天，仍然需要重视以成渝地区为核心的西南地区的战略地位，加大工业建设投资力度，合理布局工业，挖掘发展潜力。

改革开放之前我国生产力布局主要以计划经济主导，实行平衡发展策略，对当时发展相对落后的西南地区的投资力度相当大，在一定程度上缩小了东西部地区经济发展差距，奠定了西南地区工业基础，缓解了区域发展不平衡的状况。

2. 夯实西南地区发展基础

为加快我国国内经济发展，1978年正式实施对内改革、对外开放的基本国策，不再一味追求平衡发展，而是强调整体发展速度和宏观经济效益，通过优先发展东部沿海地区、积极融入全球化、扩大对外开放、引入外国的资本与技术促进国内经济发展。此外，邓小平同志明确提出"两个大局"，要结合实际情况，打破以往的区域平衡发展战略，通过加大东部沿海地区对外开放程度，使其优先发展起来，在要素积累达到一定程度以后，通过区域协同发展战略，形成区域增长极，带动内陆地区的经济发展。

---

① 四川省地方志编纂委员会. 四川省志·冶金工业志 [M]. 成都：四川科学技术出版社，1992：7-8.

② 四川省地方志编纂委员会. 四川省志·电子工业志 [M]. 成都：四川科学技术出版社，1993：3-4.

改革开放至 1997 年，我国步入集中发展的生产力布局阶段，通过兴办经济特区和经济技术开发区，开放沿海港口城市，开放沿江、沿边和内陆城市，促进生产力布局从分散到集中转变（1978—1997 年）。这一阶段更加强调东部沿海地区发展，作为腹地的西南地区的经济地位显著下滑。随着东部地区与其他区域（中部地区、西部地区、东北地区）的差距逐渐拉大，缩小地区差异、促进区域协调发展成为我国生产力布局调整的主要目标。我国相继提出重庆直辖、西部大开发战略，开始强调西南地区经济地位，生产力布局转向协调发展阶段（1998—2012 年）。

（1）西南地区经济地位显著下滑（1998 年以前）

改革开放后，我国经济步入发展的快车道，开始实行效率优先的区域非平衡发展战略，以沿海地区发展带动内部地区发展，再逐步开发西部地区。在这一战略下，我国加大对外开放力度，东部沿海地区由于地理位置优势得到了更多的发展机会，经济发展水平由东向西呈现明显的梯度差异，区域发展不协调逐渐凸显①。西部地区经济增长速度不仅滞后于沿海发达地区，也滞后于全国平均水平。具体表现在以下三个方面：

人均生产总值显著低于全国平均水平。人均生产总值表示的是平均每个人创造的生产总值，可以在一定程度上反映地区经济发展水平的高低。1997 年西南地区各省人均生产总值显著低于全国平均水平，与东部沿海地区经济发展差距逐渐拉大。

社会固定资产投资总量相对较小，渠道单一。社会固定资产投资是以货币形式表示的建造和购置固定资产活动的工作量。作为拉动经济的三驾马车之一，其总量能反映经济社会资金投入的规模。在区域不平衡发展战略背景下，西南地区由于深居内陆，产业缺乏竞争力，对社会资金的吸引力相对较弱，远不及东部沿海地区。从结构上来看，自筹资金和国内贷款是西南地区社会固定资产投资的主要构成部分，外资投资比例相对较低；而东部沿海地区社会固定资产投资来源多样化程度更高，更有利于区域经济的持续发展②。

非农产业产值占比相对较小，经济增长潜力尚未释放。非农产业产值占比是反映工业化水平的一个重要指标，工业化水平在一定程度上决定着

---

① 高国力，李天健，孙文迁. 改革开放四十年我国区域发展的成效、反思与展望 [J]. 经济纵横，2018（10）：26-35.

② 数据来源：国家统计局（https://data.stats.gov.cn/index.htm）。

地区经济增长速度。改革开放以来，非农产业生产活动的发展极大地促进了我国城市的产生和发展，有效地减轻了农村地区贫困程度。1997 年，西南地区非农产业产值占比为 74.34%，全国非农产业产值占比为 82.10%，西南地区低于全国平均水平。农业生产效率低下，西南地区经济增长潜力有待释放。

改革开放以后，我国发展外向型经济，西南地区地处内陆，地势险恶，再加上当时交通设施建设不够完善，相比东部地区及中部平原地区而言存在着先天的劣势。这一时期我国经济发展重心在东部沿海地区，相较于改革开放前，西南地区的经济地位显著下滑。

（2）西南地区经济地位企稳（1998—2012 年）

长期以来，受交通等基础设施建设滞后、生态环境脆弱性明显等多种因素制约，西部地区发展水平相对较低。经过改革开放 20 多年的发展，我国沿海地区经济发展迅速，东西部经济发展差距逐渐拉大。直观体现在生产总值上，1998 年西部地区生产总值占全国 17.55%，而东部地区占全国的 55.28%。在东西差异日渐加大的情况下，形成合理的生产力布局、实现区域间协调发展提上日程。在此背景下，1997 年，重庆正式升格为直辖市，是继北京、天津、上海之后的第 4 个直辖市。成立直辖市有利于发挥重庆作为中心城市的作用，让它与成都一起带动西南地区的经济和社会发展。1999 年，党的十五届四中全会明确提出西部大开发战略。实施多年的西部大开发战略推动了西部地区经济飞速发展，形成了分工合理、优势互补、协调发展的格局。在国家政策和资金的倾斜下，西南地区整体上实现持续高速发展，经济地位企稳。

西南地区经济不断增长，工业增加值不断增长。从 2007 年开始整个西部地区生产总值增速开始超过东部地区，占国内生产总值比重也开始攀升。1998—2012 年西南地区全部工业增加值增长了 6.15 倍，经济状况逐步向好①。

产业结构持续优化，第二产业占比呈现先上升后下降的状态。产业结构的逐步调整促进了资源配置，生产效率有明显的提高。产业结构是决定经济发展的重要因素，在此期间，西南地区第一产业生产能力显著增强，第二产业发展势头迅猛，新兴的第三产业也产生了新的活力和新的增长方

---

① 数据来源：各省统计局、统计年鉴。

式，创造了更多的就业岗位，提高了居民生活水准。

基础设施建设促进投资规模扩大。1998年，西南地区社会固定资产投资额为2 713.23亿元，占全国社会投资总额的9.55%；2012年，西南地区社会固定资产投资43 491.46亿元，占全国社会投资总额的11.92%。14年间，西南地区社会投资总额以每年21.36%的速度增长，明显高于全国平均水平（19.31%）①。交通干线、水利枢纽、西电东送、西气东输、通信网络等基础设施建设获得了大量的资金，投资规模不断扩大，取得了突破性进展。青藏铁路通车、西电东送工程投入使用实现了西南地区资源的优化配置，公路、铁路、航空、水利、能源等基础设施建设项目相继完工，为西南地区的经济发展提供了基础支撑，将西南地区的资源优势转化为经济优势，进一步改善了西南贫困地区交通闭塞状况，提升了其落后的面貌。

地方财政收入持续增长。财政收入是国家治理的基础和重要支柱，也是经济社会发展的综合反映。1998年以来西南地区财政收入持续增长，年增速为20.82%，基础设施、公共服务、营商环境等方面得到一定程度的改善。此外，西部大开发战略实施以来，中央财政对西部地区的转移支付不断加大，主要用于基础设施建设、生态环境保护、技术进步和产业升级等领域，西南地区整体发展水平有所提高。

城镇化率稳步提高。从总量上来看，2000年西南五省市城镇化率均低于全国平均水平。2012年各省市均有不同程度的增长，重庆城镇化率超过全国水平，除西藏外其他省市城镇化增长率均高于全国水平②。城镇化率能够反映区域中人口向城市聚集的速度，城镇化水平能够显著影响地方产业发展，是拉动经济增长的重要动力。西南地区整体城镇化率虽低于全国平均水平，但城镇化潜力还未完全释放，后发优势明显，经济增长空间相对较大。

消费品市场需求持续旺盛，内需市场强大。西南地区人口基数庞大且集中，随着经济崛起和收入水平的提高，西南地区正成为一个增长中的庞大消费市场。西南地区人民消费需求的持续增长、消费结构的不断升级，成为区域经济发展的重要动力。

---

① 数据来源：各省统计年鉴。

② 数据来源：国家统计局（https://data.stats.gov.cn/index.htm）。

（二）新时代西南地区经济社会快速发展为内陆增长极核的打造创造了良好条件

新时代以来，我国进入区域协调发展阶段，在共建"一带一路"、长江经济带建设、西部陆海新通道建设等背景下，西南地区交通基础设施、水利水电设施得了极大完善，经济快速发展，西南地区战略地位进一步提高，成都和重庆逐步显现出其极核作用。

1. 西南地区的经济地位

西南地区作为西部地区经济领先地区，其人口总量巨大，区域总人口超 2 亿人，人口聚集度相对较高，基础设施建设相对完善，地理位置优越，是经济、政治、文化的要地。新时代以来，党中央高度重视成渝地区的战略地位，诸多政策和意见都涉及成渝地区。

《关于依托黄金水道推动长江经济带发展的指导意见》明确提出要"促进成渝城市群一体化发展"，要发挥成都与重庆的"双引擎带动和支撑作用，打造西部地区重要经济中心"，要"重点建设成渝主轴带和沿长江、成绵乐等次轴带"，强调成渝地区对西南地区乃至西部地区的辐射和带动作用。2016 年，《成渝城市群发展规划》提到要"发挥成都和重庆双核带动功能"，以成渝地区为主轴，沿江城市带、成德绵乐城市带，构建"一轴两带、双核三区"的空间发展格局，构建"引领西部开发开放的国家级城市群"。西南地区的经济和战略地位进一步提升。

此外，西南地区在共建"一带一路"、长江经济带建设、建设西部陆海新通道中也发挥着重要的作用。成渝地区是"一带一路"连接国内与欧洲、中亚、东盟的战略要地，目前已经逐步构建起长江水道与"渝新欧"铁路、"蓉欧"班列、西部陆海新通道的联动运输通道。成渝地区已成为"一带一路"与长江经济带联动发展的重要节点。

成渝地区是对外开放的战略要地。成渝地区处在中巴经济走廊、孟中印缅经济走廊的腹地，具有对外开放的先发优势，可以助力西南地区区域协同发展。

成渝地区作为西部地区的经济中心，是西部大开发的重要平台，依托发达的陆运、水运、空运条件，领先的科技创新中心，发挥"溢出效应"，可以引领、带动西部地区发展。

在此基础上，成渝地区利用自身优势，积极参与国际竞争和合作，融入全球产业链，通过积极承接东部地区产业转移，培育产业集群，对产业结构进行优化升级，增强产业核心竞争力，拓展国际市场，争取更多投资和产业合作的机会。

新时代，随着我国经济发展，以出口贸易为主的经济模式不再适合我国国情，中央提出了以国内大循环为主体、国内国际双循环相互促进的新发展格局。西南地区对内有强大的消费市场和丰富的劳动力市场，对外可通过"渝新欧"、蓉欧班列、西部陆海新通道抵达欧亚，具有得天独厚的优势，经济地位也随之提高。

2. 四川的水利水电、交通基础设施建设

新时代，四川充分发挥水力资源优势，积极推进水电、交通基础设施建设，缓解因水资源分布不均对生产力布局产生的影响，改善交通建设不足导致投资环境不理想的情况。同时交通运输布局作为生产力布局中的一部分，其调整能够有效促进生产力布局调整。四川水电、交通基础设施建设对西部大开发、长江经济带建设有重要意义，同时也促进了成渝地区双城经济圈建设。

水利水电基础设施建设是推动地区发展、促进经济平稳发展的必然选择。一方面，"水利兴而后天下可太平"，四川处于长江上游，兴建水利水电基础设施能够有效拦截长江洪水，有效减轻下游洪涝灾害，优化水资源配置。另一方面，大多数水资源丰富且尚待开发的地区为贫困地区，以开发水电为契机，可以充分带动当地交通、农业及就业，是精准扶贫的有力手段。

四川水力资源丰富，是我国的水电大省。党的十八大以来，四川水电投资总额逐年上升。根据《四川统计年鉴》，2013—2018年四川固定资产投资中，电力、热力、燃气及水生产和供应业和水利、环境和公共设施管理业两项增长了91.8%。1998年以来，我国充分发挥四川水利资源优势，积极推进水电建设，四川水电全口径外送电量累计突破1万亿千瓦时大关，相当于10个三峡水电站的年发电量。2012—2019年，水力发电量占四川总发电量的比重相当高，最高达87.38%，约为全国水力发电总发电量的1/4，水利水电基础设施投资成效显著（见图6-1、图6-2）。

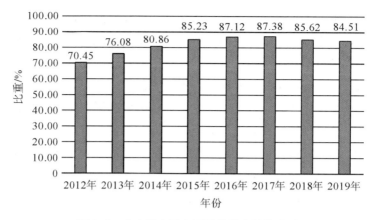

图 6-1　水力发电量占四川总发电量的比重

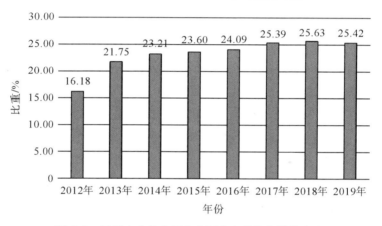

图 6-2　四川水力发电量占全国水力总发电量的比重

四川现有大型水电站 12 座,规划防洪库容达 115 亿立方米,小型水电站 5 025 座,水电装机接近 8 000 万千瓦,占总全省电力装机的 80% 左右。有相当比例的水库具有防洪调节功能,以三峡水库为例,从蓄水至 2020 年 8 月底,累计拦洪运用 61 次,拦洪总量 1 910 亿立方米,削减洪峰约 40%,有效减轻了洪灾给下游城市带来的影响,有效减轻了长江中下游的防洪压力,为长江中下游城市经济发展提供保障①。在为我国其他地区节能减排的同时,"西电东送"项目实现了将四川能源资源优势转化为经济优势,带动了西南地区交通、水泥、钢材、电缆、机电等一系列制造业的发展,促进了富余劳动力就业。水库建设也在防洪方面发挥重要作用,减轻了长

---

① 数据来源:中国水电(http://www.hydropower.org.cn/)。

江中下游城市的防洪压力，保障了城市安全，缩减了政府防洪支出，减少了相应风险和损失。

交通运输是经济发展的基本条件，交通基础设施的不平衡分布是我国区域经济发展差距扩大的原因之一[①]。四川的自然地理因素导致交通基础设施建设成本高，交通不通畅、延伸度不够，这些是阻碍四川区域发展的重要因素。完善四川交通基础设施是推动区域产业一体化、加强区域联系的重要支撑，是推动成渝地区双城经济圈更好、更快发展的基础。成渝地区要具备辐射和带动西部地区的能力，必须建设完善的交通网络，打通人口、货物流动的通道，以强化区域内外各城市间的相互联系，提升开放水平。

2013—2018 年，四川公路水运交通投资逐年上升，连续 9 年超千亿元，基本实现市至县通二级及以上公路的目标，全省高速公路全覆盖，建成和在建总里程突破 1 万千米[②]。交通网络更加密集，地市州之间的联系更加紧密，出川高速通道达 19 条，五大经济区大型货运枢纽全覆盖[③]。其中铁路和高速公路增长最为显著。2013—2019 年四川铁路营业里程增长48.1%，高速公路里程增长 49.09%，均高于全国整体水平（35.66%、43.22%），同时等级公路增加量也高于全国整体水平（见图 6-3)[④]。

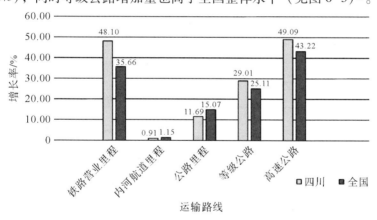

图 6-3　2013—2019 年四川和全国运输路线长度增长率

①　刘生龙，胡鞍钢. 交通基础设施与经济增长：中国区域差距的视角［J］. 中国工业经济，2010（4)：14-23.

②　数据来源：《四川交通年鉴》。

③　数据来源：四川交通年鉴网站（https://scjtnj.org.cn/run/website/index.html? path = index)。

④　数据来源：《中国统计年鉴：2014》《中国统计年鉴：2020》。

西部大开发以来，四川水利水电、交通等基础设施建设投资不断增加，一方面直接促进本地区的就业，提高社会生产能力，短期内促进加快区域经济增长速度。另一方面，通过促进生产要素流动、改善投资环境，降低企业成本，提高全要素生产率，调整生产力布局，促进经济的长期包容性增长。

3. 成都、重庆的极核作用

随着西部大开发、共建"一带一路"的推进以及东部地区产业向内地转移，成都与重庆获得了大量的发展机会，经济社会快速发展，在区位、经济体量、进出口、产业、人口、科技创新等方面具有相当的优势，成为西部地区经济最发达的地区，极核作用逐渐显现。

从区位来看，成都、重庆位于四川盆地之中，背靠青藏高原，依托长江流域，承东启西。同时，它们位于长江黄金水道与"一带一路"建设的交会处，战略地位突出。成都与重庆是西南地区的交通枢纽，公路、铁路路网密布，航空业发达，与西南四省的城市交通联系紧密；随着兰渝、成西高铁的开通，与中部地区、西北地区的交通联系也进一步加强。

从经济体量来看，2019 年重庆、成都地区生产总值分别为 23 605.77 亿元、17 013 亿元，位列全国第五和第七，增速分别为 6.3%、10.9%，高于全国生产总值增速（6.1%），经济体量远超西部地区其他城市。2001—2019 年，重庆、成都地区生产总值在西南地区占比相对稳定，分别占西南地区的 20%、15% 左右，占比相对较高，是西南地区的经济中心（见图 6-4）①。

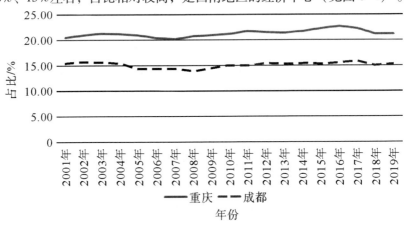

图 6-4　重庆、成都地区生产总值占西南地区生产总值的比重

---

① 数据来源：国家统计局（https://data.stats.gov.cn/index.htm）。

从进出口来看，近年来随着成渝地区对外开放程度加大，成都、重庆的进出口总额占全国比重虽不高，但增长势头明显，进出口总额占西部地区比重逐年上升，2015—2019 年出口占比稳定在 45% 左右（见图 6-5）①。随着中欧班列的陆续开通，四川自贸试验区、重庆自贸试验区的建立，重庆、西安、成都中欧班列开行量居全国前三，一定程度上减轻了自然地理因素对进出口的影响。

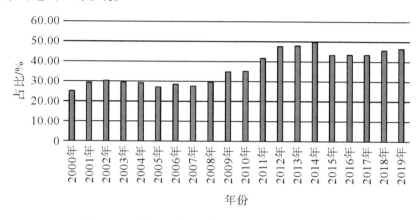

图 6-5　重庆、成都占西部地区进出口总额的比重

从产业来看，成都和重庆在电子信息和汽车两个产业上有明显的优势，具有全国性的影响力。两个城市的服务业发展迅猛，且各有侧重。成都作为西部金融创新中心，物流枢纽，互联网、旅游、文化等中心，服务业功能不断增强；重庆主要发展跨境结算、服务外包等新兴服务业以及旅游、会展、商贸等生活性服务业。

从人口来看，成都和重庆作为特大城市，2019 年常住人口总共达 4 782 万人。2001 年以来，两城市常住人口增长迅猛，尤其是 2008 年以来，常住人口净流入增长趋势明显（见图 6-6）②，超过西部地区其他城市的人口规模。这意味着有更多劳动力流入两地。人口的高度集中将吸引更多生产要素向两个城市聚集，使成都、重庆成为生产要素的聚集高地。

① 数据来源：国家统计局（https://data.stats.gov.cn/index.htm）。

② 数据来源：《成都统计年鉴》。

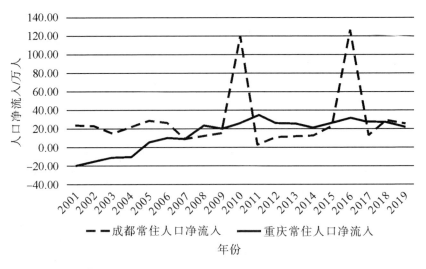

图 6-6　重庆、成都 2015—2019 年常住人口增量

从科技创新来看，成都与重庆的大学、科研院所众多，是科技发展的中坚力量，可以依托高校科研平台，推动院校与地方企业协同创新。2018年，成都研发投入为 392.31 亿元，重庆为 410.2 亿元，比上年分别增长18.4%、12.51%，高于全国水平（11.77%）；研发强度分别为 2.56% 和2.01%，接近全国的 2.14%，虽与其他三大核心城市研发投入强度相比较低，但增长速度明显相对较高，有成为科技创新中心的潜力①。重庆、成都高新技术产业发展相对较快，两地在汽车制造、生物医药、信息产业、交通装备等领域发展相对较快。具体来说，2018 年重庆汽车制造业占比达40%，成都的计算机、通信和其他电子设备制造业、软件和信息技术服务业合计占比达 15.3%。

（三）延长长江发展轴线是新时代生产力布局调整的关键之举

目前我国发展相对成熟的三个区域——京津冀、长三角、珠三角均位于东部地区，发展重心在东部，且随着珠三角经济发展逐步赶超，经济重心南移的趋势越来越明显，开发西部地区是平衡中国经济的必要举措。

我国地势呈三级阶梯状逐级下降，可划分为第一级阶梯、第二级阶梯和第三级阶梯。青藏高原等位于第一级阶梯，西南、西北地区位于第二级

---

① 数据来源：国家统计局（https://data.stats.gov.cn/index.htm）。

阶梯，东中部地区位于第三级阶梯。目前来看，第三级阶梯的开发程度相对充分，中国经济想要迸发新动能就必须把开发重心放到第二级阶梯上。同时，加强对第二级阶梯的开发也能够加强对第一级阶梯的战略控制，通过这样的方式能够让中国的发展战略纵深进一步加大。第二级阶梯中发展可能性最大的就是成渝地区，其次是关中平原城市群。这两个区域要突破秦岭的地理限制，形成中国流域经济的上游增长极和西部地区发展轴。而要突破胡焕庸线、开发西部地区，唯一可行的就是延长长江发展轴线。

自古以来，长江作为水道在促进西部地区发展的过程中起到了重要作用，历史上多数经济发达的城市均位于水运发达的地区。长江作为横跨全中国、流经 11 个省市的大河，其运输能力连续多年位居世界内河首位。长江作为黄金水道，是我国经济内循环最成熟的主线，长江经济带与东部沿海经济带构成了我国"T"型发展格局。依托长江黄金水道，将我国东部沿海地区与内陆地区整合起来，将大大促进内陆地区经济发展。

重庆、成都作为直辖市和副省级城市，同时又是国家正式明确建设的中心城市，不仅要带动本市、本省经济发展，还要在西部尤其是西南地区经济发展中起到带头作用。因此延长长江发展轴线一个最关键的点就是成渝地区的交通建设，通过大力发展成渝地区交通基础设施建设，将交通干线延伸至西部地区，以延长长江交通干线，把水运与陆运交通连接起来，扩大长江水道对西部地区的辐射面。成渝地区位于长江流域上游，是衔接长江经济带与西部地区的关键区域，加大对成渝地区的交通建设有利于突破秦岭，与关中平原城市群形成协同效应，加强西北地区与西南地区的合作互动，通过长江经济带将西部地区与东部沿海地区连接起来，形成西部地区开发和开放的核心引擎。

二、全面推动成渝地区双城经济圈建设必须做到两点论与重点论的统一

（一）坚持两点论的实践逻辑：正视成渝地区长期以来的不平衡发展状况

目前，成渝地区不平衡发展的整体趋势在不断扩大，在一定程度上阻碍着区域经济的发展进程。但其发展的不平衡与自然环境因素、历史文化因素、国家政策密不可分。在推动成渝地区双城经济圈的建设中既要重视

成都、重庆作为核心城市的引领带动作用，也要正视这种不平衡的发展状况，分析发展不平衡的原因，以更好地利用成都、重庆作为中心城市的极核带动作用。

1. 发展不平衡的历史回顾

成渝地区内部发展不平衡、不充分是过去非平衡发展战略导致的。非平衡发展战略在总体上推动了我国经济高速增长，但资源倾向于东部沿海地区也间接导致成渝地区内部经济社会发展差距拉大。这主要表现在以下四个方面：收入水平不平衡、城乡发展不平衡、经济总量不平衡、产业发展不平衡。

（1）收入水平不平衡

收入水平不平衡是成渝地区发展不平衡、不充分最直接的反映。如图6-7所示，2019年成渝地区人均可支配收入中，成都的数值最高（39 503元），呈现出由中心城市成都和重庆向周边地区逐步降低的趋势。成渝地区内部收入水平差距较大。四川省内有11个地区的数值高于四川平均水平（24 703元），但仅有成都的数值高于全国平均水平（30 733元）。

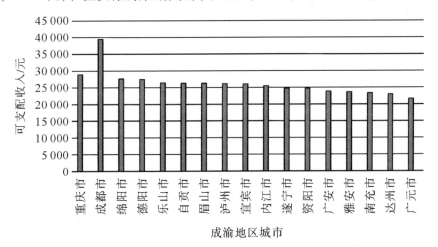

图 6-7　2019 年成渝地区人均可支配收入

（2）城乡发展不平衡

城乡发展不平衡是区域发展不平衡、不充分的必然结果，是区域高质量发展最大的短板。具体来说，如图6-8、图6-9和图6-10所示，城乡居民人均可支配收入能够准确反映城乡收入差距。2019年四川城乡居民人均可支配收入之比为2.48，重庆为2.51，高收入组人均可支配收入与低收入组人均可支配收入之比为 7.29①。社会财富向少数人集中，收入两极分化相对严重。2013—2019 年，成渝地区城乡人均可支配收入之比逐渐降低，城乡收入差距持续缩小，但比重仍然在 2.5 左右，低于全国平均水平（2.64），但相对东部沿海地区来说仍然较高。

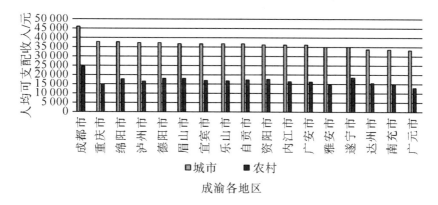

图 6-8　2019 年成渝地区城乡人均可支配收入

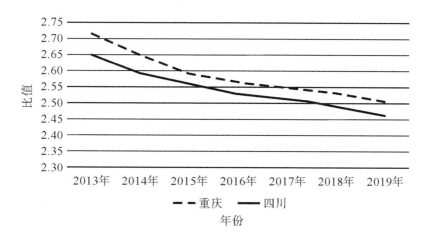

图 6-9　川渝地区城乡人均可支配收入之比

---

① 数据来源：《2019 年重庆市国民经济和社会发展统计公报》。

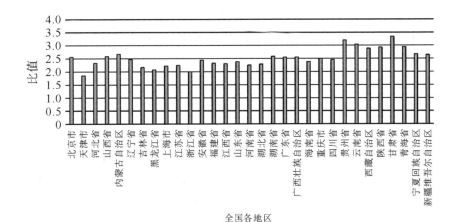

图 6-10　全国城乡人均可支配收入之比

如图 6-10、图 6-11、表 6-1 所示，从消费的绝对数来说，川渝地区城乡人均消费支出相差较大，2019 年城市居民人均消费支出分别为农村的 1.8、1.97 倍。尽管 2013 年以来比值有所下降，但仍然相对较高。从消费占收入的比重来说，2019 年四川、重庆城镇居民人均消费分别占可支配收入的 70.16%、67.96%，而农村居民人均消费分别占可支配收入的 95.81%、86.65%。显然农村居民的消费几乎占到其收入的绝大部分，储蓄率不高，抵御风险的能力较弱。

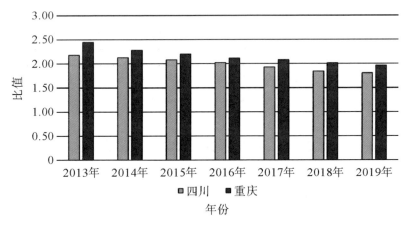

图 6-11　川渝地区城乡人均消费之比

表 6-1　川渝地区城乡人均消费占可支配收入的比重　　单位:%

年份	四川		重庆	
	城镇	农村	城镇	农村
2013	72.42	87.88	74.26	82.08
2014	73.29	88.80	72.69	84.12
2015	73.56	90.28	72.48	85.08
2016	72.91	90.98	71.03	86.19
2017	71.57	93.21	70.70	86.53
2018	70.70	95.44	69.23	86.91
2019	70.16	95.81	67.96	86.65

成渝地区城乡基础设施建设、公共服务供给不平衡。城市的基础设施建设政府投入高、发展快，交通发达，教育资源、医疗资源供给相对充足；而农村的基础设施建设政府投入相对较少，发展滞后，缺乏专业的管理体系，导致农村公共事业难以管理和维持。

此外，部分农村地区产业相对较单一，居民的收入来源仍然主要是农业生产，二、三产业的发展极为缓慢。尤其是像渝东南这样生态脆弱的地区，出于保护环境的需要，能够发展的产业相对较少，地区经济发展会受到限制。

（3）经济总量不平衡

经济总量不平衡是区域发展不平衡、不充分的首要表现。成都平原经济区与重庆主城区在经济总量上占据成渝地区的绝对优势地位，且总量优势在不断扩大。2019 年，成都平原经济区地区生产总值总量占全省总量的60.70%，而川南经济区、川东北经济区、攀西经济区、川西北经济区分别占四川省地区生产总值总量的 16.19%、15.68%、5.76%、1.76%；渝西地区生产总值总量占重庆总量的 77.2%，渝东北占 17.32%，渝东南占5.48%。地区生产总值居于第二位的城市绵阳的数值为 2 856.20 亿元，仅为成都市的 17.9%①。此外，规模以上工业企业数反映一个地区工业生产经营的稳定情况，数量越多，说明工业经济越稳定。成都（3 643 个）、重庆（6 694 个）现存规模以上工业企业个数远超成渝地区其他城市，其经济稳定性相对较高（见图 6-12）。

---

① 数据来源：《2019 年国民经济和社会发展统计公报》《2019 年度四川省民营经济发展报告》。

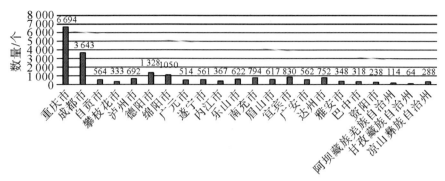

川渝各地区

图 6-12　2019 年川渝地区规模以上工业企业数

　　就人均生产总值来说，成都与重庆主城区相对较高。如图 6-13 所示，2019 年四川各地人均地区生产总值超过全省平均水平的地区有 4 个，分别是成都、攀枝花、德阳和绵阳；重庆人均地区生产总值超平均水平的区县有 12 个。这些市、区、县大多分布在成都平原和渝西地区，而人均地区生产总值相对靠后的地区如甘孜、凉山、巴中、广元等大多距离成渝地区中心城市较远。从人均地区生产总值与全省平均水平之比来看：成都的比值超过 1.5，属于四川的高收入地区；攀枝花、德阳、绵阳、乐山、宜宾五市比值在 1~1.5；属于四川的中等偏上收入地区；其他地区人均地区生产总值低于四川平均水平，其中巴中仅为 0.41。这表明四川各地区之间经济发展差异相对较大。

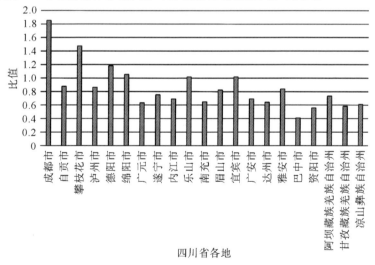

四川省各地

图 6-13　2019 年四川各地区人均生产总值与全省平均水平之比

区域内城镇化率差异较大，因此推动城镇化有望释放巨大内需潜力。2018 年四川省常住人口城镇化率为 52.29%①，低于这个水平的有 13 个地级市以及 3 个自治州，它们大多分布在川西地区。城镇化水平低下，交通不便，第一产业劳动人口无法自由流入第二产业，非农就业比重相对较低，产业结构不合理，抑制了城市经济发展，扩大了城乡收入差距。居住在农村的居民无法享受城市的公共服务，同样也可能造成农村劳动力人口流失，抑制农村地区经济发展。

（4）产业发展不平衡

产业发展不平衡是区域发展不平衡的主要表现之一。如图 6-14 所示，四川各地的工业化程度差距过大，多数地区工业基础薄弱，工业化程度较低。如图 6-15 所示，从 2019 年的非农就业比重来看，全省 21 个市州分别处于 4 个不同的工业化时期，只有成都处于工业化后期（非农就业占比超过 80%），绵阳、攀枝花、德阳、内江 4 市处于工业化中后期（非农就业占比为 65%~80%），自贡、泸州、广元等 13 个市处于工业化中前期（非农就业比重为 50%~65%），甘孜、阿坝和凉山仍然处于工业化初期（非农就业比重低于 50%）。

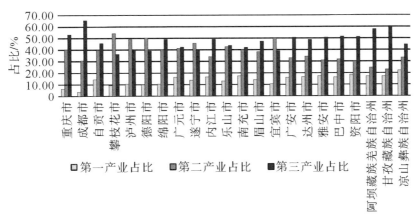

图 6-14　2019 年川渝地区各地三次产业占比

---

① 数据来源：《2018 四川省人口统计公报》。

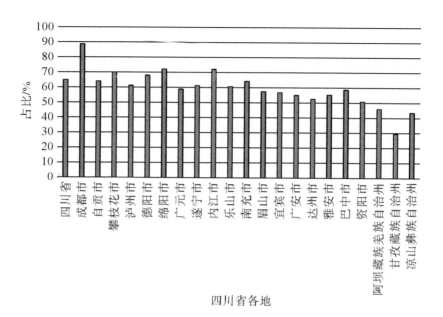

四川省各地

图 6-15　2019 年四川省各地非农就业比重

　　西部大开发以来，成渝地区不平衡发展的状况不断得到缓解，但相对东部沿海地区，成渝地区区域内部的不平衡发展状态一直存在，这既是我国不平衡发展战略的结果，也是区域经济发展过程中不可避免的现象，不平衡发展导致成渝地区发展不足、潜力释放不够。党的十九大以来我国社会主要矛盾转化为"人民日益增长的美好生活需要和不平衡不充分的发展之间的矛盾"，区域发展不平衡成为制约人民美好生活的重要因素，推动区域经济高质量发展是成渝地区成为西部地区增长极的重要举措。与此同时，对成渝地区发展的要求也随之提高，厘清成渝地区发展不平衡的原因，才能有针对性地矫正不平衡发展现状。

　　2. 发展不平衡的原因分析

　　成渝地区发展不平衡是多种因素综合作用的结果，既受地理环境、交通等基础设施建设的影响，也与国家整体政策、历史发展进程息息相关。生产力决定生产方式，物质生产方式是社会历史发展的决定性力量，制约经济发展，当区域内部、区域间的生产方式的发展不一致时，生产力要素必然产生流动，区域内部发展的不平衡是历史发展进程中的必经之路。

　　一是地形崎岖多山。成渝地区地处四川盆地，虽海拔不高，但除成都平原外，其他地区多崎岖的丘陵和小山，现代化农业机械难以应用，生产力水平相对较低，推山造地成本高，地方财政压力大。地理因素也增加了交通运输成本，加大了基础设施建设的难度，阻碍了货物的运输和人员的流动，使得中心城市对周围城市的辐射力大大减弱。相比较之下，成都平原的发展成本较低，马太效应使得本就聚集了许多资源的成都持续吸引全川的资源。而重庆虽是山城，但由于水流充足、河道平缓，是天然的交通网络，水运发达，经济发展也相对较好。

二是交通等基础设施落后。过去多数城市沿河发展，因此河流交汇处的重庆以前是重要交通枢纽，但近代以来公路、铁路运输逐渐代替水运成为交通运输的主要方式，铁路枢纽城市发展相对较快，而依靠水运发展起来的城市竞争力相对不足。虽然成渝地区公路路网密度大，公路遍地，但道路等级相对较低，大型货车通行困难，而高速公路通车里程较短，进出耗时长，又缺乏铁路建设，因此相对闭塞。交通闭塞不仅使得当地招商引资困难、当地产品难以输出，还导致政府财政收入较低，卫生、教育等基础设施建设缺乏资金支持，当地居民收入低，文化水平相对较低，劳动力水平相对不高。基础设施落后导致成都、重庆两个中心城市难以辐射经济欠发达地区。

三是劳动力流失。东西部工资收入差异大，无法提供足够多的就业岗位和保证生存的薪资水平，导致大量劳动力外流，成渝地区产业空心化严重。成渝地区非中心城市虽整体上仍然处于人口迁移外流的状态，但户籍人口与常住人口之差在近年来呈减少的趋势①，有望带动成渝地区实现平衡发展。

四是体制机制约束，制约区域协同发展。以生产税为主的税收体制和分灶吃饭的财政体制制约了企业跨行政区域合理流动，再加上招商引资的偏差，四川的产业园区普遍缺乏特色，严重制约产业集群发展和企业竞争能力提升。此外，城乡二元结构阻碍了劳动力的流动、土地的有效利用和城市化进程。2019 年四川户籍人口的城镇化率仅为 36.78%，比常住人口的城镇化率（53.79%）低了 17.01%。城乡分割既阻碍了农村剩余劳动力向城镇地区迁移，又阻碍了城镇优秀人才和优质生产要素向农村流动，还造成了分居夫妻、留守儿童、留守老人增加等社会问题，严重制约区域和城乡经济协调发展。

---

① 数据来源：《四川年鉴》。

五是国家需要成都、重庆不断发展壮大，以辐射整个西南地区。与东部沿海地区相比，西南地区产业发展相对较慢，且身居内陆，经济欠发达，难以与其他地区相竞争，需要集中发展成都和重庆两个城市来吸纳劳动力，避免劳动力外流。在这个过程中，难以避免中心城市对周边地区的虹吸效应。

六是盆地意识阻碍了经济发展和思想观念的更新。成渝山区交通不便，人们难以接触外部世界，思想意识保守，接受新事物、新思想的速度相对较慢，小富即安的思想比较普遍，缺乏大局意识和整体性思维。盆地意识越严重，地区的发展越滞后于其他地区。同时，由于沿袭传统的耕种方法，生产效率相对较低，处于自给自足的小农经济，使得人们不重视教育，文化水平相对较低，即使进城务工也难以快速学习技能以满足城市需要，家庭收入相对较低。这些都在一定程度上使得成渝地区不平衡发展。

尽管导致成渝地区发展不平衡的原因有多个，但地理因素仍然是最根本的原因。要克服地理因素的限制，带动成渝周边地区发展，将成都、重庆两个核心城市对成渝地区的影响从虹吸效应转向辐射带动效应，需要凝聚成渝地区发展合力，培育副中心城市，一起带动成渝地区平衡发展。

3. 矫正不平衡是凝聚发展合力的关键

当前成渝地区发展不平衡问题亟须改善，否则将面临着资源向核心城市集中、核心城市与其他城市两极分化、核心城市生产要素过剩、人口密度过大而其他城市发展不足、劳动人口流失等问题，更重要的是成渝地区将无法形成区域发展合力，难以实现一体化发展，从而无法形成西部增长极、推动西部地区发展。目前西部地区经济集聚的虹吸效应大于扩散效应，要更好地发挥成都、重庆对其他区域的辐射带动作用，就需要控制经济集聚程度，发展副中心城市，避免"摊大饼"的发展模式，避免核心城市资源过度集中从而形成对周围城市劳动力、资本等生产要素的吸收，以副中心城市的发展带动核心城市难以辐射的地区，扩大辐射范围，提高辐射力度，提高经济增速，促进基础设施建设、产业升级，进而逐步缩小整个区域内部的发展差距。

加强基础设施建设、完善枢纽功能是促进区域平衡、凝聚区域发展合力的关键点。要成都、重庆发挥好极核作用，凝聚成渝地区发展合力，就必须充分调动一切积极因素，矫正成渝地区内部发展的不平衡。要加强基础设施建设，打通要素流动通道，推动新型城镇化建设，促进劳动力从第一产业向第二、三产业流动，促进生产要素向非中心城市集中，实现要素整合，释放产业集聚效应，促进区域内经济均衡发展，缩小不平衡趋势，实现由点到线再到面的发展。

矫正产业发展不平衡是凝聚发展合力的抓手。产业是城市经济发展的基础和命脉，产业布局对区域经济发展至关重要，要培育副中心城市，就需要优化成渝地区产业布局、强化产业空间集聚和错位发展。目前成渝地区产业梯度落差大，产业衔接不畅，区域产业分工不足，城市之间存在一定程度的同质化竞争。为产业承接提供条件，强化地区产业支撑，要将核心城市的低端产业向周边地区转移，一方面促进成都、重庆产业升级，优化资源配置，另一方面促进成渝地区区域产业平衡发展，进而带动成渝地区的整体发展。

增强成渝地区的经济和人口承载能力，逐步解决中心城区人口和功能过密问题，是增强成渝地区辐射带动能力、促进区域平衡、凝聚发展合力的支撑点。产业和人口向优势区域集中是城市发展过程中的客观经济规律，但城市规模不能无限扩张，过度扩张将导致外部不经济，城市的发展不能只考虑规模经济效益，而应该将城市可持续发展与城市综合承载力相协调。

矫正城乡不平衡，是凝聚发展合力的重要举措。要矫正城乡发展不平衡，需要从基础设施建设、居民收入水平、公共服务水平、社会投资水平四个方面发力，推进城乡融合发展。一是要提高城镇化水平，推动城镇高质量发展，吸引农村外流人口回流；二是要促进城乡生产要素自由流动，打破生产要素从城市向农村流动的障碍，从资金、土地、人才、技术等方面推动优质要素向农村流动；三是要推动城乡基本公共服务均等化，提高农村地区教育、医疗、就业、社会保障等方面的水平，促进优质教育、医疗资源向农村地区倾斜，提升农村劳动力素质，建立城乡统一的社会保障体系。

缩小地区间收入差距、降低人民生活成本，是扩大成渝地区消费市场的关键，是凝聚发展合力的着重点。要建立公平竞争、机会均等的宏观调控机制；但公平竞争仍有可能造成不均等的结果，还需要进一步完善收入再分配的宏观调控体系，缩小地区间收入差距，提高城市吸引力。

（二）强调重点论的历史经验：打造双核驱动的现实必然

当前经济发展的空间结构正在发生深刻的变化，中心城市和城市群正成为承载发展要素的主要空间形式。要增强中心城市和城市群等经济发展优势区域的经济和人口承载能力，形成优势互补、高质量发展的区域经济布局。在促进西部地区经济发展的过程中要把握主要矛盾，即通过增强中心城市的要素承载能力，以双核驱动推动成渝地区双城经济圈协同发展，带动西部地区发展。

1. 成都和重庆在成渝地区的传统优势地位

作为西部地区的中心城市，成都和重庆自改革开放以来在成渝地区的优势地位一直未被动摇过，在基础设施建设、常住人口数量、产业布局、科技创新和国家战略倾斜等各方面展现出较强的优势。2020 年两地地区生产总值分别排在全国第五和第七位，且近年来常住人口净流入都在 20 万人以上，人口净流入位列西部地区前茅，生产要素不断向两地集聚，两地有着强劲的经济增长动力。此外，2020 年重庆社会消费品零售总额位居全国第三（11 787.2 亿元），成都社会消费品零售总额位列全国第六（8 118.5亿元）①。从总量上看，重庆是全国第三个社会消费品零售总额突破万亿元的城市；从增速上看，重庆消费增速同比增长 1.3%，位居全国首位。两个城市在成渝地区的区位优势明显。

从交通运输上来说，成都和重庆是连接东西的枢纽城市，是进入西部地区的门户，是西南地区经济中转站，具有强大的区位优势。成都是四川地区铁路枢纽、航空中心，2019 年货物周转量 406.8 亿吨，其中公路301.6 亿吨，铁路 90.4 亿吨②，航空运输量位居国内城市第四、西部城市第一。同时成都国际铁路港、天府国际机场等使成都成为国际门户枢纽城市、国际陆海联运的载体。重庆作为长江穿过的城市，其水运发达，2018年水路客货运量 1.95 万亿吨，相当于全国铁路货运量的 1/20，是西部地区连接海外的重要途径。

从人口数量上来说，成都和重庆在不断吸引新鲜血液。2019 年年末成都和重庆常住人口总和为 4 782 万人。成都常住人口 1 658 万人，占四川省常住人口的 14.42%。重庆主城区常住人口 2 009 万人，占重庆市常住人口的 75.39%，从十年以前的常住人口净流出到现在的常住人口每年增长 20多万人；人口数量众多，仅次于北京、上海③。人是生产要素，劳动力要

---

① 数据来源：第一财经。
② 数据来源：《2019 年成都市国民经济和社会发展统计公报》。
③ 数据来源：国家统计局及重庆市统计局。

素集聚，对于发展制造业有利，有利于实现规模效应和提高综合竞争力。同时人又是消费者，人口密集就意味着消费市场前景广阔，消费市场大，市场经济增长的潜力足，生产、分配、流通、消费进程将会加快。

从产业布局来说，成都和重庆的主导产业主要是电子信息、装备制造、汽车制造、材料制造等，这些产业相比其他地区的主导产业具有高质量、高端化的特点，在西部地区具有比较优势。2018 年成都高新技术产业产值突破 1 万亿元，电子信息、装备制造、医药健康、新型材料、绿色食品五大先进制造业工业增加值占全市比重超过 82%，新型显示、软件、信息安全等领域跻身全国前列，高新技术产业在西部地区处于领先地位。2018 年，成都和重庆第三产业相对发达，第一、二、三产业比值分别为 3.1：39.8：57.1，7.2：40.7：52.1，相比四川（10.9：37.7：51.4）来说，第一产业相对较低，第三产业相对较高，整体实力相对强劲。

对于科技创新而言，成渝地区拥有 129 所高校、61 家科研院所，是全国第五大科教资源集聚区，是西南地区的科技创新中心，且科技成果转化成效显著。2018 年成都技术合同交易总额达 1 355.1 亿元，同比增长 122.2%，居副省级城市第三位，其拥有国家科技型中小企业达 3 543 家，企业创新能力加快提升。2018 年重庆全社会研发经费支出达到 397 亿元，比上年增长 9%，研发经费投入强度达到 1.95%，投入力度相对较大，科技创新能力增长迅速①。

从国家战略优势上来说，成都和重庆是西部大开发、共建"一带一路"、长江经济带、西部陆海新通道等政策的重要衔接点。两市依托上述政策与共建国家加强贸易往来，签订合作协议，加强了合作的稳定性。在国际贸易方面，西可由成都经蓉欧快铁直达中亚及欧洲大陆，东可由重庆依托长江黄金水道出海，南可由西部陆海新通道经南宁至北部湾出海。依托这些通道，进出口可以更加频繁，在走出去的同时也加强了对国际资本、人才流入的吸引力。在国家政策方面，天府新区、保税港区、金融服务平台、自贸区的建立也为两市的发展增光添彩。

2. 加快优势地区优先发展的客观必然性

目前成渝地区的核心问题是成都和重庆主城区作为成渝地区的核心城市只能带动周边地区，难以辐射更大的范围。要辐射和带动整个成渝地区

---

① 数据来源：成都市科学技术局。

发展，两个城市就要起到统筹协调和引领带动作用。做强两个中心城市、优先发展具有优势的地区可以获得更高投资效率和较快的增长速度，提升成渝地区综合实力，并通过这些地区的发展及其扩散效应带动整个成渝地区的发展。推动西部地区发展，要利用好成都和重庆的传统优势地位，发挥比较优势，提高生产效率，通过极化效应促进成渝地区良性互动发展，带动西部地区发展。

优势地区优先发展实际上是不平衡发展的思路，也是针对成渝地区现状作出的理性决策。发展优势地区能够建设好成渝地区经济的龙头和高地，在资源、技术、熟练劳动力有限的情况下将资源利用效率最大化，获取最大的经济效益。再者，根据梯度推移理论，区域内经济发展水平不平衡时，客观上已经形成了一种经济技术梯度，有梯度就有空间推移，只有先让有条件的高梯度地区更快地发展起来，然后依次向处于次级梯度的地区转移，逐步带动低梯度地区发展。

加快优势地区优先发展具有拓展发展空间的客观必然性。一是要充分发挥核心城市的传统优势，为成渝地区吸引更多外部资源，为成渝地区发展提供支撑；二是提高核心城市的要素承载能力，有利于缓解"大城市病"的问题，提升发展质量，优化资源配置，激发经济发展的潜能和活力；三是优势地区的发展能够辐射和带动周边城市，能缩小核心城市与周边城市之间的发展差距，从地理上扩大成都和重庆的发展空间，打造人口和产业承载新空间，形成一批新的经济增长点。

加快优势地区优先发展具有集聚生产要素的客观必然性。优势地区能够高效利用资源，并在优先发展的过程中持续吸引资源流入，以提升区域的整体实力，进而提升区域对生产要素的吸引力，促进外部生产要素流入，同时促进剩余生产要素向周边地区流动和扩散，使区域内部闲置生产要素得到释放和使用，提升整体经济实力。

加快优势地区优先发展具有产业升级的客观必然性。加快优势地区优先发展能够推动产业转移、深化产业分工。通过成渝地区产业协作，做大做强产业链，形成产业集群，利用核心城市的扩散力，使周边城市根据自身的比较优势有选择地承接成都和重庆转移出的部分产业，并对这些产业进行吸收、改造、升级，形成特色产业，以产业发展推动城市发展。

区域发展存在由不平衡转向平衡的过程，而由于区域内部发展的前置条件不同，不同地区存在一定的发展差异，这就需要遵循比较优势原则，将有限的资源在成渝地区实现最优配置。当前,中心城市和城市群成为承载区域生产要素的主要空间形式,成渝地区经济高质量发展同样要求培育多个增长极,形成多点支撑的区域发展局面。通过加快优势地区优先发展,加强中心城市的统筹协调和引领带动作用,可助推周边地区主要产业和基础部门的进一步发展,进而提升区域整体水平。

3. 形成内生发展动力要求打造区域双核

成渝地区双城经济圈作为西部地区经济增长极,其内生发展动力不足,经济增长主要依靠要素投入和刺激性政策,经济难以自主、持续增长。内生发展动力不足主要体现为以下三个方面:一是过度依赖投资拉动,消费需求不足。近年来投资占地区生产总值的比重相对较大,但投资高速增长不可持续,投资回报率逐年下降,产能过剩、民间消费需求不足等问题接踵而至。二是过度依赖国有经济,使得成渝地区经济缺乏活力,市场竞争不够充分,资源利用效率相对较低,缺乏创新动力。三是成渝部分地区产业的结构层次相对较低,对资源的依赖性相对较大,但长期依赖资源获得经济增长可能会使地区经济丧失创新的动力,且与核心城市产业断层相对较严重,使区域经济发展极化加重。

成渝地区经济摆脱依赖性的根本途径是培育内生发展动力,使区域经济可持续发展。经济和人口作为内生发展动力,是促进成渝地区发展不可忽视的重要因素。人力资本是经济发展的动力源泉,科技创新是经济发展的核心动力,企业是经济发展的载体。为加强经济和人口承载力,要求成渝地区打造区域双核。"一轴两带、双核三区"的空间发展格局,能够促进成渝主轴地区的城市竞相发展,形成副中心城市,改善"中部塌陷"问题,拓展沿线城市发展空间,加强沿线城市产业协作,提高成渝主轴地区人口和其他生产要素的承载力,推动成渝地区经济高质量发展,形成内生发展动力。同时,周边各市可深化与成都、重庆的协作,承接配套功能和产业外溢,通过双核带动,促进成渝地区城市发展,增强成渝地区整体实力。

形成内生发展动力的关键是通过双核带动,促进核心城市竞相发展,进而带动成渝地区双城经济圈整体的发展。经济和人口是区域内生发展的动力,要提升成渝地区整体实力、发挥成都和重庆的带动能力,必须加强成渝城市群的经济和人口承载力。

经济是成渝地区高质量发展的增长极。一是要完善基础设施,提升城市交通承载力，减少通勤时间，提高物流速度；二是要优化区域空间布局，提高要素集聚能力，扩大城市发展空间，建立跨行政区域协作和利益共享机制，提高核心城市和城市群综合承载和资源优化配置能力；三是要增强成渝地区整体的创新能力，提升产业链水平，使产业链、价值链、供应链更加具有影响力和竞争力。

人口是成渝地区高质量发展的动力源泉，提升创新能力最重要的因素就是人口。而人口的聚集要求城镇的发展：一是要推进以人口为核心的城镇化发展，加强城镇功能建设，形成人口可持续健康发展的空间，吸引和留住更多优质人才，以拓展市场空间，推动产业转型升级；二是要创新劳动力流动机制，消除人口跨行政区域流动的制度性障碍；三是要建设副中心城市，增强对人口的吸纳力和对劳动力的吸引力，引导人口梯度转移；四是要完善公共服务供给，增强公共服务供给水平，提高人民生活幸福感，吸引人口流入。

（三）实现两点论与重点论的统一：双核驱动的最终目标在于区域发展整体性水平的提高

发展成渝地区双城经济圈要逐步推进，首先，要强化成都和重庆两个城市的极核作用，提升两个城市的发展能级和综合竞争力，制定系统的辐射带动方案，并处理好核心城市与周边城市之间的关系。其次，在成都和重庆中间需要形成副中心城市以支撑起中部地区，以点串线推动成渝主轴地区发展，由"中部塌陷"向"中部崛起"转变，同时推动核心城市发展由外延扩张向内涵提升转变。最后，以线带面，提升区域整体水平，形成一体化发展的都市圈。成渝地区双城经济圈一体化发展能够扩大成渝地区的经济实力和辐射带动力，填补西部地区的空白，是辐射西部的重要动力源，同时也是形成新支点的重要途径。

1. 处理好极核城市与周边城市之间的关系

现有城市体系下，成都和重庆与成渝地区其他城市要做到平等对话相对困难，而极核城市对周边城市的虹吸效应显然比溢出效应更大，要正确处理好极核城市与周边城市的关系，明确城市分工，改变极核城市和周边地区"只有支配，没有服务"或"只有虹吸，没有溢出"的关系。

极核城市与周边城市之间关系的核心问题在于发展落差过大，导致极核城市与周边城市之间无法形成合适的梯度，极核城市对周边城市的辐射带动作用无法发挥。要处理好极核城市与周边城市之间的关系，就要聚焦二者之间的发展落差，突出成都和重庆在成渝地区发展中的引领和带动作用，形成经济梯度，缩小极核城市和周边城市发展落差。

优质资源过度集中是发展落差导致的直接结果。要解决发展落差问题，一是要尽快推动成渝地区区域一体化，破除要素自由流动的行政壁垒，促进要素在区域内自由流动，以发挥各地区的比较优势，实现更合理的区域分工；二是要提高成都和重庆自身高质量发展的水平，以科技创新推动成渝地区高质量发展，进而创造更高的经济价值。

在处理极核城市和周边城市的关系的过程中要强调圈层推进，以成都和重庆为中心构建都市圈，通过由内向外的扩散带动成渝中间地区发展。在圈层推进的模式下，单个圈层经济体内部的产业和企业的关联效应将增强，而关联效应不强的产业和企业将迁出并转移到其他圈层，同时随着圈层内部经济发展水平的提高，一些不再适合核心城市的产业和企业部门将向区域的其他地方进行有效转移。可以通过加速产业和企业在圈层内的流动，提高成渝地区经济发展活力，进而实现整体水平的提升，最终形成中心城市—都市圈—城市群的区域空间格局。

2. 推动城市发展由外延扩张向内涵提升转变

在城市发展过程中，随着土地资源的紧缺，城市规模的扩张越来越受到资源的限制，"摊大饼"式的扩张将难以为继，城市发展必将由粗放向集约转变，要防止盲目扩张和无序蔓延带来的城市功能分区混乱。在推动成渝地区发展过程中，要科学规划城市空间，形成以成都和重庆为核心的都市圈，在都市圈范围内加强核心城市与周边城市的分工与合作，将城市发展由外延扩张向内涵提升转变、由快速发展转向高质量发展，进一步提升重庆和成都的发展能级和综合竞争力。

都市圈是成渝地区区域一体化进程中必经的城市空间形态，城市发展向内涵提升转变的核心问题是都市圈需要建立具有活力的城镇体系。城镇化的目的有三：一是要使人口城乡分布更为合理。成渝地区农村的人口还很多，农业产出效率相对较低，还有极大的上升空间，城镇体系的构建有助于成渝地区整体经济水平的提升。二是要以城镇化提升成渝地区整体人口素质，缩小城乡差异。发展教育是提升人口素质和劳动力素质的最根本途径，而城镇化水平的提升能够让更多年轻一代受到更优质的教育，逐步提高高素质劳动力比例。人才是驱动技术创新的主体，是推动经济发展的第一资源，教育水平的提升有助于提高未来成渝地区经济发展的核心增长力。三是通过将人口集中到城镇地区有效降低生态脆弱地区的环保压力。成渝地区作为长江和黄河流域上游地区，肩负维护生态屏障的重要责任与使命，城镇体系的构建能够给农村劳动人口提供多样化的收入途径，减轻生态脆弱地区破坏式发展的程度。

总体来说，都市圈的城镇化建设是以人为核心的高质量的城镇化。人是城市发展的首要因素，要通过满足人们对于美好生活的需要，吸引更多人到城镇就业和生活，进而逐步调整产业结构，进行产业升级，以形成高质量发展的城镇化，提升都市圈的竞争力。

具体到建设成都和重庆都市圈上面，首先要打造以人为核心的新型城镇化模式。如成都提出打造公园城市和幸福美好生活十大工程，通过在收入水平、生活成本、公共服务、营商环境等方面发力，提升城市对人才的吸引力，增强都市圈内生增长动力。如重庆通过推行户籍制度改革，完善进城落户政策，推进城乡综合配套改革，促进有能力在城镇就业和生活的农村人口在城镇地区落户。其次要根据成渝地区城市实际情况，合理控制城市规模和人口密度，避免人口超过城市承载力。尽管城市经济具有规模效应，城市对周边地区具有辐射带动作用，但城市规模过大也会带来规模不经济，要在规模和效益之间取得平衡。这就需要加快交通一体化建设，以缓解都市圈中心城市的人口压力。最后要提升创新发展的能力和水平，主动顺应科技变革的趋势。科技创新是内生发展动力的关键，要将发展新经济、培育新动能作为创新驱动发展的突破口，充分发挥成渝地区高等院校及科研机构的比较优势，提升创新水平，提高科技成果的转化效率。

3. 推动区域一体化发展，提升整体水平

纵观全球典型都市圈，大多数都是以辐射带动能力强大的大城市为中心，通过区域内基础设施和制度的建设，促进生产要素在区域内部高效流动和配置，实现区域内城市分工协同，最终达到区域一体化的效果。区域一体化发展是国内外各大都市圈、城市群发展的趋势。具体到成渝地区来说，目前成渝地区还存在着市场一体化程度不高、基础设施互联互通不够、产业分工合作不明确等问题。要发展成渝地区，就必须以一体化为战略目标，减少行政阻力和发展成本，改善成渝地区"中部塌陷"，提升成渝地区整体发展水平。

市场一体化是推动成渝地区区域一体化的前提条件。要通过建立信息沟通机制、市场互通机制、人才交流机制和利益协调机制促进各类要素和资源在成渝地区自由流动，降低成渝地区内部存在的行政性、制度性阻碍和信息不对称带来的发展成本，提高区域发展水平和效率，形成一体化市场。

产业一体化是推动成渝地区区域一体化的重要环节。产业同质化、低端化是成渝地区产业核心竞争力不强的重要因素。要合理利用成渝地区不同城市的优势产业，调整优化产业布局，及时进行产业转移和转型升级。这是提高区域产业竞争力、促进形成产业链和供应链一体化的重要抓手。

基础设施互联互通和基本公共服务一体化、均等化是推动成渝地区区域一体化的基础性环节，是成渝地区高质量发展的坚实保障。基础设施的不完善会造成资源利用效率低下，制约地区间生产要素的自由流动，同时增加物流成本。推动交通、水利、能源、信息等重大基础设施一体化建设，能够降低地区间交流成本，促进商品、人才、资金、信息跨行政区域的流动，提高区域经济效率。基础设施发展水平决定了成渝地区经济发展的速度和质量。要建立成渝地区基本公共服务标准体系，加强成渝地区教育、医疗、社会保障、文化等政策的协同性，提升成渝地区公共服务整体水平，促进基本公共服务一体化、均等化。

城乡一体化是推动成渝地区区域一体化的关键一步。区域经济要发展，农村地区不可忽视。一方面要通过破除城乡二元壁垒，推动农村劳动力和土地市场化，释放内需潜力；另一方面要通过加大农村基础设施建设，引导优质资本下乡，拓展农村内需市场。

生态环境保护一体化是成渝地区区域一体化的质量保障，成渝地区高质量发展离不开生态环境保护。成渝地区位于长江上游、三峡库区腹地，在筑牢长江上游生态屏障方面有着重要地位。要通过打破成渝地区行政壁垒，加强生态环保政策的协同性和生态环境联防联控，推进生态环境共保共治，同时大力发展绿色产业和绿色经济，深入推进成渝地区生态环境保护一体化。

总的来说，成渝地区发展需要强化成都和重庆的极化效应，并在这个过程中通过发展都市圈的形式逐步带动周边城市，进而形成一体化的城市群，以一体化发展解决发展落差的问题，提高整个成渝地区发展的水平，做强西部增长极。

三、用好区域发展的辩证法：实现短板与潜力的统一

党的十九大以来，我国的区域协调发展战略被上升为协调发展理念，成为经济发展的指导原则，同时，国家也在战略层面上提出了平衡发展结构的明确指向。平衡发展结构作为协调发展的目标指向，成为现代化经济体系建设的内在要求。要下好发展的全国一盘棋，协调发展是要诀。推动协调发展，就是要提高发展的整体性，形成推动经济工作的强大合力。成渝地区双城经济圈作为长江、黄河上游重要城市群，在贯彻落实党中央的平衡发展战略部署上责无旁贷。成渝地区必须着力构建平衡发展结构，才能充分发挥自身优势和能力，更好地服务国家战略。回顾成渝地区的发展历史，就是要站在战略的高度和历史的深度上把握当前全国区域发展格局的整体性要求。纵观成渝地区的发展历史，有以下几点认识是需要明确的。

（一）顺应协调发展之势以定方向

顺应全国发展趋势才能明确区域发展方向。新中国成立以来，促进区域间的平衡发展一直是宏观经济政策关注的重点内容。不同的平衡发展战略总是针对不同的发展要求和区域发展格局提出的。新中国成立以来的平衡发展战略表现出明显的阶段性特征，按照新中国成立以来历次党的代表大会报告的正式表述，可以分为三个依次演进的阶段。

第一阶段，党的十三大以前的平衡发展战略注重基础优先平衡，即注重沿海与内地在生产力布局上的主动平衡。这既是对发展全局的统筹，也是夯实内地发展基础的需要。相对而言，内地的发展基础要弱于沿海，因此，在发展战略侧重点上，更注重培育内地发展基础。这是对计划经济时期全国几乎均质的经济要素分布的战略回应。沿海与内地的关系问题，在新中国成立后相当长一段时间是政策关注的对象。"沿海和内地的配合"，一方面"为了合理地配置生产力，使工业企业接近自然资源，使工业和整个国民经济得到平衡的发展"，需要"把工业重点逐步移向内地"，改变"中华人民共和国成立前百分之七十以上的工业集中在沿海各省的畸形现象"；另一方面，不能"否认或忽视沿海各省工业的作用""应当充分利用

沿海各省的有利条件，继续适当地发展那里的工业，以帮助内地工业的发展，加速全国的工业化"①。这是平衡发展战略在新中国早期区域发展中的生动体现，针对的客观实际是工业化初期的国内生产力高度不平衡的初始状态以及当时严峻的国际政治经济环境。从结果上看，这一平衡战略的执行，为广大的内陆地区植入了现代产业，为党的十三大后集中力量进行现代化建设的伟大实践奠定了坚实的生产力基础。

第二阶段，党的十三大至党的十八大之前的平衡发展战略注重结果优先平衡，即在尊重市场经济条件下各区域之间发展不平衡的客观实际基础上，通过发挥各地的比较优势，形成区域间的互动协同格局。其主要目标是激发各区域发展活力，实现快速发展。结果优先的平衡战略针对的是当时的发展格局和市场条件的变化。其基本战略指向就是突出结果导向，通过不同区域的差别化发展，充分激活市场，培育市场经济的中心地位。在客观层面上，计划经济时期经济要素几乎完全均质分布的社会状态被打破，市场经济的发展引起了极为突出的要素非均质聚集状况。为保持要素非均质聚集形成的发展牵引力并有效应对聚集客观上形成的负效应，地区之间的平衡发展也自然成为宏观经济管理的重点问题。党的十三大报告指出，"要切实加强和改进国民经济的综合平衡，做到财政、信贷、外汇和物资的各自平衡和相互之间的基本平衡""只有在结构合理的基础上实现总量平衡，才能取得良好的宏观经济效益""这个问题越往前去会越加突出"。可以看出，平衡作为宏观经济管理的重要标准，已经从单纯的地区平衡扩展到综合平衡。这是对市场经济快速发展引起的经济要素非均质聚集状态的全面回应。在地区平衡方面，则明确提出了东、中、西部平衡发展的战略概念，"重点发挥经济比较发达的东部沿海地区的重要作用，又要逐步加快中部地区和西部地区的开发，使不同地区都能各展所长，并通过相互开放和平等交换，形成合理的区域分工和地区经济结构"。随着计划向市场转轨的深入进行，这一战略随着社会主义市场经济的快速发展也在不断发展和变化。其总体趋势是平衡发展在宏观经济管理中越来越集中于地区平衡。党的十四大确立了区域平衡发展战略在宏观经济调控中的重要地位，明确指出要"充分发挥各地优势，加快地区经济发展，促进全国经济布局合理化"，在表述全国发展不平衡的客观实际基础上，提出东部

---

① 中共中央办公厅. 中国共产党第八次全国代表大会文献 [M]. 北京：人民出版社，1957.

地区的外向型经济、中西部资源丰富、沿边地区的地缘优势等，提出需要树立全局观念、在国家统筹规划下形成地区之间互惠互利的经济循环新格局①。在党的十四大提出发挥中心城市作用的基础上，党的十五大明确了中心城市的作用在于进一步引导形成跨地区的经济区域和重点产业带。同时落后地区的发展也得到了战略的关注②。在经济持续快速发展的影响下，经济发展的带动效应开始全面体现。党的十六大更加突出了区域平衡发展战略对西部地区的倾斜："国家要加大对中西部地区的支持力度，优先安排基础设施和资源开发项目，逐步实行规范的财政转移支付制度，鼓励国内外投资者到中西部投资。"为顺应这种发展态势，党的十七大提出科学发展观，提出必须坚持全面协调可持续发展，按照中国特色社会主义"五位一体"总体布局，实现经济社会永续发展。在区域协调发展方面，则强调围绕优化国土开放格局，继续实施区域发展总体战略，深入推进西部大开发，全面振兴东北地区等老工业基地，大力促进中部地区崛起，积极支持东部地区率先发展③，以缩小区域发展差距，引导生产要素跨区域合理流动。在城市建设方面，提出以增强综合承载能力为重点，以特大城市为依托，形成辐射带动作用大的城市群，培育新的经济增长极④。

第三阶段，党的十八大以来的平衡发展战略是注重能力优先平衡，即在强调区域协调互动格局的基础上，赋予协调发展明确的价值取向，坚持以人民为中心的发展思想，把补齐欠发达地区、农村短板放在首位，提高发展整体性水平，推动协调发展新格局的形成。党的十八大报告坚持了区域发展总体战略，在城镇化方面更为强调科学规划城市群规模和布局，增强中小城市和小城镇产业发展、公共服务、吸纳就业、人口集聚功能，推动城乡发展一体化⑤。随着中国经济进入发展新常态，经济发展呈现出速度下降、结构调整、发展方式转变、动力转换等一系列新特征。党的十九大明确提出发展必须是科学发展，必须坚定不移贯彻创新、协调、绿色、

① 中共中央文献编辑委员会. 江泽民文选：第一卷 ［M］. 北京：人民出版社，2006.

② 中共中央文献编辑委员会. 江泽民文选：第一卷 ［M］. 北京：人民出版社，2006.

③ 胡锦涛. 高举中国特色社会主义伟大旗帜 为夺取全面建设小康社会新胜利而奋斗 ［M］. 北京：民族出版社，2007.

④ 胡锦涛. 高举中国特色社会主义伟大旗帜 为夺取全面建设小康社会新胜利而奋斗 ［M］. 北京：民族出版社，2007.

⑤ 胡锦涛. 坚定不移沿着中国特色社会主义道路前进 为全面建成小康社会而奋斗 ［M］. 北京：人民出版社，2012.

开放、共享的发展理念。在应对发展不平衡问题方面，提出实施乡村振兴战略，建立健全城乡融合发展体制机制和政策体系，加快推进农业农村现代化。实施区域协调发展战略，重点首先是欠发达地区，加大力度支持革命老区、民族地区、边疆地区、贫困地区加快发展，同时赋予区域发展总体战略以新的方向，强化举措推进西部大开发形成新格局，深化改革加快东北等老工业基地振兴，发挥优势推动中部地区崛起，创新引领率先实现东部地区优化发展，建立更加有效的区域协调发展新机制。城镇化方面，明确提出城镇化必须以人为核心，以城市群为主体构建大中小城市和小城镇协调发展的城镇格局，加快农业转移人口市民化①。

从基础优先到结果优先再到能力优先，深刻反映了新中国成立以来我国走工业化发展道路的具体历史场景和审时度势的战略选择。总体而言，以上发展阶段的平衡发展战略主要有以下三个共同的特征：一是平衡战略一直是宏观经济调控的基本手段。以区域平衡为主要调控领域的平衡战略，在不同的历史时期，伴随着经济社会客观实际的变化，尽管重点有所变化，地位所有调整，手段有所侧重，但作为一种发展战略，始终是我国宏观经济管理的基本工具。二是平衡战略的出发点，始终是对我国作为一个大国客观存在的社会生产力区域差距的清醒认识，以及对因经济差异而形成的人民生活水平差距的持续关注。市场化水平越高，经济发展水平越高，对于差距调整的战略规格就越高，对于提高欠发达地区人民群众生活水平的政策作用力度就越大。这是在我国平衡发展战略中体现得极为明显的趋势性特征。在党的十八大以后，这一点表现得尤为充分。三是沿海与内地的差距。东、中、西部差距，是平衡发展战略一直关注的重点。这是世界经济发展整体格局对我国国内发展格局的影响的体现，是一种外在的决定性。沿海与内地的差距也好，东、中、西部的差距也好，客观上都是海洋经济作为市场经济的主要形态造成的经济区位差异导致的。因此，在战略层面一是要把握好东部区位优势，对接市场，二是要注重调整国内资源配置状态，通过产业、城市、交通的布局和建设，在对接市场的过程中实现资源的高效率配置。

---

① 习近平. 决胜全面建成小康社会夺取新时代中国特色社会主义伟大胜利 [M]. 北京：人民出版社，2017.

（二）把握协调发展之理以明规律

当前以京津冀协同发展、建设长江经济带、长江三角洲区域一体化发展、黄河流域生态保护和高质量发展等为重大战略载体的全国平衡发展战略，是一个极富立体架构特征的平衡发展战略。从历史维度看，要统筹推进这一战略，需要把握当前协调发展的内涵的整体性要求。

首先，在发展价值取向上必须坚持鲜明的平衡价值观。协调发展就是以人民为中心的发展理念在区域经济发展过程中的全面体现。无论是区域发展平衡的推进，城乡结构的改善，还是经济、社会更为系统的演进，都需要从以人民为中心出发，对当前发展状态和发展战略进行全面审视和调整。成渝地区的发展历程表明，经济再平衡是不是实现，区域协调发展是不是得到贯彻，都必须从以人民为中心出发加以考量。这是必须在思想观念上加以清醒把握，在政策设计中加以明确体现，在实践推进中落地落实的重要发展思想。还要认识到，平衡不是绝对平均价值，而是高质量发展基础上的公平价值要求。平衡不是不要发展，而是要在更高水平的基础上实现发展成果由更广大人民群众共享。战略上明确提出的平衡就是要求生产力布局根据目标指向进行适应性调整，要求在动力转换进程中使生产力的供给在区域协调发展格局中向人民群众的需求进一步靠拢和集中。在这一发展原则指导下，关注欠发达地区和弱势群体的发展是再平衡的必然选择。在发展进程中处理好生存与发展、公平与效率的关系，是再平衡的关键所在。再平衡战略推进中的区域协调发展，既要做到"生存要公平"，也要做到"发展讲效率"，还要关注"生态能包容"。"发展讲效率"更多要依靠市场均衡手段，"生存要公平"更多要依靠政府平衡能力，"生态能包容"更多要依靠社会治理水平。

其次，在发展方向上适应全国新发展格局的演变趋势。成渝地区每一次大规模的经济结构调整，都与国家大规模的生产力布局调整直接相关。高度重视和关注生产力布局调整，是成渝地区走高质量发展道路的必然选择。党的十九大以来，我国的区域协调发展战略表现出一些趋势性要求，在成渝地区双城经济圈发展新格局培育中，应加以重视和认真研究。一是国家战略着眼于进一步解决东、中、西部差距问题。一方面壮大沿海经济的牵引力。在沿海经济持续发展的条件下，通过沿海地区特别是长三角和京津冀协同发展水平的提高，形成经济增长极核。另一方面进一步做实东、中、西部经济的联系渠道。通过长江经济带发展战略的实施，提高沿江地区的互联互通水平，使得长江黄金水道真正成为东、中、西部协调发展的核心连接。坚持山水林田湖草综合治理、系统治理、源头治理，统筹推进各项工作，加强协同配合，推动黄河流域高质量发展。二是培育北方经济中心区域，为南北平衡发展创造条件。东、中、西的差异和南北差异都是市场作用的结果。东西差异的背后是生产要素因区位条件而形成的非均质分布，以及这种分布不断自我强化的过程，体现了市场影响下的外在决定性。南北差异的背后则是市场发展和演进累积形成的能力势差。区位势差会随着市场条件例如基础设施等的变化而改变。因此也是可以通过政策加以改变的，是可逆的。能力差异在短时间内难以得到根本性改变。相对于东中西部差异而言，南北差异在政策上得到重视的时间也明显较短。加大促进北方经济发展的战略支持势在必行。目前在战略层面，首先促进京津冀协同发展，充分发挥北京特大城市的作用，塑造北方区域经济协同发展极核。其次提升长江三角洲区域经济战略地位，既促使长江三角洲成为长江经济带的龙头，也通过自由贸易港的打造使得因开放而形成的市场更接近于北方经济极核。最后，支持黄河流域各地区发挥比较优势，构建高质量发展的动力系统。三是有针对性地强化市场接入。大规模的基础设施建设最终将改变传统的区位结构。由区位结构变化引起的城市和产业布局的调整、经济联系的增强，将成为推动平衡发展结构的浪潮。同时，通过开放在内地的延伸使得全方位开放替代单一的东向开放成为战略规划的方向，为中西部地区充分发挥互联互通的支撑作用、直接接入国际市场创造条件。

再次，在发展方式上必须丰富平衡的策略库。成渝地区在追赶中实现再平衡，始终是发展能够取得突破的关键所在。要在强调市场的同时更好地发挥政府作用。再平衡既要求不断完善市场在资源配置中起决定性作用的基础性机制，也要求在改革进程中更加充分发挥政府作用。从区域协调发展的角度看，经济再平衡的过程就是政府和市场的关系在生产力格局调整过程中得到规范的过程。为此，需要有可操作和可实行的策略，在实践中通过工作机制、投入机制的创新，在以法治的方式规范政府参与经济活动的过程中，为充分发挥市场的决定作用创造条件。丰富再平衡的策略库，目前有以下四个较为明显的举措。一是重视制度建设。平衡是手段，但不是市场均衡手段，而是针对市场发展累积问题的制度矫正手段。平衡的制度手段，就是要作用于市场负效应集中和不能有效发挥作用的地方。二是突出问题导向。必须尊重实际，以区域发展的客观条件作为策略选择依据，不削足适履，不以偏概全。必须查找和正视问题，尊重实际必须建立在问题研究基础之上，针对查找出的问题形成切实可行的对策。三是明确平衡发展结构的目标导向。推动区域协调发展，就是要在目标区域形成平衡发展结构，并且以局部的平衡发展结构融入全国的区域协调发展总体部署。为此既需要壮大平衡的力量，又需要拓展平衡的空间，更需要做强产业、市场、制度的联系，创造更为良好的制度环境。四是强调替代性。促进协调发展的策略应当对传统的区域发展策略形成良好替代，不能因为新旧转换出现政策断档。无论是对新的区域协调发展格局的规划，还是对新的城市建设格局的形成，完全的政策替代都是必然的要求。

最后，要形成平衡的综合评价机制。成渝地区的发展能不能取得预期的目标，关键在于特定阶段的发展是否真正融入全国发展格局。就当前来看，协调发展是全局性的战略谋划。平衡的评价不是单一的经济评价，而是贯彻落实"五位一体"总体布局和"四个全面"战略布局的综合评价。发展是否协调，需要政治、经济、文化、社会和生态的系统成效评价，需要全面建设社会主义现代化国家、全面深化改革、全面依法治国、全面从严治党的总体工作审视。在经济再平衡进程中推进协调发展，必须以平衡为基本价值坚守、重要战略手段和主要评价原则。在实践中以下两个方面的要求较为突出。一是注重结合当前区域发展存在的问题进行评价。区域协调发展三大目标即基本公共服务均等、基础设施基本通达、人民生活水平大体相当，就是非常明确的政策导向。二是突出过程评价。协调发展本身就是对发展过程的针对性调整。一个地方的经济再平衡是否切实贯彻落实了中央战略和省委部署，是否做到了认识、适应和引领经济发展新常态，要看最终结果，也要看实践过程。结果固然重要但显然有偶然性，而过程只要坚持必有所成。站在整体的层面上考虑经济再平衡，对过程落实情况的评价应当有与结果同等的重要性。对于经济体制在过程性评价中的关键作用，在对平衡发展的综合评价中要加以贯彻与落实。

（三）找准协调发展之策以变格局

作为新发展格局的关键性内容，协调发展要在实践中加以落实，必须要有切实的举措。在我国推动平衡发展的历史进程中，在这方面有一系列成功的经验。成渝地区的发展历程充分体现了这一点。在培育新的区域协调发展格局过程中，必须在新的历史条件下围绕贯彻落实党中央部署加以创造性坚持。结合当前成渝地区双城经济圈建设的主要趋势，有以下三个方面的策略，必须在发展战略中加以明确。

一是充分尊重市场规律，着力塑造区域增长极核。经济活动向核心区域集中，是工业化进程中区域经济发展的一个基本态势。只要不存在制度性的市场分割，这种集中的态势就是不可避免的。集中态势的形成，必须以区域增长极核的存在作为前提。区域增长极核是一个明确的协同发展区域的生产要素汇聚点、产业协同策动点和城市网络中心点。极核在一个特定区域的形成和壮大，是区域内发展合力逐步彰显的过程。一个区域在经济增长过程中无法出现极核，则无论区域本身在发展需要上存在怎样的现实必要性，区域的协同态势都难以在市场竞争环境中得以存续和发展。区域协调发展战略的切入点，就在于在市场选择的基础上采取倾斜性策略，对已现雏形的区域增长极核进行投入，使得集中的趋势更为明确、规模更为突出、辐射带动作用更为显著。东、西部地区推进增长极核的建设与发展在发挥市场和政府作用方面有着各自不同的侧重点。在东部地区，市场要起决定性作用。由于市场接入较为充分，增长极核在市场环境中成长壮大有较为充分的要素支撑，工业化、城镇化相互作用充分。在这一环境中极核较为容易被辨识出来。政府需要做的，就是顺应极核自发形成的趋势，以城市建设为抓手，在要素、公共服务等方面做好基础性和引导性工作。在西部地区，市场和政府均要发挥重要作用。相对于东部地区而言，西部地区的市场接入并不充分，工业化与城镇化的互动局面还未在整体上得到实现，完全依靠市场并不现实。在区域发展战略设计和实施中，客观上存在着极核较难识别、政策难以聚焦和跟进、各地各自为政的情况。一方面政府在推动区域协调发展的进程中要下大力气为市场作用的发挥创造条件，另一方面也确实存在主动塑造增长极核的现实必要性。如何根据发展历史、现实情况和战略要求进行权衡，是西部地区协调发展战略需要明确的重要内容。

二是通过规划引导，加快促进产业一体化发展。实现产业的壮大是经济发展的核心内容。产业协同是区域协调发展的前提。这一经验在我国区域协调发展进程中已经得到了多次验证。从历史角度看，西部地区从过去的三线建设，到现在的西部大开发等一系列重大战略的实施，都是以产业发展为主要特征的投入过程，产生了影响深远的发展结果。从发展现实看，当前我国西部欠发达地区之所以存在发展困难，关键还在于产业基础不牢，自身可持续发展能力、对外的统筹发展能力双缺乏，无法打破发展的低水平循环。这种情况在县（区）域经济层面上表现得尤为突出。因此，在协调发展中坚持高质量发展的第一要务，就是坚持推进产业的一体化高质量发展。要做到这一点，一方面必须加大市场培育和接入力度，让市场真正成为产业发展的核心推动力。在这方面，尤其需要戒除政府在产业发展方面冲在第一线、深度介入的做法。要明确，政府在产业发展方面的作用就在于为市场在资源配置中发挥决定性作用创造条件，而绝不是取代市场。目前在政策上对于这一点已有非常明确的表述。在实践中需要加以重视的，就是在政府摆脱过去做法的同时，要真正发挥市场的作用来促进产业发展。要做到这一点，既要重视"除旧"，贯彻落实中央的要求，彻底清除依靠土地和优惠性政策来引入企业的做法，更要重视"立新"，采取积极的手段为市场的接入创造条件。另一方面，要重视区域产业结构的塑造和培育。在区域产业布局引导方面上，要突出相对集中的政策指向，主要是三个方面的集中。第一，做优新兴产业，以区域中心城市为布局要点，着力促进创新资源向区域中心城市的相对集中，加大对新兴产业集群式发展的支持力度，形成产业发展的制高点，提升城市的辐射带动力。第二，做强支柱产业，以地级市为布局要点，着力促进成熟生产要素在地级市的相对集中，加大产城融合发展的力度，为地级市在区域城市群发展中发挥更大作用奠定产业基础。第三，做特县（区）级产业，着力促进农村转移劳动要素向县（区）城镇的相对集中，加大连接城乡的特色劳动密集型产业发展力度，提高县域经济可持续发展能力，使其成为名副其实的区域协调发展基本单元。

三是围绕流域平衡发展，着力提高欠发达区域的自我发展能力，为市场作用的发挥创造更为公平的环境条件。区域协调发展首先必须以区域内各个地区之间、城乡之间、经济和社会之间的发展作为前提，有发展才有共同发展，有共同发展才能谋划协调发展。协调发展之所以是新发展理念的重要构成内容，根本上还在于改革开放以来的发展进程提高了各个地区的发展能力，使得推动区域协调发展成为可能。发展实践充分证明，着力提高欠发达地区的自我发展能力，是以市场条件促进区域协调发展的重要内容。这一内容是当前流域平衡发展战略的关键所在。第一，在流域经济的整体层面上，通过加大基础设施投入力度，改变区位条件，创造发展新机遇。交通条件的根本性改善、城镇公共服务基础设施的大幅度完善，是欠发达地区赢得新发展机遇的关键所在。在下大力气解决欠发达地区交通困难这一"短板"的基础上，必须从交通网络的构建高度，一方面重视城市交通方式的多样化，注重"通"，更注重不同交通方式之间的相互协同，另一方面重视城市内部骨干交通网络的构建与更新，通过交通效率的不断提高来夯实城市经济的发展基础。第二，着力推进区域内部公共服务均等化，创造更为公平的发展条件。欠发达地区之所以难以启动和形成可持续的发展势头，既有发展物质基础薄弱的原因，也有人力资源长期外流的影响。这是欠发达地区的另一"短板"。要提高欠发达地区的发展能力，需要有切实的措施来应对人力资源缺乏的状况。既要重视在政策作用的范围内推动人力资源向欠发达地区、向基层流动，更要重视欠发达地区本地人才的培育和壮大。特别在发展水平不高、人口规模巨大的地区，需要在本地人力资源的培育方面下更大功夫。在以上两个方面工作开展的同时，把发展的着力点下沉到县（区），通过营商环境的建设，激活县（区）生产要素，大力促进县域经济的特色发展，为区域协调发展提供可持续的发展动力。

第七章 成渝地区经济社会历史变迁的现实启示

　　成渝两地有着悠久历史。如果从秦司马错灭蜀、巴,秦在成都设蜀郡、在重庆设巴郡算起,在两千多年的历史中,成渝两地分分合合,既有相互竞争、相互比拼,更有相互影响、相互促进,共同谱写了一幅巴蜀大地经济社会发展的辉煌画卷。纵观成渝地区经济社会的历史变迁,成渝两地以双城经济圈形式共同发展,乃是历史发展的必然。在中国进入全面建设社会主义现代化国家新征程时期,中国经济将持续成为世界经济发展的最大引擎,区域经济一体化将成为时代的主流,成渝两地抱团发展、相互取长补短成为两地共同的选择。党中央把成渝作为中国经济发展的第四极把准了成渝发展的历史脉搏,在未来的发展中,成渝两地一定会发展成为世界级的城市群。

一、成渝经济社会融合发展是大势所趋

　　从地理上看,以成都平原为中心的巴蜀大地,向北方有巍巍秦岭山脉,向西有世界屋脊青藏高原,向东南有长江三峡天险,真所谓"蜀道之难,难于上青天"。但巴蜀大地相对封闭的交通在人类生产力极度低下之时未尝不是有利于地区发展的好事。相对于中国北方的寒冷、少雨,巴蜀大地显然温暖、湿润得多。据专家考证,在远古时代,中国的北方气温较现在更高,降雨量比现在更大。巴蜀大地相比于中国北方,仍更适合于动物和人类生存。四川自贡发现的大规模恐龙化石,说明在恐龙统治地球的时代,四川盆地及周围的植被和草资源非常丰富,为恐龙的生育繁殖提供了得天独厚的条件。而这样的地理条件,发展农业也非常适合。相较于中

国的东南地区，古时的巴蜀大地并不炎热和多雨，其地理环境更适合于农业的发展。总之，相对封闭的地理环境和得天独厚的温润天气、肥沃的土地，使得巴蜀大地在地理上具有相对独立发展的环境，成为中国经济社会发展一个重要的区域中心。这一天然的条件，在古蜀国就已经体现出来。古蜀国在还未或者较少受到中原文明影响的时候，就已经相对独立地发展起来。当然，古蜀国神秘地消失，也说明蜀文明由于相对较小的区域环境其经济社会实力没有中原文明强大，在与其他文明发生军事冲突时，可能会败下阵来。因此，巴蜀文明要发展壮大，需要和中原文明融合发展。

2021 年广汉三星堆三到八号坑出土了象牙、巨青铜面具、金面具残片、彩绘铜头像、玉石器等重要文物 500 余件。这些文物和已经出土的三星堆、金沙遗址文物一起，说明确有古蜀国的存在。李白的《蜀道难》里有诗句"蚕丛及鱼凫，开国何茫然！尔来四万八千岁，不与秦塞通人烟"。四万八千年肯定是夸张，但在中原文明发展的同时或许更早，蜀文明就已经相对独立存在并达到很高的发展程度。在新出土的文物中，可以找到龙的图案，说明蜀文明在一定程度上与中原文明有着千丝万缕的联系；但相对于殷商文明来说，蜀文明显得颇为奇异诡谲。青铜立人像非常夸张的前凸双眼、咧到耳根的大嘴巴、硕大的耳朵等与中原文明迥异其趣，甚至有人把它与世界其他文明例如非洲文明联系起来。三星堆现在发掘的范围仅仅只有整个遗址的百分之二，因而现在要得出结论性的判断还为时尚早。但不管如何，都正如李白所说，相对于中原文明，蜀文明由于高山的阻隔，很早就已经独立发展起来，以成都平原为核心的蜀文明在中华文明开始形成之时，就具有相对独立的区域性。

公元前 221 年，秦灭六国，统一了中国。秦统一天下后在全国设立三十六郡，在成渝两地分别设立为蜀郡和巴郡，可见两地在全国的重要地位。蜀郡为秦国的统一作出了重要贡献。秦昭王时，水利工程专家李冰被任命为蜀郡太守，他秉持道家"道法自然""天人合一"的思想来治水，在岷江流域兴办大型水利工程——都江堰，使成都平原成为了天府之国。天府之国的富庶，为秦统一天下提供了强有力的经济支撑。楚汉战争时期，刘邦深知巴蜀的重要性，攻占了巴蜀两地。巴地民风刚猛，巴人身强力壮、作战勇猛，刘邦征发了大量的巴族士兵，巴族士兵在战争中屡立战功。而蜀本来就地势平坦，修建都江堰后粮草丰富，为刘邦军队不断供给粮草。巴、蜀两个地区在整个中国的重要性在楚汉战争中充分表现出来。

可以说，在秦汉时期，巴蜀就以其各自的优势，成了兵家必争的重要战略要地。这说明至少到秦汉时期，巴蜀就已经成为整个中国经济社会版图中一个重要的区域中心。

作为中国的重要一极显现出来后，巴和蜀展开了分分合合的历史。到汉初，蜀地经济文化发展水平高于巴。这可能与蜀地的农业颇为发达有关。蜀人的祖先蚕丛和鱼凫的主要功绩就是教民蚕桑。从《蜀王本纪》来看，蜀国很多传说都与农业有关。鱼凫本就是捕鱼的水鸟，蜀人祖先把它作为图腾崇拜，与当时捕鱼业发达有关，现在成都温江一带还有很多关于鱼凫的故事。传说中蜀王杜宇主要的功绩也是教民务农。杜宇的时代大约在公元前 666 年之前，即春秋时代。传说杜宇死后化为杜鹃鸟，每到春耕时节，杜鹃鸟就会飞遍蜀国，啼叫不止，要民众赶快播种，以至于叫出了血。同时，蜀地治水的技术也很发达，传说杜宇就是打败了兴风作浪、危害民间的龙子，娶了龙王之女为妻，才成了蜀王。传说杜宇的部下鳖灵也是因为治水有功才被任命为相的。后来鳖灵成为蜀王，大约公元前 666 年在成都建立开明王朝。到秦将司马错率兵攻占巴、蜀之后，巴、蜀开始相互产生实质性影响。不过直到汉朝，蜀地相对发达。蜀郡从汉朝一直到隋朝，都得以延续。而巴郡在东汉兴平元年，益州牧刘璋将其一分为三（巴郡、永宁郡、固陵郡）。建安六年，永宁郡复归巴郡，隋开皇三年（583年），巴郡改为渝州。

在西汉元封 5 年即公元前 106 年，全国被划为十三个州，巴、蜀二郡同属益州，巴蜀在全国开始以一个整体呈现出来。王莽末年，天下纷扰，豪杰并起，各地开始出现大量的割据势力。蜀地肥沃富饶，加之当时的蜀郡太守公孙述（？－ 36 年）治下奸盗绝迹，由是闻名全国，远方的士民多来归附。建武元年（25 年），公孙述称帝，国号"成家"。建武十一年（36 年），汉廷派大司马吴汉举兵征讨，攻破成都，尽诛公孙氏，成家灭亡，公孙述在位共计十二年。公孙述建立的成家虽然被灭，但客观上却把巴蜀合为一体，进一步强化了巴蜀作为同一个行政区域的共同发展。成家被灭后，巴蜀再次共属益州。东汉末年黄巾起义，益州牧刘焉、刘璋父子拥兵益州，割据四川，成为全国一支重要的割据力量。巴蜀作为一个整体的形象更为清晰，巴、蜀之间的融合发展也得到了进一步加强。

在东汉末年和三国时代，巴蜀作为中国区域经济社会重要一极的地位得到了充分显现。诸葛亮在《隆中对》中分析了当时的国内形势，鉴于曹操已经基本统一了北方、孙权基本统一了东吴，诸葛亮提出了凭借天府之国三分天下的构想。诸葛亮认为，曹操已经"拥百万之众，挟天子而令诸侯"，后起的刘备"不可与争锋"，而孙权据有江东已历三世，国险而民附，且孙权还能任人唯贤，只可作为"外援"，而不可攻下。如果刘备先取荆州，再取益州①，就能成就三分天下的伟业。"益州险塞，沃野千里，天府之土，高祖因之以成帝业。"这说明，诸葛亮当时已经清楚地认识到，以天府之地为中心的西南地区，实际上已经是中国经济社会版图中重要的一部分，这一版图完全可以同中原地区、东南地区相抗衡。诸葛亮的这一构想最终通过刘备集团的努力得到了实现，蜀国成了与魏国、吴国并驾齐驱的割据势力。诸葛亮虽然最终未能凭借天府之地统一天下，但他三分天下的构想确实体现了其卓越的政治才华，西南在整个中国版图的重要地位也首次被提及。或者说诸葛亮是我国历史第一位把西南看作整个中国重要的经济、社会、政治区域的政治家。也可以说，诸葛亮是第一位构想西部开发蓝图的人，他确立了西南在整个中国的地位和意义。今天看来，诸葛亮的这一构想，仍然有其借鉴意义。尽管相对于中原大地，西南地区显得要弱小一些，但仍有其独立存在的价值可能。所以，我们可以说，在战国末年和秦、汉初时期，巴蜀重要的战略地位就已经显现出来，成为整个中国的一极；到东汉末年和三国时期，巴蜀作为整个中国发展的一极得到充分的体现。

公元 263 年，蜀汉被司马氏所灭。公元 265 年，司马炎称帝，建立晋朝，巴、蜀都归西晋王朝统治。西晋建国不久，国家并未真正得到安稳，晋元康六年即公元 296 年，氐人齐万年谋反，关西一带因为战争再加上连续多年大荒，略阳、天水等六郡百姓流离失所，为了寻找粮谷求得生存，几万户人家流亡、迁移。蜀地在秦时就已成为天下的粮仓，六郡的百姓自然会大量涌入，李特兄弟就在其中。在流亡、迁移的路上，李特兄弟处处赈济流民，帮助有病之人治病，逐渐得到流民们的拥戴，起兵造反。后来李特被罗尚斩杀，首级被送往洛阳示众，流民非常惊惧。李特之子李荡、李雄收拾残余部众，继续率领流民起义。晋永兴元年即公元 304 年，李雄自称成都王。建兴三年即公元 306 年，李雄即皇帝位，建都成都，国号大成。公元 334 年，李雄去世，在位三十一年。公元 347 年，大成国被东晋

---

① 三国时期益州包含今川西部分地区，重庆，云南，贵州，汉中大部分地区及缅甸北部，湖北、河南小部分，治所在蜀郡的成都。

所灭。大成国前后延续 41 年，在这 41 年中，蜀地成为大成国的核心，巴蜀两地同属于一个"国家"，隶属于一个共同的政权，一定程度统一了巴蜀的行政，促进了经济社会文化的发展。

早在西晋初年，益州就被划出一部分地区设立梁州，李特建立成汉政权时，两州都隶属于成汉政权。成汉政权灭亡后，直到南北朝，益、梁二州的划分得以保持下来。其中的州、郡、县的建置和更改十分频繁，巴蜀两地不再隶属于一个行政区域。隋朝时，四川西部高原得到了一定的开拓，经济社会发展程度得到了一定提升。在唐朝，设立了"道"。贞观元年即公元 627 年，天下分为十道。玄宗开元二十一年即公元 733 年，在原来十道的基础上进行调整，全国被划分为十五道，巴蜀两地属剑南道及山南东、西等道。从李特的成汉政权灭亡直到唐朝，这一时期巴蜀两地不再隶属于一个统一的行政区域。对巴蜀两地来说，可以说是一个分的时期。

五代时期，公元 907 年，王建在成都建立前蜀政权，都成都府，辖 2 府 54 州 1 军 232 县。前蜀于公元 925 年灭亡。前蜀强盛之时，疆域包括四川大部、甘肃东南部、陕西南部、湖北西部。巴蜀两地归属于前蜀政权，以州府的形式同属于一个行政政权管辖。公元 934 年，孟知祥建立了后蜀政权。后蜀政权的疆域稍微小于前蜀政权，不过今四川、重庆两地基本都属于后蜀政权，后蜀仍然建都成都。后蜀时期，蜀王孟昶颇能励精图治，当时由于中原大乱，北方的老百姓大多生活在水深火热之中，而蜀地很少发生战争，安宁和平，成了当时中国经济文化比较发达的地区。这一局面维持了 30 多年。后蜀时期，成都作为都城统辖蜀地，重庆成为其辖区的一部分。可以说，五代时期，巴蜀或者说川渝两地又一定程度得到了整合。

公元 965 年，后蜀灭亡，归宋朝统治。北宋时期地方一级的行政区划设立路、道、州府、县。北宋时期，全国已经有数百个州府，中央政权无法直接管理，但为了不使州府与中央分庭抗礼、削弱中央权力甚至拥兵自立，设立了由中央直接控制的监司机构，即路。宋太宗至道三年即公元 997 年，全国设立 15 路。后来，又有所调整，全国共设立 23 路。北宋咸平四年即公元 1001 年，今川渝地区分为益州、梓州、利州、夔州四路，合称"川峡四路"，简称"四川行省"，今天的川渝两地开始成为一个统一的行政区划，开启了四川建省的历史。这可以看作成渝两地融合发展的又一次开始。

元朝建立了中书省制度。早在元朝建立之前，蒙古大汗就设立了中书省，协助大汗管理各地政务。忽必烈建立元朝时，正式由中书省总理全国政务，在中书省下设六部，类似于今天的国务院及其各部委。首都所在的地区由中书省直接管辖，吐蕃由宣政院管辖，全国其他各地设置 10 个行中书省，简称行省或者省。行省刚成立的时候，是中书省的派出机构，代中书省掌管各地军政事务，后来则成为省级地方政府。元朝至元二十三年即公元 1286 年，北宋以来的四川成了全国 10 个行省之一，即四川行中书省，简称"四川行省"，由此正式开启了四川建省的历史，形成其后四川基本的地理区域。除今四川的川西高原北部和凉山彝族自治州外，今天的四川和重庆都属于四川行省。元朝末年，爆发了声势浩大的红巾军起义，导致各地诸多势力风起云涌。明玉珍参加了徐寿辉领导的红巾军起义，任元帅，后来不服陈友谅，于公元 1363 年在重庆称帝，国号大夏。大夏政权把四川分为 8 道，实行一些开明政策，社会日趋繁荣稳定，颇有和平安宁的开国气象。虽然明玉珍去世后大夏很快就在 1372 年被朱元璋所灭，但重庆在历史上曾三次建立国都，大夏政权是其一。大夏在重庆建都，确立了重庆在巴蜀乃至全国的重要地位。这时成都、重庆同时作为巴蜀最重要的两个重镇的地位得到确立。

明代废除了元朝的行中书省，设立了三司，三司管辖的范围与元朝的行省差不多，人们还是习惯性地称其为行省。1428 年明朝在全国设置两京十三使司，四川与南京、浙江、江西、湖广被称为中五省，说明明朝时期四川被看作中国的中部，在全国处于比较重要的地位，经济社会发展的程度在全国也是比较高的。明清时期，川西高原和凉山地区得到了进一步的发展，川西高原地区成为重要军事重地，设立了卫所，贵州的遵义西北部和云南东北部在较长时间里成了四川所辖区域。在明末，爆发了大规模的农民起义。1640 年即崇祯十三年张献忠被左良玉击败，率部突入四川，入川后又受到几路官军的围追堵截。后张献忠再次入川，1644 年，清顺治元年八月初九日，张献忠率军攻克成都。11 月，张献忠在成都称帝，建立大顺政权。1647 年 1 月，张献忠在明残余势力、川内地主武装和清军的连续攻击下被射杀。大顺政权建立后，张献忠在成都大兴土木，客观上有利于成都建设，并进一步突出了成都在川中的重要地位，但连年残酷的战争和张献忠的残暴，使得天府之国残破不堪，极大地阻碍了四川的发展。

清朝幅员辽阔，在明朝的基础上把全国分为 18 个行省。到光绪皇帝时，清朝共分为 22 省及特殊政区。清初对设立的行省在明朝的基础上有所调整，例如把湖广分为湖北、湖南，把江南省分为江苏、安徽二省。川、滇、黔 3 省虽然没有撤并，但对省界进行较大调整，基本形成了其后四川的南部省界。

民国时期，四川是 18 个行政督察区之一西康行政督察区（原川边特别区）。1929 年设重庆市，1930 年设成都市。成都、重庆成为古巴蜀的代表。成都代表蜀，重庆代表巴。清末、民国时期是四川在历史上又一个高光时期，四川是全国经济文化颇为活跃的地方，名人辈出。特别是抗日战争时期，重庆成为国民党的陪都，极大地提升了四川在全国的地位，重庆一跃成为西南的第一重镇。1929 年，重庆为二级乙等省辖市，地位已经颇高。抗日战争全面爆发后，1937 年 11 月重庆被确立为战时首都，国民政府中央机构、一大批国内一流高校、外国驻华使馆纷纷迁入重庆，重庆成为中国抗日战争时期大后方，也成了全国政治、军事、经济、文化的中心。1939 年 5 月 5 日，重庆升格为国民政府甲等中央院辖市，即直辖市。从这个角度来说，1997 年，重庆再次成为直辖市，有其历史底蕴。抗日战争胜利后，国民政府还都南京后，重庆被规定为永久的陪都。应该说，这一时期是重庆在历史上最高光的时期，这一时期也奠定了此后一段时期重庆在西南中心城市的地位，超过了成都。

新中国成立初期，重庆作为西南地区的中心，仍然是西南军政委员会驻地，是西南大区代管的中央直辖市。1954 年，中央进行区划调整时，综合各方面因素，将重庆并入四川，重庆由直辖市降为副省级市。尽管重庆被降为副省级城市，但其深厚的历史底蕴和经济文化基础仍然使它保持了西南中心的地位。1964 年，国家启动了三线建设，重庆成为三线建设的核心城市，加之其本身的工业基础，一时成了中国仅次于上海的工业城市。这期间，成都作为四川省会所在地，充分利用全省资源，成为全省的政治、文化和经济的中心。

1997 年重庆直辖后，借助直辖的优势，使经济长年保持高速增长，综合实力得到极大提升。2010 年 6 月 18 日，中国第三个副省级新区两江新区正式成立，进一步加强了重庆作为西南重镇的地位。2020 年，重庆的地区生产总值达到 25 002.79 亿元，排名全国城市第 5，成都的地区生产总值达到 17 716.70 亿元，排名全国城市第 7。在很多机构的城市综合实力排名中，成都、重庆都跻身中国新一线城市，这说明重庆和成都近年来通过协同合作都取得了长足发展。

纵观巴、蜀分合的历史，巴、蜀合则有利于双方相互之间的发展，分有时能促进双方相互的竞争，但也可能会带来双方相互的"比拼"。所以，纵观秦后巴、蜀两千多年的发展史，一方面，巴、蜀融合发展，共同形成独具特色的巴蜀文化，以一个整体呈现，为中华其他地区的人们所认同。但另一方面，在巴蜀内部，巴、蜀之分却是颇为清晰的。蜀文化以"文"为主基调，巴文化以"武"为主基调。这在汉初就形成的巴、蜀文化风格的差异，在其后的历史发展中不仅没有减弱，还逐渐有所增强。蜀文化具备天府之国优越的农业条件，一直以农业为基础，文化氛围更为浓厚，在汉朝就出现了代表当时中国文学最高水平的大文豪司马相如，出现了代表当时中国思想水平的大思想家，到宋代也出现了代表着当时中国文学最高水平的"三苏"；到近现代，也出现了代表中国文学水平的大文豪郭沫若、巴金。而巴文化由于既可以从事农业，也可以发展码头经济，因此相对于蜀文化更有一种刚猛之气，相对于蜀文化的盆地意识，更具有开放意识。从巴、蜀之争到川渝、成渝之争，这个绵延了几千年的历史情怀，至今仍然在一定程度上存续着，只有建立成渝地区双城经济圈，使成渝两地相互促进，才能从根本上改变这种"瑜亮"情节，促进双方共同发展。

俯瞰中华大地，巴蜀大地犹如生命有机体，孕育着文明的胎息。西边天府平原的古蜀文明，连接着岷江河谷的藏羌源流，天府文化的基因密码在此编程，催生了人类起源之一。东边三峡的巴楚要地，孕育出最古老的巫山人，催生了最古老的民族起源。与齐鲁文化、吴越文化、荆楚文化、燕赵文化、河洛文化等地域文化相比，巴蜀文化犹如一条华夏文明的脐带，纵贯古今。巴蜀、成渝两地久远的经济社会发展和文化交流史，使两地有着特殊的亲缘关系，这种亲缘关系有利于形成和促进成渝两地一家亲，从地缘相近变成人缘相亲，合唱"双城记"，建优经济圈。中国经济社会经过改革开放四十多年的发展，已经进入一个新时期。成渝地区作为西部地区，要赶上东部地区，最好的方式之一就是要充分学习，复制、创新京津冀、长三角、粤港澳在协同化、一体化和同城化发展中的成功经验和做法。当今中国已经进入城市化深度发展时期，成渝两地要跟上甚至赶超东部的发展，必须坚持城市化发展战略，做大做强做优以成都和重庆为中心的中国第四大城市群，释放成渝城市群蕴藏的巨大生机活力和内生动力，才能在未来书写和描绘中国高质量发展重要增长极和新动力源的新篇章。

二、构建成渝地区双城经济圈是现代化发展的必然要求

成、渝是西南地区两个最大的城市，构建成渝地区双城经济圈，使成、渝相互借力，抱团取暖，将极大地提升发展层级。目前，中国已经形成了长三角、珠三角和环渤海三大经济圈和城市群。三大经济圈和城市群的出现，代表了中国经济社会发展的水平，也代表了中国社会目前发展的高度。成渝地区虽然比其他西南地区发展程度要高，但相对于东、中部地区，还有所滞后。国家提出西部大开发战略，西部地区享受了很多制度红利，得到了快速发展，但这只是避免了东西部地区差距进一步扩大，还未能从根本改变上东西部之间的地区差异。党中央高瞻远瞩，谋划成渝地区双城经济圈、建设成渝城市群，是西部开发战略的进一步升级，也是西南地区根本改变不平衡发展的重大举措。就成渝两地来说，其经济文化实力在西南地区名列前茅，但与北、上、广、深相比，还有一定差距。北、上、广、深已经构建了三个城市群，成渝两地如果单打独斗，不构建其经济圈和城市群，差距将会进一步扩大。梳理成渝两地、川渝两地发展的历史，给我们的启示就是：构建成渝地区双城经济圈是成渝地区现代化发展的必然要求，是改变中国发展不平衡的必然要求。

近年来，特别是新冠疫情暴发后，经济全球化受到了很大影响，但互通有无、合作共赢仍然是经济发展的规律。在经济全球化受到很大影响的同时，区域经济一体化却成为一种潮流。20 世纪中叶，以欧洲为代表出现了欧洲区域经济一体化，使欧洲国家联合起来，组建欧洲共同体。20 世纪80 年代和 90 年代，区域经济一体化再次出现高潮，东盟建立了区域合作机制。1991 年，南美建立了南方共同市场。1994 年，北美自由贸易区建立。1999 年，欧盟推出了统一的货币——欧元，使得欧盟一体化达到了新的高度。进入 21 世纪，虽然英国脱离欧盟，为区域一体化蒙上了一层阴影，但区域经济一体化仍然得到了切实推进，并再次成为潮流。发达国家通过谈判达成了一系列的贸易协定。2018 年，美国与墨西哥、加拿大签署的《美国—墨西哥—加拿大协定》于 2020 年获得美国国会批准《全面与进步跨太平洋伙伴关系协定》于 2018 年正式生效。2019 年日本与欧盟的贸易协定生效，日本与美国的贸易协定生效。与此同时，发展中国家也进

一步推进了区域经济一体化。2018 年，非洲 44 国签署协定，建立非洲大陆自由贸易区。在亚太，于 2010 年成立了中国—东盟自由贸易区，于 2020 年正式签署了《区域全面经济伙伴关系协定》（RCEP）。2013 年 9 月和 10 月中国国家主席习近平提出共建"一带一路"倡议。经过近十年的发展，共建"一带一路"倡议已经成为中国发展的重要引擎。到 2020 年 11 月，中国已经与 138 个国家、31 个国际组织签署 201 份共建"一带一路"合作文件。

区域经济一体化现象不仅体现为国家与国家之间的一体化发展，也体现为一国之内各区域的一体化发展。改革开放后，中国经济实际上已经呈现出区域一体化发展的趋势，以深圳为雁头，依托香港和澳门，经济获得了突飞猛进的发展，其后以上海为中心，再后以北京为中心，又出现了两个中国经济高速发展区域。这三个区域目前已经形成了中国三大经济圈和城市群，引领和带动着中国经济高速发展。

改革开放前，我国实行的是计划经济，城市和地区经济的发展都与政府的经济计划有关，因而当时的城市布局基本上是嵌入式布局。改革开放后，我国的城市有过了三次大的发展，其调整与改革开放的进程是同步的。第一次调整是在 20 世纪 80 年代，随着农村包产到户，乡村的大量劳动力从农业生产中脱离出来，乡镇企业获得了突飞猛进的发展。这一时期长三角等地区因为乡镇企业的出现而出现了新型城镇化，为现在长三角等地区的城镇化体系布局奠定了基础。20 世纪 90 年代，我国进一步扩大了对外开放，沿海开发区建设与外向型经济得到快速发展，于是沿海新城镇兴起，这是二次城镇化发展。总体来说，全国各地都享受到了发展红利，但显然长三角、珠三角、环渤海地区获得的红利更大，也由此形成了目前中国发展程度最高的三个区域化城市群。成渝两市在前两次城市化过程中也享受了较大的发展红利，使两地在改革开放后一直处于西南的"领头雁"地位，但相对于长三角、珠三角、环渤海地区，成渝地区的城市化和经济社会发展明显滞后。当前，我国城市化迎来了第三次调整，与前两次不同，这次城市化的特点是扩大内需与产业、消费升级，是以人口中心、科教中心等"复兴"为主要动力的新生产力布局。由于这次城市化是以扩大内需与产业、消费升级为主，区域人口数量、自然禀赋、文化特色、科技实力等因素就显得更为重要，这为成渝市提供了难得的赶上东部地区经济社会发展和城市化发展的机遇。

成渝两市作为特大型城市，有其得天独厚的自然、人文资源和发展基础，协同发展有利于优势互补、优化布局，形成产业链，提高成渝城市群在国家甚至全球的整体竞争力。重庆是我国最年轻、西南地区唯一的直辖市。根据第七次人口普查（以下简称"七普"）数据，其常住人口3 205.415 9万人，是我国面积最大、人口最多的直辖市。根据"七普"数据，四川省常住人口8 367.486 6万人。川、渝两地总人口超过一亿人。成都是我国新一线城市中排名第一的城市，根据"七普"数据，成都市常住人口2 093.775 7万人。这说明成渝两市带动的消费群体在一亿人以上。目前中国经济已经进入以国内需求为主体的发展阶段，内需对经济的拉动作用将会更为强劲。从这个角度来说，成渝城市群完全有理由成为中国经济发展的第四极。2020年重庆人口占全国的2.23%，经济总量占全国的2.46%，人均地区生产总值略高于全国平均水平；四川人口占全国的5.98%，经济总量占全国的4.82%，人均地区生产总值低于全国1个多百分点；成都人口占全国的1.18%，经济总量占1.74%，人均地区生产总值高于全国平均水平。成、渝两市人口占全国的3.41%，而经济总量占全国的4.20%。从这一组数据可见，与川渝的人口占比相比，川渝的经济占比还有较大的发展空间。成渝地区形成经济圈，可以充分利用好一亿多人口的优势，促进消费升级，提升经济实力。对重庆来说，如果建立成渝地区双城经济圈，就可以增加八千多万人的潜在消费市场。而对于成都来说，建立成渝地区双城经济圈，不仅可以进一步发挥省会城市在全省经济中的辐射和带动作用，还可以增加三千多万人的潜在消费市场。

　　成、渝两市都有不错的工业基础，可以相互促进，进一步做大做优产业链。新中国成立后，重庆作为曾经的陪都和三线建设的重要城市，成了新中国制造业基地。重庆直辖后，借助三峡工程，在国家的政策支持下，获得了快速发展。1999年年底，重庆的地区生产总值达到1 488亿元，首次超过成都的1 190亿元。目前，重庆充分发挥区位优势、生态优势、产业优势，紧紧围绕国家重要中心城市、长江上游地区经济中心、国家重要现代工业基地建设，形成了电子信息产业集群和国内重要汽车产业集群，以大数据智能化为引领的创新驱动力已经逐步显示出来，呈现出高质量发展的态势，老工业基地已经逐步转变为现代工业基地。而成都市的电子信息产业实力也非常强，2020年电子信息产业成为成都第一个万亿级产业集群。电子信息产业也是重庆工业的第一支柱产业，产值占全市工业的比重超过 1/4，形成了比较完善的产业体系。渝两市在电子信息产业方面如果能强强联合，必将大大提升智能化水平。重庆的电子信息产业在"芯、屏、器、核、网"全产业链、集成电路技术创新、智能制造等方面很有优势。成都提出构建以" 芯、屏、端、软、智、网"为支撑的电子信息产业体系，目前这一体系已经初步建立起来。目前，全球的 iPad 平板电脑一半产自成都，全球第二条、国内首条量产第 6 代 AMOLED 全柔性生产线——京东方 AMOLED 柔性面板生产线也在成都落地。成都在电子信息方面也具有很高的科研能力和创造开发能力，有电子科技大学、四川大学、西南交通大学、成都理工大学、成都信息工程大学等一批在电子信息领域具有较高科研实力的大学，还有国家级的研究院中国科学院成都光电所、成都计算机应用所、中国工程物理研究院计算机研究所，另外还有与云计算、大数据产业链相关的 100 余个研究所、企业技术中心及国家级重点实验室。这些科研机构为成都的电子信息技术企业提供了源源不断的高质量人才支撑，也推动着科研成果转化。下一步，成都将力争成为全球电子信息高端研发制造基地和世界软件名城。

电子信息产业是技术密集型产业，很适合有跳跃式发展态势的高新技术中小企业加入其中。成渝两市由于在中国第一次、第二次城市化过程中的发展滞后于沿海地区，拥有的全国性的大型企业较少，特别适合发展电子信息产业。重庆的高校数量在西部独占鳌头，重庆大学、西南大学、重庆交通大学等高校在电子信息技术方面的科研实力也很强。目前，重庆也在推动京东方第 6 代 AMOLED 全柔性生产线、华润微电子 12 寸功率半导体生产线的落地。同时，重庆在 5G 终端、汽车电子、服务机器人、智能家居等新型智能终端方面也有很强的实力。到 2020 年，重庆已经集聚大数据智能化企业 7 000 余家，京东方智慧系统创新中心开工建设，峰米激光电视等项目已经落地重庆，仅 2020 年就实施智能化改造项目 2 780 个。2020 年，重庆数字经济增加值已经超过五千亿元，占地区生产总值比重达到 25%。通过两市的合作，可以进一步做强做优电子信息产业上下游产业链，提高零部件本地配套水平，可以进一步吸引"扎堆"创新，共同打造全球电子信息高端研发制造基地和世界软件基地，使电子信息产业成为成渝的产业地标。

汽车产业是重庆的支柱产业之一。重庆是老工业城市，1965 年就开始发展汽车工业，目前已经建立起了比较齐全的汽车生产体系，一大批骨干企业和知名汽车品牌落户重庆，初步具备了整车开发能力，基本形成了产业自主创新体系，全国最先进的汽车试验场也正在建设之中。与此同时，相关产业也正在发展之中，铝合金、再生资源、零部件等方面的研发和制造能力不断增强。总之，目前重庆已经成为一座门类齐全、规模庞大的汽车城。而成都作为辐射西南市场的中心城市、休闲城市，是全国第二大汽车市场。据公安部的统计，截至 2020 年年底，全国汽车保有量 2.81 亿辆，其中排名第一的北京超过 600 万辆，排名第二的成都超过 500 万辆，排名第三的重庆也超过了 500 万辆。也就是说，成渝两市的汽车保有量超过了一千万辆。成渝两市人们购车的意愿都很强烈。尽管相对于东部沿海地区成渝地区的总体经济发展水平略有滞后，但汽车保有的总量却高于上海、深圳，而且成都豪华车市场的规模仅次于北京、上海，超豪华车市场规模仅次于上海、北京和深圳。与国内其他新一线城市相比，成都人更愿意选择高价位的车型。成都的 30 万元到 100 万元价格区间车型的购买意愿明显高于其他新一线城市，而 10 万元以内车型的购买意愿明显低于其他新一线城市。这为成渝两地发展汽车产业提供了绝佳机遇。重庆要做强做优汽车城的定位，需要充分占有成都市场。成都的汽车产业相对于重庆来说几乎是"从零开始"，但成都借助巨大的市场潜力和区位优势，在很短的时间内就使汽车产业成为其八大特色产业之一，大批主流车企在成都建厂，目前成都已经发展成为产量超过 130 万辆的新汽车城。成、渝两地的汽车产业经过高速发展后似乎都碰到了"天花板"，要打破"天花板"，最佳的方式之一就是加快和深化成渝两地汽车产业的合作，推动高质量协同发展，早日建成世界级汽车产业集群。

近年来，成渝两地加强合作，建立了协同工作机制，成立了汽车产业发展工作专班，搭建了信息平台，打通了信息链，推动两地高校合作培养人才，联合开展技术攻关，推动两地共享供应链、整合价值链，构建两地利益共同体，使汽车零部件生产相互配套，实行重大项目联动招商。通过这一系列的合作举措，成渝两地形成了相对比较完备的汽车产业链，降低了两地企业物流成本。对于重庆来说，其汽车城的地位得到了进一步巩固，汽车作为重庆支柱产业的地位更加稳固。对于成都来说，川渝、成渝合作一方面可以满足成都巨大的汽车需求，另一方面可以使成都成为重庆汽车产业的重要组成部分，获得汽车产业发展带来的红利。可见，打造成渝地区双城经济圈有利于两地进一步做强做优相关产业，使成渝地区成为中国经济发展的又一个高地。

另外，成渝地区双城经济圈建设不仅有利于促进成渝两市的发展，还可以促进四川其他地区的发展。近年来，重庆全面落实党中央关于建立成渝地区双城经济圈的决策部署，两省市领导建立了联系重点项目工作机制，出台了一系列促进"一区两群"协调发展的实施方案，搭建了跨区域协作平台，把四川大多数市州都纳入成渝地区双城经济圈，川渝两地的交通环境得到了极大改善。成达万、渝万高铁开工，成渝城际铁路完成提质改造，实现1小时直达，铜梁至安岳、梁平至开江、江津至泸州北线等高速公路开工建设，中欧班列（成渝）号实现首发。成渝中线前期工作取得积极进展，成立了重点产业工作专班，川渝的汽车、电子信息产业全域配套率超过80%，开发一程多站跨省旅游线路70余条；设立成渝地区双城经济圈科创母基金，联合实施重点研发项目15个；9个合作功能平台启动建设，95个政务服务事项实现"一网通办"，跨省户籍实现"一站式"迁移，成渝地区双城经济圈建设迈入快车道。四川也积极贯彻落实川渝党政联席会议部署，编制推动成渝全面深化合作工作方案，围绕共同打造内陆开放门户、共建科技创新中心等签署合作协议75项，236个重大合作项目加快推进。成达万高铁开工建设，成渝实现高铁1小时直达、公交轨道"一码"通乘。

在有关城市发展的理论看来，区域合作是推进区域城市群一体化发展的基础，川渝作为西部地区，其城市化发展滞后于沿海地区，有必要借助于成渝两个特大城市来带动周边其他城市的发展。同时，成渝两市与四川其他城市协同发展，有利于构建优势互补、分工合理、布局优化的区域格局。一方面是成渝两市带动其他城市发展，另一方面其他城市融入成渝产业链，可以使成渝构建起更为完备的产业链。成渝两市引领产业发展，占据产业链的高端，其他城市可以分享成渝产业链发展带来的红利。总之，通过构建经济圈和城市群，可以降低成本，提高效率，创造共同利益，提升川渝经济在中国甚至世界经济中的地位，整体提升成渝城市群的整体竞争力。著名学者泰勒认为，一个地区要建成城市群，各城市之间就必须加强合作，只有在合作中才能形成城市之间的联系，形成城市网络。在20世纪90年代，戴维·厄恩斯特和乔尔·布利克就提出一个重要观点"为了竞争必须合作"。历史上的成渝、川渝之争，从另外一个角度来说，有利于两地你追我赶，不断迈上新台阶。但两市的竞争并不意味着就要各自为政，相反，"为了竞争必须合作"，只有在合作中双方才能确立同一目标，才能真正形成你追我赶的局面。只有在合作中双方才能更全面了解对方的发展、进步，而一方的发展和进步常常又会激发另一方赶超的愿望。

祝尔娟曾将城市群合作划分为三个阶段：信息交流、专题合作和共同治理①。在城市群形成初期，城市群合作主要体现为信息交流和互动，通过信息交流和互动，使城市之间逐渐找到一些有着共同利益的领域，找到可以相互借力发展的产业、项目，这是开展合作的前提。目前成渝两地、川渝两地的信息交流和互动已经得到加强，同时在信息交流和互动的基础上，领导和社会各界也逐渐形成建立成渝地区双城经济圈的共识，一系列制度机制开始逐步建立起来。目前，川渝、成渝已经开始了一系列的专题合作，只是现在的合作还不够深入、广泛。在这一阶段，城市群的效应还未充分显示出来，很多时候还表现为成渝两市产业的重叠性，在各方面还存在竞争，但这应该是城市群发展初期呈现出来的一些特点。目前应该进一步推进深度合作，随着合作的推进，竞争关系才能转化为合作关系。例如在电子信息技术领域，成都相对于重庆更具有优势，产业的实力也更强，在深度合作中成都就可以让出一些细分领域，让重庆做强做优。同时，对成都已经具有的一些优势领域，成渝两地就可以进一步整合，使成都在电子信息技术的一些重要领域和关键技术方面成为全国甚至全球的"领头雁"。而重庆在汽车产业领域相对于成都来说更具有优势，历史更悠久，成都可以借助重庆在这一领域的优势，把汽车产业发展成为自己的支柱产业。但成都发展汽车产业不是去和重庆抢投资、抢项目，而是承接产业链中的部分细分领域；重庆把一些细分领域交给成都去经营，并不会减弱其产业的实力，相反会进一步增强其实力。重庆可以把"好钢"用在刀刃上，把精力放在汽车产业高端领域，进入全国甚至全球这一产业的第一方阵。随着合作的深入，城市之间就需要进入共同治理阶段。目前，成渝、川渝为了推动双城经济圈建设，已经出台了一系列的政策、措施，有很多举措正在一步步落实。

总的来说，目前成渝地区双城经济圈建设还处于城市群合作前期向中期过渡的阶段，已经经过信息交流阶段，进入专题合作阶段。在这一阶段，在开始合作的同时，成渝两个核心城市的功能已经开始向邻近地区扩

---

① 祝尔娟. 全新定位下京津合作发展研究 [M]. 北京：中国经济出版社，2009.

散，成渝之间逐渐出竞争关系向"竞争—合作"关系转变，而成渝合作所带来的溢出效应已经开始显现。重庆主城区对重庆其他区县的辐射带动作用已经得到较为明显的体现，重庆对川南各市的辐射带动作用也初步显现，成都对成都经济区其他各市的辐射带动作用也有所显现。随着成渝两市的进一步发展，城市规模的不断扩大，会有更多产能需要转移到区域内的其他各市。同时，随着成渝两地产业进一步高端化，需要其他市为自己分担一些产业，并把其他市作为自己的消费对象。当成渝地区双城经济圈逐渐发展成熟时，川渝两地的其他城市就可以分享溢出效应。

当然，并不是说川渝两地都需要等待成、渝两市先发展再来带动其他城市的发展，这只是从总体角度来说的。川渝两地其他一些产业，特别是资源型、自然禀赋型产业，例如川南宜宾、泸州的白酒，川西的矿产开采，四川三州的旅游开发等，这些产业跟成渝城市发展并没有直接的关系，但这并不等于成渝地区双城经济圈的建设对这些产业的发展没有益处。一方面，成渝地区双城经济圈的建设必然有助于为这些产业提供消费市场，白酒产业和旅游产业都需要经济的发展为其做支撑，毕竟这两类产业直接决定于人们的消费水平和消费意愿。另一方面，成渝地区双城经济圈的发展也会为川渝地区其他产业的发展提供技术支撑，并借助于成渝地区双城经济圈发达的交通、信息网减少市场运营成本。因而，成渝地区双城经济圈建设是整个川渝地区经济社会发展的必然选择。

当前，成渝地区双城经济圈建设一方面要以经济、技术、市场的合作作为主线，另一方面也要加强治理合作，通过一系列制度机制的改革建立共同市场，形成稳固的合作机制。川、渝曾经是一家，重庆成为直辖市后，川、渝成了并列的两个行政区域，但我国的社会制度决定了川、渝都是中华大家庭中的一员，川渝、成渝之间应该打破行政界限，实现融合式发展。新中国成立后，在划归四川管辖到1997年直辖前，重庆的强势发展并没有延续。在"一五"期间，全国156个重点建设项目，只有重庆发电厂一项落户重庆。在三线建设时期，重庆受到很大关注，但其后重心转移。此时的成都备受关注，156个重点建设项目就有5个项目落户成都，成都一下子就成为我国四大电子工业基地之一。在"三五"期间，国家又以成都为中心发展了航空工业，还建设了国家级重型机器制造厂，德阳和绵阳成了我国电站设备制造基地、核科研工业建设基地。重庆直辖后，得到了较快的发展。现在，川渝、成渝融合发展，不是要走过去的老路，而是要走出一条区域合作共建的新路。

总之，随着中国经济和世界经济的发展，川渝、成渝两地应该充分利用自身优势，抛开历史上的川渝、成渝之争，共同建设成渝地区双城经济圈，共同建设好成渝城市群。

三、构建成渝地区双城经济圈的独特优势

当前，中国已经形成长三角、珠三角、环渤海三大城市群和经济圈，其中长三角城市群 2020 年容纳的人口为 2.25 亿人，占全国的 16.1%，其经济总量已经达到 20 万亿元，占全国经济总量的五分之一，但辖区面积却仅占全国的 2.3%；珠三角地区形成粤港澳大湾区城市群，2020 年经济总量超过 12 万亿；环渤海地区面积 112 万平方千米，总人口 2.6 亿，15 个城市的地区生产总值为 10.19 万亿元[①]。相对来说，成渝城市群的发展程度、经济实力都比以上三者要弱，而且成渝城市群还处于形成过程中，各城市之间还未形成较为深入的合作，城市群构建还处于初期阶段。尽管如此，从历史发展来看，成渝地区双城经济圈和成渝城市群构建有自己一些独特的优势。

成渝或者说川渝两地有很深的文化渊源，在成渝地区建立经济圈，很容易获得文化上的认同。川渝地区在历史上很长一段时期分别叫巴、蜀。抗日战争时期，国民党政府迁至重庆，重庆成了全国政治、文化、经济、军事的中心，而巴蜀地区悠久的历史和深厚的文化对激发全国人民抗日的斗志、彰显中华文化具有重要的作用和意义。从学理的角度来说，1929年，四川广汉太平场燕氏宅旁大批玉器的发现及其后华西大学博物馆葛维汉（D.C.Grahm）及林名钧对该玉器坑的科学发掘和研究，直接推动了当时中国学术界提出"巴蜀文化"这一概念[②]。郭沫若根据当时的考古发现提出"西蜀文化"这一概念，初步确定"西蜀"是中国的一个文化区域。其后，徐中舒、顾颉刚等人也把巴蜀或者四川作为中国的一个文化区域来研究。1941 年 5 月，顾颉刚在《古代巴蜀与中原的关系说及其批判》一书

---

① 数据来源：根据国家统计局、广东科学技术厅等提供的数据整理。

② 黎小龙."巴蜀文化""巴渝文化"概念及其基本内涵的形成与嬗变 [J]. 西南大学学报（社会科学版），2017，43（5）：171-173.

中提出了相对于中原文化的巴蜀文化独立发展说①。在此基础上，1941年卫聚贤明确提出"巴蜀文化"这一概念。可见，20世纪二三十年代的考古发现使中国学术界认识到在历史上相对于中原文化存在巴蜀文化，在很长一段时间内巴蜀文化是相对独立发展的。在《中国大百科全书·考古卷》里，童恩正给巴蜀文化下了如下的定义："巴蜀文化是中国西南地区古代巴、蜀两族先民留下的物质文化，主要分布在四川省境内。其时代大约从商代后期至战国晚期，前后延续上千年。从考古学上确认巴蜀族的物质文化，是新中国成立以来商周考古的一大收获。"② 其后，林向又对这一定义进行了修订，并提出有狭义和广义的巴蜀文化，广义的巴蜀文化是指"包括'四川省'与'重庆市'两者及邻近地域在内的，以历史悠久的巴文化和蜀文化为主体的，包括地域内各少数民族文化在内的，由古至今的地区文化的总汇"③。这就说明，大约在商代，以今天的四川、重庆为核心区域，就形成了以"开拓与开放，兼蓄与兼容"为集体文化性格的巴蜀文化。随着研究的深入，学界又明确提出"巴蜀文明"这一概念。2002年，谭继和把巴蜀文化划分为六大发展阶段：一是农业文明和城市文明诞生阶段，从距今4 500年左右的宝墩文化至三星堆一、二期；二是巴蜀文明初步发展的古典时期，商周至战国时期；三是秦汉至唐宋，巴蜀文明两次鼎盛时期；四是明清时期巴蜀文明的蜕变和沉暮期；五是近代巴蜀文化的式微和开新期；六是巴蜀文化的现代化时期④。

　　2021年广汉三星堆遗址的再发现，进一步证明了至迟在商朝时期，以今天的四川、重庆为核心区域，就存在一支与中原文明并存的巴蜀文明。早在20世纪40年代，金祖同就将巴蜀文化与中原文化、吴越文化并提，并且认为："溯自抗战军兴，国都西徙……巴蜀一隅，遂成复兴我国之策源圣地，政治、经济、人文学圃，蔚为中心……中华崭然新文化当亦将于此处孕育胚胎，植其始基，继吾辈研究巴蜀古文化而发扬生长……使巴蜀新文化衍而为中华新文化。"⑤ 在抗日战争这一特殊时期，由于国家其他很多地方已经被日军占领，金祖同希望借助巴蜀文化来发扬中华新文化。他

---

　　① 顾颉刚. 论巴蜀与中原的关系 [M]. 成都：四川人民出版社，1981：1-71.

　　② 中国大百科全书总编辑委员会《考古学》编辑委员会，中国大百科全书出版社编辑部. 中国大百科全书·考古学 [M]. 北京：中国大百科全书出版社，1986：29.

　　③ 林向. "巴蜀文化"辨证 [J]. 华中师范大学学报（人文社会科学版），2006（4）：90.

　　④ 谭继和. 巴蜀文化研究的现状与未来，四川文物，2002（2）：15-21.

　　⑤ 金祖同. 冠词 [J]. 说文月刊（巴蜀文化专号）. 1941，（1）：1-2.

还把巴蜀文化分为巴蜀古文化和巴蜀新文化。他的这一划分，一方面确认了巴蜀文化和巴蜀文明的历史存在，一方面认同了巴蜀文化在新的历史条件下应该成为激发中华文化和中华文明复兴的重要力量。可以说，巴蜀文化深厚的历史底蕴为成渝地区双城经济圈和成渝城市群建设提供了厚重的文化支撑。从商周时代起，巴蜀就成了一个相对的文明区域。到秦汉时期，秦灭巴蜀古国，巴蜀成为秦的两个郡。巴蜀隶属于中央政权后，除了个别时期短暂独立，绝大多数时期都是中央政权重要的组成部分，为中央政权的巩固提供粮食供应和人力支持。

　　巴蜀地处中国的西南，四川盆地是其心脏地带。四川盆地的周围都是高山、河流，使得四川相对中原大地和吴越大地构成了一个相对闭塞的环境。但这一地理环境在抗日战争时期对整个国家起到了重要的战略支撑作用。相对闭塞的环境使得巴蜀成为重要的战略后方，这里易守难攻，东、西、南、北四面都有高山、大河阻挡，而其中心地带又是号称天府之国的四川盆地，这里四季温润、物产丰富、人口众多，是进行战略防守的绝佳之地，也是提供战略物资的大后方。秦时，巴蜀就已成为秦的重要粮仓。三国时期，刘备凭借天府之国的富庶而三分天下。其后每当战乱时代，总会有人力图凭借巴蜀的富庶和天险割据称王。抗日战争时期，蒋介石更是迁都重庆，最终凭借长江天险和全国人民的抗日力量，使得日本军队无法占领巴蜀大地，巴蜀因此成为中国抗日战争的大后方。新中国成立后，为了进一步巩固新生的共和国，四川又成为三线建设的重要地区。从中国几千年的历史发展来看，以四川和重庆为核心区域的巴蜀大地是中国经济文化发展的一个重要区域。这为成渝地区双城经济圈建设提供了文化和文明的支撑。正是有古文化和文明的支撑，在中国全面开启社会主义现代化国家建设的时期，巴蜀一定能发展出新文化。

　　巴文化和蜀文化分别以重庆和成都为中心，巴文化和蜀文化是巴蜀文化两个重要的构成要素。巴文化是以"祭—戎"为核心建构起来的。从禀君时代开始，巴地就崇尚武力。相对说来，巴国地域面积不大，国力较弱，不得不提升自己的武力来征服其他氏族。巴国在建国后，征商纣王，与当时强大的楚国、古蜀国交战频繁，战争的不确定性也使巴人巫风盛行。巴国地处四川盆地的东部，这里多山、多水，北部边缘是秦巴山地，东南有巫山、七曜山和湘鄂山地一脉相承。这里水系众多，除了有长江、嘉陵江、乌江等著名河流外，还有许多支流，形成格状水系。这里大多数地方面水背山，气候温暖潮湿，适合人类居住，但自然条件艰苦，需要有战胜自然的力量。从生产发展来看，这里狩猎发达，山地资源丰富，但农业相对落后，到唐代很多地方还是刀耕火种，而其周围的蜀文化、楚文化、中原文化都以农业为主，这就使得巴文化具有相对的独立性。而古蜀国农业颇为发达，秦国时期修建的都江堰更是使成都平原成为天下粮仓。与此同时在古蜀国时期城市文化就颇为发达，与中原文化有相同之处，更为注重礼制，民风更为闲适。巴、蜀各自的文化禀赋使得它们相互之间有较大的文化差异，但由于巴蜀两地在地理上没有交通阻塞，双方的交通相对于外地来说更为便利，另外在很长一段时期内巴蜀两地属于同一行政区域，这些都使得巴蜀之间有更多的交流机会。巴蜀之间的文化尽管有较大差异，但通过相互之间长期的融合和交流可以被整合为一个文化体系。莱维·斯特劳斯认为，文化是一个结构体系，这个体系是由许多结构要素构成的。布朗认为，文化内部各要素按照一定的组合秩序或构架关系形成文化结构。这就是说，巴、蜀在交流和融合过程中，把巴、蜀文化变成了文化因素，这些文化因素共同构成了巴蜀文化。

成渝、川渝经过几千年的融合发展，共同形成了巴蜀文化。正是由于文化上的渊源，川渝、成渝相互之间比较容易沟通，也形成了许多相似的生活方式，这为成渝地区双城经济圈的建设提供了文化支撑。总体来说，巴文化崇尚刚健，蜀文化崇尚儒雅，但这两种文化经过融合，巴文化的刚健不失儒雅，蜀文化的儒雅不失刚健，两种文化能够和谐相处。具体到两地人的性格，重庆人更为耿直，办事情更为爽快，但重庆人的耿直中包含着智慧和谋略，不是不经过思考的耿直，所以重庆人的爽快实际上包含着成都人的智慧。成都人更为温和，办事情更为谨慎，也就是说成都人更加深思熟虑，但成都人的深思熟虑也不是思而不决，所以成都人骨子里也有冲劲，该爽快和耿直的时候还是会爽快和耿直。这就使得成渝两地人们相处的时候并不会感觉到有什么不适应的地方。另外，川渝、成渝长期的融合及其相似的气候，使得两地人们有很多相同的生活习惯，这些习惯使得川渝、成渝两地的人们生活在一起没有隔阂感。例如，川菜和火锅是川渝两地人们都喜欢的饮食，川菜在川渝两地基本没有多大的变化，火锅在川渝两地有一定的差异但差异不大，相互都能接受。川渝两地的人们都喜欢喝茶、打麻将。两地遍地都是茶馆和麻将馆，从重庆到成都或者从成都到重庆都不会感到陌生。另外，成渝两地人民的消费理念也大致相同，例如汽车的保有量成渝两地分别排名全国第二和第三。成渝两地的经济总量与上海、深圳、广州等相比有一定的差距，但汽车的保有量却都超越前者，说明成渝两市的人们都喜欢有汽车的生活。总的说来，成渝两地的人们都喜欢一种闲适、舒心的生活方式，不太喜欢北京、上海、深圳那样超高强度的生活，喜欢把工作和生活结合起来而不是把两者截然分开，因而成都、重庆的宜居度在全国排名都非常靠前。成都号称是一座来了就不想走的城市，而重庆的房价、物价都不算高，又两江环绕、依山傍水，有三峡风光，也是很宜居的城市。目前，成都的目标是要建成公园城市，把城市的宜居作为城市今后发展的重要目标，而重庆也提出了相应的要求。可以说，成渝两市除了产业的融合外，对城市的定位也有许多相同之处。这进一步增强了成渝地区双城经济圈建设的可能性。

在成渝地区建设双城经济圈有一个巨大的优势，这便是成渝两地很长一段时期内都同属一个行政区。在新中国成立之前就有很多时期成都、重庆两地都属于同一个行政区域，对此我们在前面已经有所叙述。这就使得长时期内成渝两地互有人员和各种事务的往来，相对于其他地方来说成渝之间的老百姓往来较为频繁，相互对对方也比较了解。另外，在很长时期内，成渝两市对整个四川其他地方都具有很强的影响力。一般说来，川东地区例如广安、达州、泸州、南充等地深受重庆的影响，而成都周边的市例如德阳、绵阳、乐山、雅安等深受成都的影响。新中国成立后，有四十多年时间重庆在行政上隶属于四川，成都、重庆都是四川的两个市，这也为今天成渝地区双城经济圈建设提供了有益的支撑。重庆隶属于四川时，由于成都是四川省会所在地，重庆有一大批优秀人员在成都工作，成都也有一大批优秀人员在重庆工作。另外，由于当时成都和重庆属于一个省，两地众多高校在招生时都有相当比例的本地生（也就是说，当时重庆的考生在成都的一些学校看来属于本地生源，而成都的考生在重庆的一些学校看来也属于本地生源），这就使得成渝两地高校里对方城市的生源占有相当大的比例。目前，两地的人员交流比其他城市都多，这也为成渝两市之间建立了一种更为稳定持久的联系。目前，成都到重庆的列车班次已经相当于城市公交了。也就是说，成都、重庆实际上是川渝地区的核心城市，发挥着带动四川、重庆其他市州的作用。即便不建立经济圈，成渝两市也发挥着相同的作用。建立经济圈顺乎两地发展的实际需要，也是两地发展的必然结果。

在成渝地区建立双城经济圈，还有一大优势就是成渝两地、四川的一些市实际上已经开展了许多深入的合作。在成渝两地都隶属于四川时，成渝两地已经开展了许多合作；重庆直辖后，两地的合作有所减少；但近年来，随着双城经济圈建设步伐的加快，两地之间合作的步伐进一步加快。川渝两地都积极推动成渝地区双城经济圈建设，成立了党政联席会议、常务副省市长协调会议、发改委主任调度会议制度，明确了合作事项的牵头、推进单位和职责，协同推进日常监管、重点领域监管、信用监管，形成了决策层、协调层、执行层三级联动运行机制。仅 2020 年川渝通办事项就有 95 项，比国家要求的 58 项跨省通办高频政务服务事项还多了 37 项。目前，川渝两地已经实现了政务数据共享互联、电子营业执照、电子社保卡、医保电子凭证、健康码实现两地互认，形成了制度化干部交流挂职，短短几年时间川渝两地就实现了全方位的深度合作。

可以说自古成渝地区风俗习惯相近、文化同源，双方长期相互影响、相互学习、相互扶持，共同形成了巴蜀文化和巴蜀文明。在经济区域化加快、国家进入社会主义现代化建设的重要时期，成渝、川渝应该相互合作，共同建设成为我国四大城市群之一。

在成渝地区建设双城经济圈可以使川渝成为改革开放的前沿阵地。重庆港口的年吞吐量 1.6 亿吨，西部无人能比，是西部地区最大的港口；江北国际机场是全国八大机场之一，2020 年旅客吞吐量达到 3 966 万人次。成都双流国际机场 2020 年旅客吞吐量 4 980 万人次，天府国际机场是全国第四、中西部地区第一大空港，成都空港的优势在西部无人可超越。在成渝地区建设双城经济圈有利于成渝两地和四川其他地区由内陆地区转变为改革开放的前沿阵地。

成渝地区双城经济圈内部可以相互合作，形成中国科技新高地。成都气候温和、地势平坦，有利于城市扩张和经济发展，更有利于高等教育、高新产业的发展和聚集。目前，成都共有四川大学、西南交通大学、电子科技大学、西南财经大学、成都理工大学等高校 56 所，其中本科院校 27 所，国家重点大学 7 所。重庆共有重庆大学、西南大学、重庆交通大学、重庆医科大学、西南政法大学、陆军军医大学等高等教育学校 65 所，其中本科院校 19 所，国家重点大学 3 所。两地相互合作，高校数量就超过 100 所，再加上其他研究机构和实验室、四川各市州的高校和研究机构，就可以形成中国又一个科技新高地。目前中国城市化已经进入新的发展阶段，川渝要想利用这次城市化的机遇实现赶超，就必须掌握关键技术、核心技术。成渝城市群要成为中国经济第四高地，就必须有世界级的产业链。而世界级的产业链必须有世界级的核心技术作为支撑。

在成渝地区建设双城经济圈可以使成渝城市群成为中国经济第四增长极。重庆向西，成都向东。在重庆西部缙云山与中梁山之间有 150 平方千米的平坝，是重庆条件最好的城市拓展区，该地有重庆大学城、西永微电园、西部新城、铁路物流园、重庆台资信息产业园。成都于 2011 年成立天府新区，其经济总量在 19 个国家级新区中排第五，2016 年东南部的简阳被划归成都代管，未来东部和南部的天府新区将是成都城市发展的主要方向，软件、金融等产业大多都分布于此。2020 年成都经济总量达到 1.77万亿元，重庆经济总量达到 2.5 万亿元，两市经济总量 4.27 万亿元。其经济实力虽然比长三角、珠三角、京津冀要弱，但相对于我国其他地区来说确有一定优势。在成渝两地的辐射、带动下，四川其他市州如果能再上一个台阶，必然会进一步促进成渝城市群的发展。2020 年宜宾经济总量进入全国前 100 名，绵阳在前 100 名中的名次进一步提升，这也说明成渝城市群在全国的地位进一步获得提升。

2020 年以来，中央高度重视成渝地区双城经济圈建设。2020 年 10 月，中共中央政治局召开会议审议《成渝地区双城经济圈建设规划纲要》。2021 年 3 月，最高人民法院出台《关于为成渝地区双城经济圈提供司法服务和保障的意见》。2 月，《国家综合立体交通网规划纲要》明确将京津冀、长三角、粤港澳大湾区和成渝地区双城经济圈四"极"列为国际性综合交通枢纽集群。川渝两地政府也高度重视，出台了一系列重大决策部署。2020 年 4 月，中共重庆市季第五届委员会第八次全体会议审议通过《中共重庆市委关于立足"四个优势"发挥"三个作用"加快推动成渝地区双城经济圈建设的决定》；2020 年 7 月，中共四川省第十一届委员会第七次全体会议审议通过《中共四川省委关于深入贯彻习近平总书记重要讲话精神、加快推动成渝地区双城经济圈建设的决定》；2020 年 10 月，两省市政府办公厅联合印发《川渝毗邻地区合作共建区域发展功能平台推进方案》，两省市政府办公厅联合印发《川渝通办事项清单（第一批）》，要求 95 个高频政务服务事项年底前实现线上"全网通办"、线下"异地可办"；2021 年 3 月，两省市政府办公厅联合印发《川渝通办事项清单（第二批）》，川渝两地首个协同立法项目《重庆市优化营商环境条例》经重庆市五届人大常委会第二十五次会议通过，于 7 月 1 日实施；2021 年 4 月印发《成渝地区双城经济圈建设 2021 年川渝合作共建重大项目名单》。相信在川渝、成渝政府的大力推动下，成渝地区双城经济圈将会带动川渝两地实现跨越性发展，成为中国经济第四极。

总之，成渝地区文化历史悠久，在全新的时代，成渝两地只有深度合作，形成成渝地区双城经济圈和城市群，才能进一步做大蛋糕，形成在国内有足够号召力和影响力的经济文化区域，重现昔日巴蜀文明的辉煌。

后 记

经过近三年的辛勤耕耘，《成渝地区经济社会发展的历史变迁与现实启示》一书的文稿终于写出来了。蒙西南财经大学出版社的关心与支持，她能有幸与广大读者见面，我们自然感到欣慰与满足。

本书是中共四川省委党校校级重大研究课题成果，较为系统全面地分析、探讨、研究了成渝地区经济社会发展的历史变迁，从先秦到明清巴蜀政治经济文化发展、民国时期成渝地区经济社会发展、三线建设与成渝地区发展、改革开放初期成渝地区总体加快发展、重庆直辖后成渝地区经济社会发展、十八大以来成渝双城经济社会协同发展、成渝地区经济社会历史变迁的现实启示七个方面进行了全面系统的考察与探究，涵盖了成渝地区分合变化的不同历史阶段，突出了研究重点和现实价值，有助于更好地理解和把握中央和四川省委对成渝地区双城经济圈协同发展的顶层设计的初衷和前景，从而更好地增强道路自信、理论自信、制度自信、文化自信，加速推动西南地区的崛起与发展。

本书作为中共四川省委党校重大研究课题，得到了校方的出版资助。在写作过程中参考、借鉴和引用了近年来国内外公开发表的有关著作、文章的观点和资料，书中基本都作了引注；学校科研处杨志远处长等同志为本书的出版做了大量工作，并提出了许多宝贵意见；西南财经大学出版社的李琼、张岚老师为本书的出版也付出了辛勤的劳动。在此谨向他们和各位作者竭诚致谢。

本书是集体智慧的结晶。具体撰写分工是：第一、三章黄辉教授、李玥硕士；第二章杨玉婷博士；第四章赵森博士；第五章顾炯副教授；第六章杨志远教授；第七章陈名财教授。全书由黄辉教授负责立项、拟定提纲、定稿，杨玉婷博士为书的立项、结项做了大量具体工作，在此对大家的辛勤劳动表示衷心感谢。

本书是作者对成渝地区经济社会发展的历史变迁与现实启示所做的一种尝试性研究，对许多问题的思考尚不成熟，加之研究、写作的时间不长，且因作者才疏学浅，因此虽竭智尽能，但仍难及珠玉于万一，尚存缺点与不足，敬请各位专家和广大热心读者批评指正、不吝赐教。

黄辉
2025 年年春于成都光华村